WILLY SANDERS

Sprachkritikastereien

WILLY SANDERS

Sprachkritikastereien

WISSENSCHAFTLICHE BUCHGESELLSCHAFT
DARMSTADT

Einbandgestaltung: Neil McBeath, Stuttgart.
Texte und Zeichnungen auf dem Einband: Wilhelm Busch.

1. Auflage 1992

Die Deutsche Bibliothek – CIP-Einheitsaufnahme

Sanders, Willy:
Sprachkritikastereien / Willy Sanders. –
2., überarb. Aufl. – Darmstadt: Wiss. Buchges.,
1998
1. Aufl. u. d. T.: Sanders, Willy:
Sprachkritikastereien und was der „Fachler"
dazu sagt
ISBN 3-534-14110-5

Bestellnummer 14110-5

2., überarbeitete Auflage

Gedruckt auf säurefreiem und alterungsbeständigem Werkdruckpapier
Satz: Setzerei Gutowski, Weiterstadt
Druck: Frotscher Druck GmbH, Darmstadt
Einband: Fikentscher Großbuchbinderei GmbH, Darmstadt
Printed in Germany
Schrift: Linotype Sabon, 9.7/11

ISBN 3-534-14110-5

Dieses Buch „beinhaltet“

Im Sinne eines Vorworts zu lesen

Difficile est satiram non scribere (der römische Dichter Juvenal, Satire I, 30): „Gemeint ist, daß es manchmal schwerer ist, eine vernichtende Kritik zu unterdrücken, als sie zu äußern, zumal, wenn es einen dazu, wie den geborenen Satiriker, in allen Fingern juckt.“

Georg Büchmann

Bei solchem Unfug sträubt fürwahr
sich Feder, Sprachgefühl und Haar!

Bernt Engelmann

Die Wissenschaft entschied voll Hohn:
Das kommt vom populären Ton.

Christian Morgenstern

Der wissenschaftliche Ernst, der keinen Spaß verträgt, ist oft die akademische Gestalt geistiger Dürre.

Gert Ueding

Wissenschaft muß nicht nur 'wissenschaftlich' sein, sie muß auch interessant sein: sie muß das jeweils Interessante an ihrem Gegenstand, dasjenige, worumwillen allein es sich lohnt, ihn zu erkennen, zu ihrem Thema machen.

Hans-Martin Gauger

Die Beschränkung der wissenschaftlichen Erkenntnisse auf eine kleine Gruppe von Menschen schwächt den philosophischen Geist eines Volkes und führt zu dessen geistiger Verarmung.

Albert Einstein

Einleitung

> In den Wörterbüchern ist *Sprachkritik* kein Stichwort. *Sprachkritik*, obwohl lange im Deutschen gebräuchlich, ist eher ein Unwort. Ist sie auch ein Unding?
> Hans Jürgen Heringer

Kritik ist, wenn man's trotzdem macht.

Seien Sie stets ein kritischer Kopf, ein *homo criticus*, wie schon die alten Lateiner hätten gesagt haben können. *Kritisch* sein, vor allem selbstkritisch, gehört zu den uneingeschränkt positiven Eigenschaften des Menschen. Wer aber kritisch ist, kritisiert – und man kann fast alles *kritisieren*: das Wetter, die Mode, die hohe Politik usw. Mit besonderer Vorliebe nimmt die Kritik indes mitmenschliche Schwächen und Fehler jedweder Art aufs Korn, und hier gewinnt der Begriff seinen negativen Beiklang. Was vor allen Dingen zur Folge hat, daß man *Kritik* meist nicht sich zu Herzen, sondern anderen übelnimmt. Und das Kritisierte, wie schon einleitend vermerkt, trotzdem macht.

Kommen wir zur Sache, das heißt zur Sprache. Können der Wetter-, Mode- oder Politikkritiker (ein Zungenbrecher, wenn es das Wort gäbe) allenfalls davon träumen, eine eigene Bezeichnung zu führen, so verhält sich das im Falle der Sprache tatsächlich so: Wer unser Sprechen und Schreiben, den herrschenden Sprachgebrauch, zum Gegenstand seiner Kritik macht, gilt landläufig nicht einfach als *Kritiker*, sondern als „Sprachkritiker" – was immer man darunter genau zu verstehen hat. Als solcher wacht er mit Stil-Argusaugen über die Reinheit und Reinhaltung der deutschen Sprache.

„Brauchen wir Sprachkritik?" hat Hans-Martin Gauger unlängst sich und seine Leser gefragt. „Die keineswegs nur rhetorisch gemeinte Frage ist damit schon beantwortet. Wie wären Reinheit und Reinhaltung möglich ohne Kritik, ohne offenlegende und austauschende rationale Besinnung? Die Frage kann nur lauten: wie kann und soll Sprachkritik sich ausprägen? Und dann: wie ist ihr Verhältnis zur Sprachwissenschaft?"

Ähnliche Fragen stellt auch das vorliegende Buch, dessen Titel nur ein wenig anders formuliert ist: etwas spitzer, oder sagen wir es lieber mit der Leichtigkeit des französischen Ausdrucks, pointierter: ›Sprachkritikastereien‹. Wer sprachkritisch begabt ist, wird sich kaum der Einsicht versagen können, daß es dieses Wort im Deutschen gar nicht gibt (falls man als Nachweis dafür gelten läßt, daß es in den einschlägigen Wörterbüchern nicht aufgeführt wird). Und so etwas ausgerechnet in einem Buch über Sprachkritik!

Wenn ein Kritiker, gleich welcher speziellen Richtung, sein Geschäft besserwisserisch und kleinlich „krittelnd“ betreibt, so wird aus ihm in feiner, selbst wiederum kritischer Nuancierung, wie sie das Deutsche seit dem 18. Jahrhundert kennt, ein *Kritikaster* – ein „Scheinkritiker“ gewissermaßen, der sich den bloßen Anschein kritischer Kompetenz gibt. Ein Sprachkritiker also, der Kritik an unserer Sprache übt, nur um zu kritisieren: zum Beispiel Fremdes, weil es fremd, Altes, weil es alt, vor allem aber Neues, weil es neu ist. Und was er äußert, meist auch noch in nörgelndem, schulmeisterhaftem, querulantischem Ton, das sind dann, ob es sie als Wort gibt oder nicht, „Sprachkritikastereien“.

Tatsache jedenfalls ist: Sprachkritiker und auch Stillehrer haben schon seit längerem die deutsche Sprache aufs Korn genommen, und ihre nichts weniger als zartfühlende Kritik richtet sich gegen die von ihnen ubiquitär festgestellte Verderbnis des allgemeinen Sprachgebrauchs unserer und aller Zeiten: gestern, besonders heute, wahrscheinlich auch morgen. Denn unsere Sprache ist nach Ansicht dieser Kritiker ein wahrer Augiasstall oder, nimmt man Heinrich Heine beim Wort, noch Schlimmeres: „die Welt ist ein großer Viehstall, der nicht so leicht wie der des Augias gereinigt werden kann, weil, während er gefegt wird, die Ochsen drinbleiben und immer neuen Mist anhäufen.“ Sprachmist in unserem Zusammenhang, der somit als Stoff der Sprachkritik diese zur unendlichen Geschichte macht – dazu Sprachkritik in ihrer ärgsten Form, eben als Sprachkritikasterei.

An diesem Punkt tritt der Sprachwissenschaftler auf den Plan, der Mann vom Fach also oder in einer eher ungeläufigen Kurzform: der „Fachler“. Vorbild ist das Wort „Sprachler“, auf das ich kürzlich in einem Werk von sprachstilistischer Reputation gestoßen bin, als eine gelungene Bezeichnung für Menschen, die an allem Sprachlichen interessiert, für Sprachprobleme aufgeschlossen und vor allem hinsichtlich ihrer eigenen Sprache wie die der anderen auf guten Stil bedacht sind. Dieser Wortnovität jedenfalls entspricht, bezogen auf die Vertreter der Fachwissenschaft, der *Fachler*.

Apropos Fachwissenschaft: Obwohl diese sich lange Zeit in Sachen Sprachkritik vornehmer Zurückhaltung befleißigt hat, steht sie nun in der Pflicht, kraft ihrer Sachkompetenz die Rolle des sprachkritischen Korrektivs zu übernehmen. Eine gar nicht so einfache Aufgabe, wie es zunächst scheint. Denn das, was ein Wissenschaftler schreibt, lesen zunächst einmal nur seine Fachgenossen; die wissen das alles jedoch sowieso schon (besser). An ein weiteres Lesepublikum zu gelangen, auf das es sprachkritisch ankäme, wird ihm kaum gelingen. Sich der mühevollen Lektüre eines schwierigen, womöglich dickleibigen Fachbuches zu unterziehen, schreckt selbst sprachinteressierte Leser ab, zumal wenn sie in ihrer Tageszeitung einen wie auch immer gearteten Extrakt lesen können: mundgerecht aufbereitet und eingängig formuliert, in der musterhaft schlanken Form von Sprachglossen – womit wir schon fast beim Thema wären.

Zugegeben, diese krasse Gegenüberstellung war übertrieben; dennoch macht sie das Unverhältnis zwischen Sprachkritik und Sprachwissenschaft deutlich. Kein noch so versierter Sprachkritiker kann in zwei, drei Zeitungsspalten einer kritisierten Spracherscheinung auch nur halbwegs gerecht werden, was ihn trotzdem nicht daran hindert, in subjektiver Verkürzung und popularisierender Vereinfachung eine autoritativ wertende Pauschaldarstellung zu präsentieren. Nicht das macht ihm der Sprachwissenschaftler zum Vorwurf, der seinerseits um eine möglichst objektive, fundierte Untersuchung und Erklärung der gleichen sprachlichen Tatbestände bemüht ist, sondern allenfalls mangelnde Einsicht in die tieferen Begründungszusammenhänge der Sprachentwicklung und des Sprachgebrauchs. Dem Sprachkritikaster fehlen – als letzter, aber nicht unwichtigster Begriff in unserer Reihe *kritisch, kritisieren, Kritik* und *Kritiker* – die maßgebenden *Kriterien*, die Gesichtspunkte sach- und fachgerechter Beurteilung, die als Grundlage jeder Art von Kritik unerläßlich sind.

Diesen Vorwurf hat kein Geringerer als Jacob Grimm, der Stammvater unserer Germanistik und Altmeister der neueren Sprachwissenschaft, vor nun schon über anderthalb Jahrhunderten erhoben. Er richtete sich an die Adresse der Sprachkritiker seiner Zeit, die er unter dem Etikett „Sprachpedanten“ faßte (übrigens pflegte er, was Sie nicht erschrecken sollte, in seinen späteren Jahren klein zu schreiben): „In der sprache aber heiszt pedantisch, sich wie ein schulmeister auf die gelehrte, wie ein schulknabe auf die gelernte regel alles einbilden und vor lauter bäumen den wald nicht sehen; entweder an der oberfläche jener regel kleben und von den sie lebendig einschränkenden ausnahmen nichts wissen, oder die hinter vorgedrungenen ausnahmen still blickende regel gar nicht ahnen.“

Auf den Spuren Grimms die Gegenwartssprache hinterfragend, ist dieses Buch in mehrfacher Hinsicht ein Experiment. Nun sind Experimente in der Sprachwissenschaft wie in allen geisteswissenschaftlichen Fächern eher ungewöhnlich und infolgedessen geeignet, Argwohn hervorzurufen. Fachleute wird überraschen, daß die Sprachglossen-Literatur und die populären Stillehren in einer Weise verquickt werden, wie sich das streng wissenschaftlich kaum verantworten läßt; handelt es sich dabei doch um zwei sehr verschiedene Textarten. Dennoch stellten sich bei näherem Vergleich derart viele Gemeinsamkeiten heraus, daß mir die Synopse für das dahinterstehende Phänomen des Sprach- und Stil-„Sachbuchs" besonders aufschlußreich erschien: Gemeinsamkeiten wie in vielen Fällen die Verfasserschaft von beiderlei Texten, die unverkennbar gleiche Darstellungsweise, die übereinstimmenden Einzelheiten des sprachlich-stilistischen Stoffes, Gleichartigkeit auch des prinzipiellen Standpunkts und nicht zuletzt des Schreibziels. All dies wird in den einzelnen Kapiteln schrittweise vorgetragen: nicht als unterhaltsamer Selbstzweck wohlgemerkt, sondern stets im Blick auf das problematische Verhältnis zwischen Stilkritik und Sprachwissenschaft.

Ein Experiment stellt vor allem die lockere, für die Fachwelt wohl oberflächlich wirkende Gestaltung und zuweilen überpointierte Formulierungsweise des Buches dar. Wenn man so viel Sprachglossatorisches gelesen hat, liegt es nahe, dies im Sinne einer „Ansteckung" zu deuten. Manches ist aber auch, wie ich gestehen muß, bewußte Imitation und Übertreibung der stilkritischen Manierismen: ein Schuß gewollter Parodie also oder gar Satire, nie jedoch ohne die ernsthafte Absicht und Überzeugung, nur auf diese Art den angesprochenen Leserkreis erreichen zu können. Das eben sind die Leser solcher Glossen und Stilbücher, die man nur ansprechen wird, wenn man ihnen selbst „sprachkritisch" kommt, und das heißt mit spitzer, aber lockerer Feder! Übrigens hat der bekannte Kulturwissenschaftler Hermann Bausinger kürzlich angemerkt: „Wissenschaft fängt nicht erst da an, wo man sich im Fußnotengestrüpp verirrt, und ein journalistischer Schreibstil ist nicht per se unwissenschaftlich." Als selbstverständlich kann diese Meinung indes (noch) nicht gelten; bei Harald Weinrich etwa, der federführend in der Erforschung der Wissenschaftssprache ist, findet sich die konträre Lesart: „Wer als Wissenschaftler gut schreibt, tut das zu seinem Vergnügen, und wer schön schreibt, geht sogar ein Berufsrisiko ein: er scheint nicht ganz bei der Sache zu sein."

Auf der anderen Seite aber steht das Leser abschreckende Zerrbild wissenschaftlicher Um- und Unver-ständlichkeit, fachsimpelnder Kompliziertheit, vor allem was die spezielle Terminologie betrifft, einer langfädigen Präsentation mit Anmerkungen, Zitatnachweisen, Literaturangaben usw. – so einige der Vorwürfe, wie sie der gelehrten Darstellungsweise mit Vorliebe gemacht werden. „Die Sottise des Ludwig Reiners ..., der deutsche Gelehrte verachte die Form, weil er den Leser verachte, kann nur denjenigen nicht ärgern, den sie nicht trifft", hat neuerdings der Stildidaktiker Ulf Abraham diesen Gedanken aufgegriffen: „Sie trifft aber – leider – noch immer so manchen unter uns ‘deutschen Gelehrten’.“ In diesem Buch wurde, Seite um Seite, auf alles fachliche Drum und Dran verzichtet, und so steht zu hoffen, daß Sie, verehrte Leserin, lieber Leser, den Eindruck eines allgemeinverständlichen, durch nichts in seiner sachlichen Klarheit behinderten und vielleicht sogar anregend-unterhaltsamen Textes gewinnen. Dann hätte sich das Experiment gelohnt, und dieses Buch wäre, stilkritisch gesprochen, kein „Unbuch“.

Der Sinn dieser sehr persönlichen Einleitung war es, Sie neugierig zu machen auf all die Fragen, die im Mittelpunkt der folgenden Kapitel stehen werden: was Sprachkritik ist und will; wer Sprachkritik betreibt, und wie sie betrieben wird; was sie gleich wie die populäre Stillehre theoretisch anstrebt und praktisch erreicht; was die Sprachwissenschaft von der Stilkritik hält; wie sie diese leichtnimmt und sich zugleich mit ihr schwertut; überhaupt wie diese sich zu jener, jene sich zu dieser verhält. Und natürlich Beispiele. Allerdings sind der Kritikpunkte, sprich kritisierten Wörter und Wendungen, in Sprachglossen und Stilbüchern so viele, daß lediglich eine kleine Auswahl in exemplarischer Ausführlichkeit behandelt werden kann: sehr ausführlich als Schlußabschnitt jedes Kapitels gewissermaßen ein „Musterstück“, das dessen Inhalt illustrieren soll, kürzere Beispiele hier und da im Kapitelzusammenhang eingestreut, einige allenfalls in Klammereinschüben, andere sogar nur mittels Anführungszeichen oder Kursivdruck im Text angedeutet. Dabei gibt es, um die charakteristische Art stilkritischer Darstellung zu demonstrieren, vergleichsweise zahlreiche Zitate – „im Originalton“, wie es mediensprachlich so schön heißt.

ERSTES KAPITEL

„Sprachglossolalie"?

Kritik der freien Sprachkritik

> Zwischen jener Sprachglossolalie, die den Leser der Tageszeitung zu einem Sprachgebrauch erziehen will, den alle übrigen Spalten des Blattes täglich neu verhindern, und einer Linguistik, die registrierend gutheißt, was ist, sind kaum ernsthafte Versuche zu bemerken, die Detailbeobachtungen von Kraus aufzunehmen oder sie weiterzuführen. Helmut Arntzen

Karl Kraus, einer der größten Sprachartisten deutscher Zunge und satirischer Zeitkritiker der ersten Jahrhunderthälfte – Ausgangspunkt und Vorbild gegenwärtiger Sprachkritik? Lassen wir diese Frage zunächst, wie es heutzutage so vielen Fragen ergeht, *im Raume stehen.*

Nehmen wir einmal an, meine Leserinnen und Leser, Sie seien „Sprachler" im genannten Sinne: Liebhaber und Kenner der deutschen Sprache. Das heißt, Sie *wissen um* alle Subtilitäten unseres heutigen Sprechens und Schreibens. Sie wissen mithin auch, daß ich landläufiger Sprachkritik folgend dieses „wissen um" nicht hätte verwenden dürfen – eine modische Formel, die in den Geisteswissenschaften blühen und besonderen Wohllaut im Munde von Pfarrern entwickeln soll: „Ich weiß um deine Not, mein Sohn." Ähnlich heikel steht es mit Ihrem zweifellos in höchstem Maße vorhandenen *Problembewußtsein*, das Sie beileibe nicht *problematisieren* oder auch nur *hinterfragen* sollten. Und daß Sie ebenso auf das Adjektiv *unverzichtbar* verzichten werden, versteht sich.

Kenner die Sie sind, goutieren Sie vor allem Sprachfeinheiten der erlesenen Art: etwa die exquisite Bedeutungsdifferenzierung der Plurale *Wörter* und *Worte* – „eine der edelsten Unterscheidungen unserer Sprache", sagt der Schriftsteller und Sprachkritiker Hans Weigel. Daß oft *das gleiche* nur *scheinbar* auch *dasselbe* sein kann, ist Ihnen ebenso geläufig, wie Sie *anscheinend* keinerlei Mühe haben, knifflige Wortpaare wie *schwer* oder *schwierig* sowohl *völlig* korrekt als auch *vollkommen* virtuos zu handhaben. Besonders wichtig zu wissen ist, daß Sie zwar ruhig *schräg* schreiben, sich aber nie *schief* ausdrücken dürfen.

Was in diesem „Aufhänger", einer journalistischen Form des attraktiven Texteinstiegs, anhand einiger Proben teils negativer, teils positiver Beschaffenheit aus dem reichhaltigen Sortiment sprachkritischer Musterstücke betrieben wurde, war das Hauptgeschäft heutiger Sprachkritik: Aktuell vielgebrauchte Wörter und Wendungen werden auf die sprachkritische Waagschale gelegt, um sie entweder den höheren Weihen sprachästhetischer Würdigung zuzuführen oder sie, und so weitaus häufiger, in die Abgründe sprachpuristischer Verdammung zu stoßen. Der Befund, eben: gewogen und zu leicht befunden.

Denn am Anfang aller Sprachkritik steht die Sprachskepsis. Als pessimistische Grundeinstellung hinsichtlich des gegenwärtigen und künftigen Zustandes unserer Sprache, die sich bis zum Bewußtsein einer Sprachkrise steigern kann, ist sie aufs engste mit jener tiefverwurzelten Überzeugung verbunden, daß früher auch sprachlich alles besser gewesen sei. Im verklärenden Licht solch Horazischen Lobs vergangener Zeiten (*laudatio temporis acti*, wie der klassisch Gebildete es sich nicht nehmen lassen würde, lateinisch zu zitieren) wird dann ein normaler Sprachgebraucher unversehens zum überzeugten Sprachverbesserer, der gewillt ist, voll Tatkraft und Entschlossenheit in die Speichen der sprachlichen Entwicklung zu greifen, um das Steuer herumzureißen zu einem neuen, dem richtigen Sprachkurs. Dies ist die Geburtsstunde des Sprachkritikers, die in der Folge einen besorgten Sprachliebhaber zum eifernden Sprachkritikaster machen kann.

1. Stilkritik als „freie“ Sprachkritik

Arthur Schopenhauer (1788–1860), Friedrich Nietzsche (1844–1900), Karl Kraus (1874–1936) – Namen von Klang und Gewicht in der deutschen Geistesgeschichte, und niemand, der sie nicht auch mit Sprachkritik in Verbindung brächte. Obwohl als Sprachphilosophen wie Philologen echten Wortsinns große Individualgestalten des 19. und 20. Jahrhunderts, bilden sie gleichwohl einen Strang, der zur hier behandelten Sprachkritik hinführt, ohne sich schon mit ihr identifizieren zu lassen. Ihr Ausgangspunkt ist *derselbe* (oder *der gleiche*?): Die Sprache des damals noch jungen Zeitungswesens war es, die erste sprachkritische Reaktionen auslöste.

Zeitungsdeutsch – im und unter Druck

Nicht als erster, wohl aber mit der ihm eigenen, durchschlagenden Wortgewalt hat Schopenhauer wiederholt über die Sprachverhunzung geschimpft, die von Zeitungsschreibern ausgehe: „es ist die Verhunzung der

Grammatik und des Geistes der Sprache durch nichtswürdige Tintenklexer“, die zum „Lumpen-Jargon nobler ‘Jetztzeit’“ führe. Immerhin bemerkenswert, daß Nietzsche in diesem Gemeinplatz vom schlechten Zeitungsdeutsch den Schopenhauerschen Grobianismus auf ganz unakademische Weise noch zu überbieten wußte: „Schweinedeutsch – Verzeihung, Zeitungsdeutsch!“

Und Karl Kraus, der 1899 seine Zeitschrift ›Die Fackel‹ ausdrücklich zum Kampf gegen den „Phrasensumpf“ der Presse gegründet hatte? „Schopenhauer würde die Kritik, die die ›Fackel‹ auch an der sprachlichen Gemeinheit der Zeitungen übt, gewiß nicht kleinlich finden“, konstatierte er: „Eher aussichtslos.“ Aber seine volle Polemik entlud sich in messerscharfen Aphorismen: „Keinen Gedanken haben und ihn ausdrücken können – das macht den Journalisten.“ Oder Goethe kunstreich persiflierend: „Den Journalisten nahm ein Gott, zu leiden, was sie sagen“ (Goethes Tasso hatte bekanntlich umgekehrt geklagt: „Gab mir ein Gott, zu sagen, wie ich leide“). Und wenn keine Diktatur mit dem Schwindel der Pressefreiheit Schluß mache und das journalistische Handwerk unter die Androhung der Prügelstrafe stelle, so die finstere Befürchtung, „dann wächst eine Welt von Analphabeten heran, die nicht mehr imstande sein werden, die Zeitung zu lesen, sondern nur noch, für sie zu schreiben“.

Der sprachvirtuose Kraus, dessen geistvolle, manchmal bis zu geschliffenster Satire zugespitzte, scharfzüngige Sprachkritik nichts anderes als Zeitkritik im Spiegel der Sprache war, sprengt den traditionellen Rahmen: „Karl Kraus war ein Meister in dieser polemischen Sprachkritik. Aber ging es ihm wirklich um die Sprache? Oder war die Sprachkritik nur ein blendender Vorwand für eine allgemeine Kultur- und Zivilisationskritik?“ fragt man sich. Über die Alltags-Sprachkritik erhaben, bietet Kraus wohl nicht den gesuchten Anknüpfungspunkt zur Sprachkritik nach 1945, selbst wenn der Sprachkritiker Karl Korn sich und seine Zunft als Kraussche „Epigönchen“ apostrophiert hat. Schon die eigenwillige Form, wie jener seine sprachkritische Aufgabe beschrieben hat, ist unnachahmlich: nämlich „die Schrift, die andere geleitet haben und zwar irre, zu stellen und zwar richtig“ – der Unterschied zwischen Schrift*leiter* und Schrift*steller*.

Es gab einen weniger bekannten, aber ohne Zweifel erwähnenswerten Wiener Vorläufer in Ferdinand Kürnberger (1821–1879), der sich während der sechziger und siebziger Jahre des vorigen Jahrhunderts als stilsicherer Kritiker sprachlicher Unsitten des Journalismus hervortat. Engste Gesinnungsgenossin von Karl Kraus, dem sie 1949 ihr sprachkritisches Buch ›Worte über Wörter‹ als „dem damals lebenden und heute dem unsterblichen“ widmete, war Mechtilde Lichnowsky (1879–1958): eine Enkelin der Kaiserin Maria Theresia, als Gräfin Lichnowsky verheiratet und später in London lebend, vor allem aber eine der großen „alten Damen“ der deutschen Literatur. Wenn sie schreibt: „Auf das gedruckte Wort kommt es an; sobald nämlich schlechtes Deutsch gedruckt wurde, beginnt das Sprachvergehen Sprachverbrechen zu werden“, dann ist sicherlich weniger Gutenbergs Erfindung als solche gemeint als vielmehr das damalige Zeitungswesen. Die Verachtung der „Tagespresse“ entsprach jedenfalls vor und nach der Jahrhundertwende einem allgemeinen Trend. So war für Gustav Wustmann, der in seinen spektakulären ›Sprachdummheiten‹ (1891) der „Hauptursache der Verwilderung unsrer Sprache“ nachging, die Schuldfrage schnell geklärt: „So fehlerhaft, wie unsre Zeitungen jetzt schreiben, ist noch nie und nirgends in Deutschland geschrieben worden.“ Aber damit nicht genug, nimmt seine Kritik geradezu apokalyptische Formen an: „Und wenn ein Engel vom Himmel käme und schriebe das beste Buch für das deutsche Volk in der besten Sprache, ein Buch, das in vielen hunderten von Auflagen gekauft und – gelesen würde, der erdrückenden Übermacht der Tagespresse gegenüber würde seine Macht verschwinden wie ein Tropfen im Meere, die Tagespresse macht alle Bücher tot.“ Und mit diesem Verdikt stand Wustmann keineswegs allein, auch späterhin nicht.

Wie sehr um 1930 das sprachkritische Thema in der Luft lag, zeigt eine Bemerkung Kurt Tucholskys. Er geht von einem „bösen Verfall der deutschen Sprache“ aus und stellt fest: „In zwei Sparten ist das am schlimmsten: in der Presse und in den Briefen, die die Leute so schreiben“, mit der Nachbemerkung: „‘An einer Seite Prosa wie an einer Bildsäule arbeiten ...’ schrieb Nietzsche. So siehst du aus.“ Aber auch hier mischt sich die formale Kritik mit Inhaltlichem: „Selbst die Nachrichten, die nicht in der Zeitung stehen, sind erlogen.“ Wie für alle Texte Tucholskys, vor allem die politischen, gilt für seine Literatur- wie Sprachkritik, daß sie ihm – hierin Kraus vergleichbar – nur als Mittel polemischer Auseinandersetzung diente, ganz im Sinne seines lakonischen Ausspruchs: „Sprache ist eine Waffe.“

Daß auch in der Folge Zeitungsdeutsch und Pressesprache stets im Mittelpunkt sprachkritischer Auseinandersetzungen verblieben, bedarf keiner Hervorhebung, und das erst recht im heutigen Zeitalter der Massenmedien. „Gefördert wurde die Papiersprache durch die wachsende Sintflut der Zeitungen“, urteilte bereits der Stillehrer Ludwig Reiners (1944): „Wer schnell schreiben muß und wirksam schreiben will, gerät leicht auf seine gewohnten Walzen, die von selbst abrollen, und in die ausgefahrenen Geleise des Papierstils.“ Neuere Sprachkritiker wie der schon genannte Hans Weigel schimpfen über die Journalisten ebenso wie Wolf Schneider, der selbst vom Fach und Verfasser eines Handbuchs der Journalistensprache ist. Da muß ausgerechnet ein Sprachwissenschaftler kommen, Heinz Rupp, um das so arg gescholtene Journalistendeutsch in Schutz zu nehmen: „Natürlich gibt es Schlamperei und supergeistreich sein wollendes Geschwätz, aber sehr, sehr viele Journalisten mühen sich mit der Sprache ab und meist mit Erfolg." Und sein Schlußstrich, den er übrigens nicht allein zieht: „Journalisten sind meist besser als ihr Ruf."

Ein anderer namhafter Germanist, Jan van Dam, hatte schon Ende der sechziger Jahre die bemerkenswerte Überzeugung geäußert, „daß nicht an erster Stelle die großen Schriftsteller, sondern die Presse neben dem Rundfunk in immer größerem Maße die Sprache der Völker beeinflußt, ja in gewissem Sinne macht". Was Harald Weinrich veranlaßt hat, in aller Ernsthaftigkeit facettenreiche Reflexionen anzustellen über die Frage: „Deutsch von Journalisten lernen?" Nicht in ihrer mangelnden, sondern eher zu guten, virtuosen Beherrschung der Sprachnormen sieht er eine Gefahr, womit sie zu unserer „glatten Routinesprache" beitragen, ebenso wie manche mediengewandten Politiker sich von keinem Journalisten in der Kunst übertrumpfen ließen, „mit großen Worten nichts zu sagen". Wenn trotzdem die „großen Schriftsteller", um diesen Gedanken aufzugreifen, nach wie vor als unsere vielgerühmten Stilmeister und Sprachvorbilder gefeiert werden, nicht aber die Journalisten, so wohl aus dem einfachen Grund, weil diese eben nicht für die Ewigkeit, sondern für den Tag schreiben: „Unsere Dichter und Denker, sie wirken durch ihr Werk weiter. Dem Journalisten jedoch flicht – wie dem Mimen – die Nachwelt keine Kränze."

Und die Beziehungen zwischen Zeitungsdeutsch und Sprachkritik? Der Schriftsteller Hans Reimann hat sie, ganz im Sinne des Mottos, das diesem Kapitel vorangestellt ist, auf seine humorige Art so beschrieben: „häufiger denn je fühlen sich sympathische Schriftsteller bemüßigt, dem 'sprachlichen Verfall' entgegenzuwirken – und zwar in Tageszeitungen, also just dort, wo ... na, schön! Dann genießt man den kuriosen Anblick, daß oberhalb, unterhalb, rechts und links von der mehr oder minder berechtigten Attacke auf stilistische Sünden alles das in holder Unschuld dargeboten wird, was der verantwortungsbewußte Mitarbeiter attackierenswert findet. Und er selber – auch er ist keineswegs gegen die Unbilden der Sprache gefeit und gibt sich mitten im Angriff kleine klassische Blößen."

Nach 1945: „Geisterstunde" der Sprachkritik

Das Jahr 1945 wird von vielen Sprachwissenschaftlern als ein spezielles „Schaltjahr" betrachtet: als Beginn einer neuen Zeit, auch sprachlich gesehen – der „deutschen Gegenwartssprache", wie Hans Eggers sie benannt hat. Also gewissermaßen die Stunde Null?

„Heute ist schon die zwölfte Stunde. Und wir haben noch kein einziges Wort verlernt", so faßt Ilse Aichinger dichterisch die Situation des Neuanfangs in ein Paradox: Sprache lernen, indem man sie verlernt. Zu verlernen waren damals hauptsächlich die typischen nationalsozialistischen Ausdrucksweisen, das Vokabular des Dritten Reiches. Die Sprachkritik der ersten – oder nach Aichinger eben „zwölften" – Stunde bestand denn auch aus Wortanalysen, „Artikeln und Glossen", über ausgewählte faschistische oder faschistoide Begriffe. Zuerst 1945/46 in der Zeitschrift ›Die Wandlung‹ erschienen, wurden sie später von den Autoren Dolf Sternberger, Gerhard Storz und W(ilhelm) E(manuel) Süskind, den großen Geistern dieser sprachkritischen „Geisterstunde", unter dem in weiten Kreisen bekanntgewordenen Titel ›Aus dem Wörterbuch des Unmenschen‹ (1957) zusammengefaßt.

Mittlerweile befinden wir uns schon in der Zeit des deutschen Wirtschaftswunders: sprachlich ein „hohles Wunder"? Das war jedenfalls die Meinung des amerikanischen Publizisten George Steiner, als er sich 1960 – ähnlich wie einige andere zur gleichen Zeit in Amerika erschienene Artikel – sehr kritisch mit der deutschen Sprache und Literatur der frühen Nachkriegszeit auseinandersetzte. Auch daraus resultierte, um publizistische Stellungnahmen von deutscher Seite erweitert, ein vieldiskutierter Sammelband: ›Deutsch – gefrorene Sprache in einem gefrorenen Land?‹ (1964). Wir stellen fest: Sprachkritik, betrieben von Politikern und Politologen, Publizisten und Journalisten – wo aber bleibt die von Amtes wegen mit der Sprache befaßte deutsche Sprachwissenschaft?

Es ist ganz aufschlußreich zu sehen, wie sich die Sprachwissenschaft nach 1945 zur Sprachkritik verhalten hat. Erst als ein Mann vom Fach, der Bonner Sprachwissenschaftler Leo Weisgerber, einige der Thesen von Sternberger, Storz und Süskind aufgriff, meldeten sich Vertreter der damals noch jungen germanistischen Linguistik zu Wort, namentlich Werner Betz, Herbert Kolb und Peter von Polenz. Es kam zum seither vielzitierten „Streit um die Sprachkritik". Sehr fundiert und sehr grundsätzlich nahmen die Linguisten Stellung zu bestimmten Spracherscheinungen, die kritisiert worden waren: hauptsächlich zu den sogenannten Funktionsverbgefügen (*zum Ausdruck bringen* statt *ausdrücken*), zur „inhumanen" Akkusativierung (*jemanden beliefern* statt *einem etwas liefern*), auch zum um sich greifenden Substantivstil – der „Wucherung des Dingwortes“, wie Dolf Sternberger es blumiger umschrieben hatte. Das erbrachte wertvolle neue Erkenntnisse über unsere Gegenwartssprache, die dadurch erstmals ins volle Rampenlicht öffentlicher Diskussionen rückte, zugleich aber auch notwendige Korrekturen an dem sprachkritisch ge- oder besser verzeichneten Bild. Zugleich wurde klar, daß es sich weniger um wirklich sprachbezogene Sprachkritik handelte als vielmehr um moralisierende Kultur- und Geisteskritik.

Selbstverständlich, stellt Werner Betz fest, hat auch dieser moralische Standpunkt seine Berechtigung. Er ist jedoch nicht der sprachwissenschaftliche: „Wie der Arzt den Patienten in erster Linie medizinisch betrachten und behandeln muß, so der Linguist die Sprache linguistisch.“ Peter von Polenz, der vehementeste Kritiker der Sprachkritik, hat denn auch klar den Gegensatz formuliert, an dem „sich die Wege der Sprachkritik und Sprachwissenschaft trennen. Sprachkritik hat es dann nur noch mit Sprache als *parole* zu tun, ist also Stilkritik gegenüber dem Sprachgebrauch. Erhebt sie dennoch den Anspruch auf Sprache als *langue*, ist sie nur eine Methode der Kulturkritik“ – *parole* bedeutet hier, gemäß dem bekannten Begriffspaar des Genfer Sprachwissenschaftlers Ferdinand de Saussure, soviel wie ‘Sprechen, Sprachgebrauch’, *langue* dagegen ‘Sprache, Sprachsystem’. Genaugenommen müssen wir also zwischen eigentlicher Sprachkritik und einer in engerem Sinne als „Äußerungskritik oder Kritik am ‘verfestigten Sprachgebrauch’“ verstandenen Sprachkritik unterscheiden.

Die Sprachwissenschaft hat sich, und das gilt bis heute, nicht nur selbst sprachkritischer Bekundungen weitgehend enthalten; sie steht diesen auch, wo immer sie von anderen geäußert werden, in kühler Distanziertheit gegenüber, die bis zu snobistischer Nichtbeachtung reicht. Sprachwissenschaftlich existiert die Sprachkritik buchstäblich nur „peripherisch“, das heißt als ausgesprochene Randkategorie, und wird sie tatsächlich einmal zum Gegenstand fachlicher Überlegungen, dann bezeichnenderweise unter dem Titel ›Sprach-Störungen‹. Linguistischerseits jedenfalls herrscht die Meinung, daß es kaum lohnenswert sei, „sich mit solchen Sachen zu beschäftigen: mit Sprachkritik, mit Veröffentlichungen solcher Publizisten. Das gehört nicht zur Sprachwissenschaft.“ Offensichtlich ist dies eine Erscheinungsform jener allgemeinen, recht weltfremden Kluft, wie sie zwischen „wissenschaftlicher Sprachforschung“ einerseits – und *wissenschaftlich* besagt hier konkret: „akademisch“, an der Universität durchgeführt – und literater oder journalistischer, als „populär“ bezeichneter Darstellung von Sprachthemen andrerseits besteht. Mit Vorurteilen auf beiden Seiten.

Den Sack schlagen – und der Esel?

„Wer immer nur an einzelnen sprachlichen Symptomen herummäkelt und sich vor der (manchmal schmerzhaften) Erkenntnis der Ursachen drückt, haut den Sack und verleugnet den Esel", sinniert Otto Nüssler als selbsternannter „Glossokrat", der auch nicht alles wissen könne – eher also wohl ein *Glossokrates*? Auf jeden Fall verfahren nach dem Rezept dieses Sprichworts, nämlich den Sack „Sprache" zu schlagen und als Esel etwa die „Geisteshaltung der Zeit" oder ähnlich übergeordnete Gesichtspunkte zu meinen, viele Arten moderner Sprachkritik.

Innerhalb der Philosophie, die über eine lange sprachkritische Tradition verfügt, der die Sprache vornehmlich als Ansatzpunkt für Probleme des richtigen Denkens, der Erkenntnistheorie, des Wirklichkeitsbezugs usw. diente, ist in neuerer Zeit vor allem die sprachanalytische Philosophie des Wiener Kreises zu nennen. Der „frühe" Ludwig Wittgenstein hat ihr seinerzeit Ausdruck verliehen in dem lapidaren Satz: „Alle Philosophie ist 'Sprachkritik'." Derselbe Denker, nun als der „späte" Wittgenstein der ›Philosophischen Untersuchungen‹ (postum 1953), wurde richtungweisend für die Philosophie der „Alltagssprache" (*Ordinary Language Philosophy*), die sich ihrem Namen gemäß unseres alltäglichen Sprachgebrauchs annimmt. Neuerdings vertritt die sogenannte Erlanger Schule, zwar nicht unwidersprochen, ihre These von der „Nichthintergehbarkeit der Sprache". Alles in allem, in der Philosophie des 20. Jahrhunderts ist von einer „linguistischen Wende" die Rede.

Diese auffällige Ausbildung verschiedener philosophischer Richtungen der Moderne, die ausdrücklich die Sprache thematisieren, wird allgemein im Zusammenhang gesehen mit der „Sprachkrise" der Jahrhundertwende. Der Dichter Hugo von Hofmannsthal hatte dieser, wie bekannt, in seinem Chandos-Brief (1901) Ausdruck verliehen. Ihr prominentester Wortführer war der Philosoph und Literat Fritz Mauthner (1849–1923), der gleichzeitig – nach Carl Gustav Jochmann im frühen 19. Jahrhundert – als erster Vertreter einer gesellschaftskritisch-politischen Sprachkritik gilt. Moralisch oder ideologisch begründet, das bleibt die vorherrschende sprachkritische Tendenz der Folgezeit: ob es um die Bewältigung des Nazideutsch oder die Sprachentwicklungen in Bundesrepublik und DDR geht, dies Hauptthemen in den ersten Nachkriegsjahrzehnten; ob um den folgenden Parteienkampf der siebziger Jahre, der mit den polemischen Klischees „linker" und „rechter" Sprache operierte, oder in den achtziger Jahren auch die feministische Sprachkritik. Eine „politische" Sprachkritik in weiterem Sinne wird von vielen als deren einzig legitimierte Form betrachtet, insofern sich diese der Aufdeckung manipulativen Sprachgebrauchs in der Öffentlichkeit zu widmen habe (S. 167ff.): „Sprachkritik – die Fortsetzung der Politik mit besseren Mitteln“, wie Hans Jürgen Heringer es clause-witzig formuliert hat.

Eines jedoch hat dieser allenfalls skizzenhafte Überblick gezeigt: So wie einst die Philosophie des Mittelalters sich als Magd der Theologie betrachten mußte, so wird die Sprache hier zum Vehikel philosophischer, kultur- oder sozialkritischer, ideologischer oder politischer Bestrebungen, damit aber anderen, nur bedingt sprachkonformen Zielen dienstbar gemacht. Mag sein, daß Sprachkritik sich tatsächlich nicht als theoretische Schreibtischtätigkeit, sondern erst im Rahmen wirksamen sprachpraktischen Handelns rechtfertigt. Dennoch ist sie ohne Zweifel immer dann, wenn die vordergründige Kritik an Sprachphänomenen nicht diesen selbst, vielmehr dahinterstehenden Realitäten gilt, in irgendeiner Hinsicht „dienstbar“, nicht „frei“: Wort und Sache, Sprache und Welt werden in eins gesetzt.

Existiert überhaupt eine, so verstanden, „freie“ Sprachkritik? Ja, zumindest eine solche, die vorgibt, allein und ausschließlich auf die Sprache gerichtet zu sein, damit rein sprachbezogene Sprachkritik zu betreiben: Kritik von Spracherscheinungen um ihrer selbst willen. Man könnte sie die „linguistische“ Sprachkritik nennen; das heißt, man könnte es, wenn sie sich nicht ausgerechnet in der Art, wie sie betrieben wird, in Grundwissen, Methoden, Zielvorstellungen usw. aller Linguistik versagte. Gemeint ist die populäre Sprachglossen-Literatur, die sich – wie der Name schon sagt – die relativ junge „Sprachglosse“ als eigene Ausdrucksform geschaffen hat. Die Linguistik pflegt in solchen Fällen, notabene, mit einem kleinkrämerisch anmutenden Fachbegriff von ‘Textsorten’ zu reden. Leute mit stilistischem Gespür empfinden diese Bezeichnung als unschön, vor allem nicht angemessen; sie lasse „eher an Käsesorten oder ‘sortentypische’ Merkmale (von Kartoffeln etwa)“ denken. Auch dies Sprachkritik – wir werden im weiteren stets von ‘Textarten’ sprechen, namentlich im Falle der Sprachglosse.

Diese erfüllt, wie sich aus ihrer beachtlichen Verbreitung zu ergeben scheint, eine durchaus wichtige Aufgabe in unserem Sprachleben. Sie nimmt vor allem sprachliche Veränderungen scharf ins Auge, wertet sie für den „Hausgebrauch“ und versucht so auf ihre Weise, die künftige Sprachentwicklung in geregelte Bahnen zu lenken – aber in welche? Da es sich durchweg um punktuelle Kritik an einzelnen, aktuell auftretenden Spracherscheinungen handelt, wäre es terminologisch zweifellos eher angebracht, nicht von Sprachkritik, sondern von „Äußerungskritik“ zu sprechen, oder noch besser im Anschluß an Peter von Polenz: „Stilkritik gegenüber dem Sprachgebrauch“. In der Tat: freie Sprachkritik ist *Stil-*

kritik, nicht mehr und nicht weniger; dies um so deutlicher, als die populäre Stillehre (das zweite Kapitel wird es zeigen) sich in ihren Urteilen und Vorschriften als völlig gleichartig erweist.

Konstruieren wir ein Beispiel, das uns die „Freiheit“ der freien, nicht sprachfremden Zielen dienstbaren Sprachkritik veranschaulichen soll. Wir kennen alle die geläufige Redewendung von den „Unbilden der Witterung“, womit wir auf recht gehobene Weise die Widerwärtigkeiten schlechten Wetters umschreiben: Nun liest ein Sprachkritiker, seines Zeichens Deutschlehrer, in einem Schüleraufsatz die korrespondierende Formulierung „Unbilden der Schule“. Was tut er? Zunächst notiert er mit rotem Schnörkel am Heftrand „Ausdruck!“. Dann aber greift er in sprachkritischer Beflissenheit zur Feder, erläutert behutsam, daß man dieses ohnehin kaum mehr gebrauchte *Unbilden* allein auf die meteorologischen Verhältnisse anwenden dürfe, versichert zudem, daß es nicht das geringste mit *Unbildung* zu tun habe – was im Zusammenhang mit Mängeln der Bildungspolitik oder der schulischen Ausbildung immerhin denkbar wäre. Vielmehr erkläre sich das Wort als leicht abweichend gebildete Pluralform neben dem ebenfalls wenig gebräuchlichen *Unbill* der Bedeutung ‘Kränkung, Unrecht’, dessen positive Grundform *Bill* im Deutschen längst nicht mehr existiere usw.: All dies in 60 bis 70 Zeilen zu soundsoviel Anschlägen und damit gerade das richtige Maß für eine „Sprachglosse“.

Schauen wir nochmals hin, was die sprachkritische Darstellung gebracht hat: die Korrektur einer aus dem gewohnten Rahmen fallenden Formulierung, die Feststellung des gültigen Sprachgebrauchs, dessen sprachgeschichtliche Erklärung, letztlich aber doch den bequemen Rückgriff auf die feststehende, weil nicht in Frage gestellte Norm, daß es so und so richtig und gut sei. Wenn aber die freie Sprachkritik nichts anderes als Stilkritik ist und der Sprachkritiker folglich ein Stilkritiker, dann muß auch er sich den Gesetzen von Stil und Stilkritik unterstellen mit allen Unwägbarkeiten, die den Stilbegriff sprachwissenschaftlich auszeichnen. Mit anderen Worten, was den linguistischerseits oft zu hörenden Vorwurf von den „selbsternannten Sprachkritikern“ betrifft, so stellt Hans-Martin Gauger dazu dezidiert fest: „jeder darf sich selbst ... zum Sprachkritiker ernennen“ – mit der Konsequenz freilich, daß sich dann seinerseits auch der Kritiker kritisieren lassen müsse.

2. Wer oder was ist ein Sprachkritiker?

Heißt nicht allein schon die Frage stellen, ein gewisses Stirnrunzeln durchscheinen zu lassen? Aber „Sprachkritiker" gehört nun einmal nicht zu den ausgewiesenen Berufen wie Bäcker, Zahnarzt oder Nachtklubbesitzer. Immerhin scheint es wenn schon keinen festumrissenen Werdegang, so doch wenigstens eine Grundvoraussetzung dafür zu geben: die Ausübung eines schreibintensiven Berufs. Sprachkritiker sind, wie aus den oft spärlichen Autorangaben ersichtlich wird, in ihrer Mehrzahl „hauptberuflich" einerseits Schriftsteller oder Journalisten, andrerseits auch Lehrer aller Arten, deren Sprachglossen „in des Wortes engerer Bedeutung aus der Schule zu plaudern" belieben, wie es einer von ihnen ausdrückt – vor allem, versteht sich, Deutschlehrer. Die einen machen die Sprache aus selbstgewählter Passion zu ihrem Thema (wie das gelegentlich auch außerhalb des Rahmens der Sprachkritik „dichterisch" geschieht, S. 68), die anderen tun dies sozusagen in Fortsetzung ihres Berufs. Für beide gilt: So wie nach einem Goethe-Wort ein „jeder, weil er spricht, ... auch über Sprache sprechen zu können" glaubt, so äußern sie sich, weil sie schreiben können, zu Fragen unserer Sprach- und Schreibkultur.

Nun ist Schreibenkönnen ein weiter Begriff, weshalb sich letzten Endes zum Sprachkritiker berufen fühlen darf, wer will (siehe oben). Sind wir demnach alle Sprachkritiker? Da heißt es doch eigentlich ganz gleichlautend von sprachwissenschaftlicher Seite: „Sprachkritik ist nichts für Experten, Sprachkritik ist etwas für alle." Sprachkritik in diesem Sinne meint allerdings, daß jedermann gegenüber dem Sprechen, seinem eigenen und dem anderer, vor allem aber dem öffentlichen Sprechen, kritisch sein muß. Die sprachkritische Literatur ihrerseits versteht die gleiche Frage wörtlich: Sprachkritik „nur Sache der Fachleute, also der Grammatiker, der Lexikographen, der Stilistiker? Nein. Jeder, der seine Sprache liebt, sollte Sprachkritiker sein..." Das Körnchen Wahrheit, das jede Ansicht enthält, lautet in diesem Fall: Der Sprachkritiker, als solcher selbsternannt oder nicht (Karl Korn hat ironischerweise die Institutionalisierung der Sprachkritik den Sprachwissenschaftlern in die Schuhe geschoben), ist in erster Linie Sprachbenutzer und Sprachliebhaber; erst in zweiter wird er zum aktiven Sprachverbesserer, wenn er sich nämlich der praktischen Betätigung als Verfasser von Sprachglossen verschreibt.

Der Sprachglossen Glanz und Gleiß

Heute, wie bereits angedeutet, längst Bezeichnung einer eigenen und keineswegs nebensächlichen Textart, bedarf der Begriff ‘Sprachglosse’ dringlich eines klärenden Wortes: Als Glosse bezeichnet man in unserer Zeit eine moderne journalistische Kleinform, in der kurze, feuilletonistisch gehaltene Stellungnahmen zu Tagesfragen der verschiedensten Art geboten werden, kommentierend, doch stets mit einem Schuß Polemik: „Die Glosse ist mehr als das Feuilleton durch die Begrenztheit des für sie in der Zeitung bzw. Zeitschrift verfügbaren Raumes bestimmt“, versucht eine neuere Definition die Textart zu umreißen. „Sie ist ein meist anonym erscheinender Kurzkommentar, der in witzig-ironischer, häufig auch polemischer Form zu Tagesereignissen Stellung nimmt.“ Das geschieht eher beiläufig, sozusagen am Rande: ›Zum Tage‹, ›Im Blickpunkt‹, ›Streiflicht‹, ›Auf ein Wort‹, ›Nebenbei bemerkt‹ usw. lauten denn auch Überschriften von Zeitungsrubriken, die Glossen bringen. Interessant in diesem Zusammenhang eine Notiz von Mechtilde Lichnowsky, die eine Beschreibung der Glossenform enthält: „›Am Rande bemerkt ...‹ So betitelt ein Journalist seine Einfälle, die in Artikeln von etwa sechzig Zeilen seit Jahren regelmäßig erscheinen.“ Speziell Sprachglossen sind nichts anderes als Glossen zu sprachlichen Themen. Sie kennzeichnen sich, grob umschrieben, durch ihre gehoben-schriftliche Form, prägnante Kürze und autoritative Belehrung in Sprach- und Stilfragen: Sprachessays im Taschenformat.

Diese besondere Form der „freien“ Sprachkritik, wie sie in der heutigen Sprachglossen-Literatur weit verbreitet ist, mußte sich erst einmal entwickeln. Seit wann gibt es sie? Ein Werk, das wohl den meisten Stoff liefern konnte, war Gustav Wustmanns seinerzeit sehr erfolgreiches Buch ›Allerhand Sprachdummheiten‹, das erstmals 1891 erschien und in Überarbeitung noch bis 1966 fortgeführt wurde. Vom Verfasser näher als „Kleine deutsche Grammatik des Zweifelhaften, Falschen und Häßlichen“ beschrieben, bildet es im Deutschen den Höhepunkt jener jahrhundertealten Tradition sogenannter „antibarbarischer Sprachratgeber“ (*Antibarbari*), die der Bekämpfung von Mängeln oder Schwächen in Sprache und Stil dienten: Negativzusammenstellungen speziell stilistischer Fehler und Unschönheiten, die vor allen Dingen abschrecken sollten. Wustmann hat dies, und darauf beruht sein Erfolg nicht zum geringsten Teil, durch eine subjektive, derb polternde und Schopenhauer kaum nachstehende Ausdrucksweise forciert, die ihm bei seinen Zeitgenossen den Ruf des „wütenden Gustav“ und „groben Wüstmann“ eintrug. Werke nach der Art des Wustmann, ohne diesen freilich in seiner Breitenwirkung zu erreichen, hatten kurz vor und nach der Jahrhundertwende ihre Konjunktur: eine Sprachratgeber-Literatur, die damals offensichtlich den Bildungsbedürfnissen eines weiten Publikums entgegenkam.

Eine gewisse Vorläufer- und Musterfunktion – aber das ist dann schon in unserem Jahrhundert – könnte, zumal angesichts der Bekanntheit des Verfassers, Karl Kraus ausgeübt haben: Seit 1908 führte er in seiner Zeitschrift ›Die Fackel‹ eine eigene Rubrik „Glossen und Notizen", die aber weitgehend kultur- und zeitkritischen Inhalts sind. Andrerseits geht es in seinen sprachkritischen Kurzartikeln unter der Überschrift „Sprachlehre", die seit 1921 in unregelmäßigen Abständen erschienen, auf ebenso subtile wie für Kraus eher ungewohnt komplizierte Art um Fragen wie den unterschiedlichen Gebrauch von *nur noch* und *nur mehr*, *wie* und *als*, *zumuten* und *zutrauen* usw.: mehr grammatische Lehrstücke als Glossen. Hier sei die Kraussche Sprachkritik, so lautet ein fachmännischer Kommentar, am „ehesten greifbar, wenn auch am wenigsten satirisch und deshalb am wenigsten charakteristisch" – Kraus, ein insgesamt extravaganter Sonderfall.

Größere Nähe zur Glosse (und dieser Begriff wird dort auch verwendet) verrät zumindest stellenweise Mechtilde Lichnowsky, was sich schon im Titel ›Worte über Wörter‹ (1949) andeutet. Doch so glossenartig manche ihrer Äußerungen über sprachliche Einzelphänomene auch wirken, sei es zu schon bei Kraus behandelten Themen, sei es zu noch heute aktuellen Stichwörtern wie *unverzichtbar, anscheinend – scheinbar, unter Beweis stellen* usw. – sie sind in den Textzusammenhang eingebettet und daher nur Abschnitte im Sinne feuilletonistisch gehaltener Kurzessays. Ähnliches gilt im übrigen für Hans Reimanns teils impressionistisch reihendes, teils alphabetisierendes ›Vergnügliches Handbuch der deutschen Sprache A–Z‹ (1931, in Neuauflage 1991) und auch andere sprachkritische Veröffentlichungen in Buchform, etwa das ›Unwörterbuch‹ von Alfred Gleiss (1981).

Mit dem Tucholsky-Zitat ›Sprache ist eine Waffe‹ als Titel präsentiert sich eine neuere Sammlung seiner – so jedenfalls sagt es der Untertitel – „Sprachglossen". In der Tat ist dort vieles zusammengestellt, was Kurt Tucholsky zornig oder witzig, bissig oder humorvoll an der Sprache seiner Zeit auszusetzen hatte, besonders am juristischen, militärischen und literarisch-„essayistischen" Sprachgebrauch, vom „Zeitungsdeutsch" zu schweigen (S. 10). Sind das aber Glossen, wenn sein Repertoire alles vom einsätzigen „Schnipsel" bis zum vielseitigen Artikel umfaßt? Den Hauptkritikpunkt bildet das „Neudeutsch", das der Teufel holen solle, oder voller Ironie: „Gott segne den neudeutschen Stil" – eine Himmel und Hölle bemühende Kontradiktorik, entnommen Tucholskys Texten

›Neudeutsch‹ und ›Neudeutscher Stil‹. Der erste ist mit einem Motto, seinen gut sieben Seiten Umfang, vielfältigen Themen usw. sicherlich ein feuilletonistischer Artikel, der andere mit nur 76 Druckzeilen, seiner einheitlichen Thematik und einer Schlußpointe durchaus glossengerecht. Auch andere sprachkritische Auslassungen Tucholskys, etwa über Modewörter oder „Sprachunarten“, wie er das nennt, erfüllen diesen Anspruch nach Geist und Buchstaben – dies allerdings bevor die Sprachglosse zur festen Form und zum Begriff geworden war: gewissermaßen Sprachglossen *ante litteram*. Geblieben ist bis heute der Ausdruck „Neudeutsch“, den viele moderne Sprachkritiker in Tucholskyschem Sinn verwenden.

Wie sehr solche kurzgefaßten, locker formulierten Betrachtungen zu sprachlichen Themen dem Zeitgeist entsprachen, zeigen die zwei Bände ›Sprachpillen‹ (1938, 1940) des Berner Professors Otto von Greyerz. In seinem Vorwort bemerkt er, intuitiv einige wesentliche Eigenschaften der Sprachglosse vorwegnehmend: „Die wenigsten Leute sind für umständliche grammatische Belehrungen zu haben; schon die Fachausdrücke haben einen Schulgeschmack für sie, der ihnen die Eßlust nimmt. Aber vielleicht, in kleinen Dosen und mit guter Laune dargereicht, vermöchten solche Sprachpillen doch ihren Gaumen zu reizen.“ Sprachglossenartig, aber doch keine echten Sprachglossen, so lautet auch hier das Urteil; dies schon deswegen nicht, weil in ihrer ganzen Art eher die wissenschaftliche Darstellung vorherrscht – wiewohl diese ›Sprachpillen‹ gewiß alles andere als bittere Pillen sind.

Kurzum, in den dreißiger Jahren war die Luft mit Sprachglossenartigem geschwängert, um nicht zu sagen „sprachglossenschwanger“. Und wir brauchen auch nicht weiter herumzurätseln; denn wir kennen ihn ja, den eigentlichen Erfinder dieser Textart: „Glossen zur deutschen Sprache“ (so der Untertitel) hat in mehreren Bänden seit 1936 Oskar Jancke veröffentlicht, der 1957 verstorbene Mitbegründer der Deutschen Akademie für Sprache und Dichtung in Darmstadt. Da er als Haupttitel jeweils eine Glossenüberschrift gewählt hat, die der Titel-Glosse eben wie zum Beispiel ›... und bitten wir Sie ...‹ (1936) über den sogenannten Satzdreh nach *und*, scheint ihm die spezielle Kennzeichnung als Glossen notwendig: „Denn der Leser muß wissen, daß ihm keine Dramen, Novellen oder Lebenserinnerungen, keine Reisebeschreibungen oder Gedichte dargeboten werden, obwohl von alledem auch etwas dabei ist, wie es die Form der Glosse, selbst der Sprachglosse, erfordert.“

Dasselbe Verfahren wird übrigens später in den Sprachglossen-Bänden Otto Nüsslers praktiziert (1983, 1985, 1985); auch sie sind jeweils nach einer Titel-Glosse benannt, dann aber ausdrücklich als „Glossen“ gekennzeichnet. Und er schreibt sogar eine ›Glosse über ‘Glosse’‹. Daß diese in mittelalterlichen Texten und noch bis zu den Humanisten als „Rand- oder Zwischenbemerkung" der Erklärung schwieriger Wörter diente, weiß man; aber um 1700 sei eine neue, unwissenschaftliche Bedeutung hinzugekommen, die der kritischen Stellungnahme zu einem aktuellen Thema in kurzer, oft humoriger Form: „Die Glosse ist aus unserer Presse nicht mehr wegzudenken." Der Hamburger Journalist Joachim Stave habe wohl als erster die Forderung nach der „Glosse als Kunstform" erhoben, ähnlich dem Essay, nur kürzer, komprimierter, „zum Beispiel als *Sprachglosse*, die noch vieles von dem hat, was *Glosse* ursprünglich war: Erklärung (eines schwierigen Wortes), etwa: Erklärung von *Glosse*."

Doch zurück zu Oskar Jancke. Dieser erhebt ausdrücklich den Anspruch, die Sprachglosse in heutigem Format und moderner Schreibart geschaffen zu haben. „Um diese Form gestrafft herauszuarbeiten, hat sich die Notwendigkeit ergeben, ein Ganzes in viele kleine Teile zu zerlegen. Aber jeder Teil hat vielleicht dadurch gewonnen, daß er ein Besonderes enthält, die Betrachtung von tieferen Fragen der Sprache, von Wortarten, Redensarten oder auch nur von einzelnen Wörtern. Und natürlich war durch diese Zerlegung eine neue Formgattung ermöglicht, die der *Glosse*, die für die Sprache bisher noch nicht gebraucht wurde": die Geburt also der neuen Textart! Wie ernst Jancke jene Aufteilung des Sprachstoffes in „kleine Teile" genommen hat, zeigt beispielsweise seine Behandlung der Substantivflexion, wo aus keinem anderen Grund als diesem der erste, zweite, dritte und vierte Fall einzelnen Glossen vorbehalten sind, unter einer gemeinsamen Überschrift freilich: „Der Kasus macht mich lachen" – Goethe. Und auch dies, ein hoher Bildungsanspruch, wird sich als Charakteristikum der Glosse erweisen.

Zum Theoretischen heißt es bei Jancke weiter: „Unsere Sprachglossen sind nicht an den Rand geschrieben. Sie sind zu selbständigen Gebilden geworden, die das gegebene Thema ausarbeiten und oft in ganz neue Bezüge einfügen. Daß zuweilen spielerische oder gar groteske Wirkungen entstehen, soll die Einprägsamkeit dieser Glossen nur erhöhen. Es ist alles darauf angelegt, daß sie dem aufmerksamen Leser haften bleiben." Ähnlich hebt später Otto Nüssler, in vielem geistesverwandt, den Hang und Zwang „zur Originalität, zur überzeugenden Darstellung, zur verbalen Kleinkunst" hervor. Fortan gilt die Glosse, so ein Fachmann, als „die schwerste Darstellungsform, gerade weil sie so leicht daherkommt", eine kleine Form also mit großen Ansprüchen. Nochmals in kurzem Ausschnitt eine sich selbst kommentierende Glosse über „Glosse", diesmal aus der mediengewandten Feder von Rudolf Camen: „An sich ist sie eine Glosse für sich, unvergleichbar allem journalistig-Journalistischem. Denn was für ein Gewicht hat schon ein Epi-Gramm? Wen interessiert denn schon der Aphoris-Schmus? Wer beachtet denn ernsthaft die Schreibe der Kommentartaren? ... Die gute Glosse ist kurz und sündig, sie ist einzigartig eigenartig, aber niemals artig. Sie ist ein kleiner Wortspielplatz und endet in einer Pointe of no return. Ist das nicht 'Spitze'?"

Sprachglossen kann man einzeln in Zeitungen lesen oder aber zu Büchern gebündelt. Dies besagt, daß die meisten Glossenbände „Gesammelte Werke" sind, eben Bündelungen vorher separat veröffentlichter Glossen. Der Weg verläuft fast regelmäßig von der Zeitung ins Buch. Das gilt für so renommierte Sammlungen wie die vier der ›Frankfurter Allgemeinen Zeitung‹ aus den sechziger Jahren (herausgegeben von Nikolas Benckiser 1960, 1961, 1964 und 1969), Walter Heuers Glossen in der ›Neuen Zürcher Zeitung‹ (1972, 1976) oder die Rudolf Walter Leonhardts in der ›Zeit‹ (1983), doch auch weniger bekannte wie die verschiedenen Sprachbücher von Hans Sommer, die aus seiner allwöchentlichen Rubrik „Unser Deutsch" im Berner ›Bund‹ hervorgegangen sind. Es wäre zu weitläufig, sie alle im einzelnen aufzuzählen.

Diese Entstehungsweise hat eine bemerkenswerte äußere Konsequenz: Die Arbeit mit dem geistigen Zentimetermaß wird deutlich sichtbar, insofern alle Glossen, eine wie die andere, von nahezu gleicher Länge sind – anderthalb bis zwei Seiten, je nach Druckformat des Buches. So haben Wolf Schneiders neue NZZ-Glossen nun schon seit Jahr und Tag fast zeilengenau den gleichen Satzspiegel. Welch eine Fron, Sprachthemen der verschiedensten Art exakt auf diesen Normumfang zurechtzuschneidern! Damit bedingt die Zeitung, als primärer Erscheinungsort vieler Sprachglossen, zweifellos auch eine ihrer wesentlichsten Texteigenschaften: die Kürze. „Lohn dieser Tugend soll die größere Zahl von Lesern sein, die eher mit einem überschaubaren kürzeren Text als mit einem längeren die Bekanntschaft zu machen bereit sind", heißt es dazu leserfreundlich idealisierend. Näher liegt wohl, den beschränkten Raum der zur Verfügung stehenden Zeitungsrubrik als buchstäblich „maßgebend" anzusehen. Ob Kolumne oder mehrspaltiger Block, immer ist der Platz von vornherein festgelegt. Als so kurz, „wie es die karg bemessene Zeitungsspalte erforderte", beschreibt denn auch Rudolf Ibel seine Sprachglossen. Ihr äußeres Erscheinungsbild, so wie es sich uns heute in großer Einheitlichkeit präsentiert, kommt folglich durch das Zusammenspiel verschiedener Faktoren zustande, als deren wichtigste gelten können: redaktioneller Zwang, eine bestimmte Vorstellung von der Textart „Glosse" und, nicht ohne hintergründige Absichten, die betonte Leserfreundlichkeit. Das erklärt auch hinlänglich, warum die wenigen selbständig erschienenen sprachkritischen Bücher genauso verfahren, obwohl sie nicht jenen

Zwängen unterliegen. Ob alphabetisch oder assoziativ, immer aber kurz gehalten, reiht sich auch dort Sprachthema an Sprachthema – als Beispiel Hans Weigels schreckliche ›Leiden der jungen Wörter‹ (1974), ein „brillant geschriebenes Pamphlet“, wie Helmut Seiffert es nennt.

Nächst ihrer obligatorischen Kurzform verdient eine zweite Eigenschaft der Sprachglossen unsere volle Aufmerksamkeit. Denn infolge ebendieser Kürze bis aufs letzte Tüpfelchen ausgefeilt und von „Könnern“ verfaßt, sind sie durchweg kleine Musterstücke guten Stils. Es müßte ja auch merkwürdig anmuten, sollte man meinen, wenn ausgerechnet sie mit ihrer oft spitzen Kritik an Sprachmängeln und Stilschluderei selbst schlecht geschrieben wären. Die sprachliche Attraktivität der Glossen, deren Gestaltungsspektrum von geistreich-geschliffen über witzig-karikierend bis zu echter Satire reicht, paart sich meist mit einem Hang zu persuasiver Rhetorik. Selbst der liberalste Sprachkritiker will ja vor Mißbräuchen der Sprache warnen, hält „mit kulturkritisch erhobenem Zeigefinger“ – so Joachim Stave, einer von ihnen – zu stilistischer Besserung an, beschwört uns oft geradezu, von Leichtfertigkeiten im Umgang mit der Sprache oder Modetorheiten abzulassen. Weil er aber keine verbindlich einzuhaltenden Regeln, keine festen Normen anbieten kann, versucht er verbal zu überzeugen, ja zu überreden – unter Einsatz aller ihm zu Gebote stehenden rhetorischen Mittel. Keine Frage, daß dies den Unterhaltungswert der Sprachglossen nicht unwesentlich erhöht.

Und das sprachinteressierte Publikum, was hält es von solcher Sprachbelehrung? Mit welcher Erwartung und welchem Gewinn liest es die Glossen? Wohl weniger um zu lernen, sondern um sich zu amüsieren: Das hat er ja mal wieder glänzend formuliert, der Herr Sprachkritikus! Solche von der angesprochenen Leserwelt offensichtlich geschätzte Sprachkunstfertigkeit kann zum Selbstzweck werden, zur gefälligen Schönschreiberei und gekonnten Effekthascherei. Aber, schlimmer noch, sie kann zu einer Gefahr für Leser werden, die nicht mit allen Wassern der Sprachkritik gewaschen sind: Mit der suggestiven Formulierung übernehmen sie kritiklos die oftmals nicht unproblematischen „Lehren“ solcher Sprachglossen.

Was den Sprach-Kritiker zum Kritikaster macht

Wer will, kann es sich im Blick auf den äußeren Wortunterschied leichtmachen: *Sprachkritik(ast)er.* Vom Kritiker unterscheidet den Kritikaster allein sein *ast*, und das ist der einzige, den es sich lohnt abzusägen, auch wenn man darauf sitzt.

Wenn Sprachkritik inhaltlich von Wort- und Spracherklärungen über grammatisch-stilistische Problemfälle bis zu sprachlichen Grundsatzfragen reicht, worin unterscheiden sich dann sprachkritische Glossen und sprachwissenschaftliche Artikel? Die Antwort scheint einfach: in den beiden genannten Texteigenschaften der Kürze und der Attraktivität. Eine gründliche Abhandlung kommt natürlich nicht mit sechzig Zeilen aus, und ihr Darstellungsstil bleibt nun einmal sachlich-fachlich, um nicht zu sagen trocken, wogegen die Glosse von leichtzüngiger Plauderei bis zu scharf gewetzter Satire alle Sprachregister zieht. Trotzdem liegt der eigentliche Unterschied weniger in diesen Äußerlichkeiten als vielmehr in der Art, wie die Sprachthemen behandelt werden: eben nicht linguistisch beschreibend und erklärend, sondern kritisch wertend. Mit der Sicherheit seiner festen Überzeugung weiß ein Sprachkritiker immer, was richtig ist oder – da die negative Kritik überwiegt – was falsch ist. Da es aber in der Minderzahl der Fälle um die vergleichsweise einfache Beurteilung eines grammatischen *Richtig* oder *Falsch* geht, gerät die Sprachkritik meist zur stilistischen Bewertung von Sprachgebräuchen als *gut* oder *schlecht*, wenn nicht gar sprachästhetisch *schön* oder *häßlich* – Sprachkritik, wie festgestellt, gleich Stilkritik.

Seine Entscheidungen stützt der Sprachkritiker so gut wie nie auf linguistisch begründete Einsichten, er verläßt sich durchweg auf seine persönliche Ansicht: sein „Sprachgefühl“. Dies wäre nicht weiter schlimm, wenn unser Sprachgefühl als eine einigermaßen vorurteilslose Instanz gelten könnte. Indes, als Summe des erworbenen Sprachwissens und der lebenslangen Spracherfahrung eines Menschen, ist es in höchstem Grade subjektiv geprägt: „durchaus subjektiv“, bestätigt Hans Weigel buchstäblich, „einzig durchdrungen von eigenen Erfahrungen und Überzeugungen“. Ähnlich hat schon Mechtilde Lichnowsky in schöner Offenheit bekannt: „Ich werde, zuweilen unabhängig von Grammatik, Philologie, Syntax als Thema, nur mein Sprachgefühl sprechen lassen.“ Noch früher (1892) und noch aufschlußreicher die folgende Bemerkung über Gustav Wustmann, von dem schon die Rede war: „Es hat sich gezeigt, daß auch ein sprachkundiger, sprachgebildeter, mit feinem Sprachgefühl begabter Schriftsteller, wie Wustmann, vielfach irren kann und muß, wenn er sich in allzu großem Vertrauen auf die Sicherheit seines Urteils zum Richter über die oft sehr verwickelten Äußerungen des Geistes der deutschen Sprache aufwirft.“ In jedem Fall lautet die Quintessenz, von Bernt Engelmann in humorvolle Verse gegossen: „Richtungsweisend im Gewühl / bleibt allein das Sprachgefühl!“

Hier soll nicht zur Diskussion gestellt werden, ob solche Berufung auf das Sprachgefühl überhaupt berechtigt sei; darüber haben sich noch unlängst die Wissenschaftler ausgiebig den Kopf zerbrochen. Jedenfalls liefert es aber nachträglich oft die Begründung dafür, daß manche Sprachfragen durchaus widersprüchliche Beantwortung finden. Als Beispiel, zu Anfang bereits kurz erwähnt, das aus der Welt des Soziologendeutschs stammende *hinterfragen*: durch die sprachsoziologische Brille pl(eon)astisch gesehen? Die einen halten es für nützlich, weil sehr ausdrucksstark – gewissermaßen hinter die Dinge fragend – und somit anschaulich, „plastisch". Die anderen, namentlich Sprachkritiker der strengen Observanz, meinen hingegen, *fragen* allein müsse genügen, der „analistische" Vorsatz von *hinter-* sei höchst überflüssig; zudem wirke er aufschwellend, fast doppelt ausgedrückt, also „pleonastisch". Wie schon Goethe wußte: Über Worte läßt sich trefflich streiten.

Aber was heißt streiten: wird nicht (auch) sprachkritisch Toleranz großgeschrieben? Viele Sprachglossen-Bände versäumen es keineswegs, im Vorwort auf die „liberale Grundeinstellung" des Verfassers hinzuweisen – „selbst wenn boshafte Pfeile von der Sehne schnellen". Von liebenswürdigen „Sprachnörgeleien" spricht wiederholt Friedrich Sieburg, renommierter Sprachglossist, und von privaten „Reizbarkeiten" Hans-Martin Gauger einleitend in seinem sprachkritischen Band ›Sprach-Störungen‹. Nachdenkliche „Randbemerkungen" oder, noch besinnlicher, „Regungen des Gewissens der Sprache gegenüber", in denen man „mit Geist, Witz und Ironie uns den künstlerisch geschliffenen Sündenspiegel vorhält", lauten andere Selbstcharakterisierungen. Alles in allem: liebenswürdig im Ton, konziliant in der Sprachbelehrung, wohlmeinend bis nachsichtig sogar in der ja schon vom Namen der Disziplin her geforderten Kritik – so ist die eine, sympathische Seite des Sprachkritikers.

Aber es gibt auch jene andere, die weniger reputierliche Kehrseite: das ist dann der Sprachkritikaster. Dieser pflegt, als autoritativer Sprachrichter, sein ohnehin gestrenges Urteil noch mit beißendem Spott, scharfzüngiger Ironie oder bissigen Boshaftigkeiten zu würzen – ein pikantes Sprach-Gericht mit gepfefferter Sauce, das die Leser als meist unschuldige Opfer auszulöffeln haben. Ist es einem solchen Sprachkritiker *sui generis* erst einmal gelungen, sich einen Namen zu machen, kann es gewissermaßen selbsttätig zur Ausprägung eines welt- und sprachverbesserischen Sendungsbewußtseins kommen, das ihn zur alles besser wissenden, apodiktisch urteilenden und verurteilenden Sprachautorität erhebt – über Duden und Sprachwissenschaft: Er wird zum „Sprachpapst". So hat der ›Spiegel‹ seinerzeit W. E. Süskind apostrophiert, wie vorher schon Ludwig Reiners den alten Wustmann, und neuerdings tituliert die Stilwissenschaft ihrerseits die Reiners, Engel und Co. als „Stilpäpste". Gemeint ist, daß Stillehrer und Sprachkritiker eine klar umrissene stilistische Idealvorstellung haben und ebenso sichere Regeln, wie diese zu verwirklichen sei: „Stilpäpste zeichnen sich wie andere Päpste auch durch ein unbeirrbares Wissen aus: daß es nämlich den einen guten Stil gibt; und sie sind unfehlbar in der Frage, wie der gute Stil auszusehen hat.“

Das Bild des Sprachkritikers in dieser Weise zu verallgemeinern bedeutete zweifellos, es verzerrt zu zeichnen: Unter ihnen gibt es nicht wenige seriöse Sprachkenner, von deren fruchtbarer Kritik auch die Sprachwissenschaft profitieren kann. Dennoch muß verwundern, wie selbst angesehene, sonst meisterlich schreibende Autoren in ihren Sprachkritikastereien gelegentlich zu offenem Grobianismus oder hitziger Polemik neigen. Gehört das einfach zur Textart? Seit Schopenhauers grimmigen Schelten gegen die Verhunzung der deutschen Sprache, scheint es, steckt in jedem ein kleines Schopenhäuerchen (oder -ungeheuerchen), das die oftmalige Wandlung vom ernstzunehmenden Sprachkritiker zum grob giftenden Kritikaster immerhin erklären könnte.

3. Vom „Denkfehlerteufel“: Exkurs über sprachliche Logik

Jeder Richter, der ein Urteil zu fällen hat, stützt sich auf die ermittelten „Tat“bestände und die darauf anwendbaren jurisdiktionalen Regelungen in Form von Gesetzen, Rechtsverordnungen, gerichtlichen Präzedenzfällen usw. Und der „Sprachrichter“, in welcher Rolle Sprachkritiker sich gerne sehen? Jeder Arzt, der einen Patienten behandelt, wird aufgrund seiner Untersuchungen und der daraufhin erstellten Diagnose bestimmte Medikamente, Heilverfahren, Operationen usw. verordnen, wie es der medizinischen Praxis entspricht. Und der „Spracharzt“, als welcher sich der Sprachkritiker mit Vorliebe versteht?

In solchen, freilich nur ana-logischen Fragen (auf die S. 150ff. näher eingegangen wird) zeigt sich der wunde Punkt aller Sprach- und Stilkritik: Was ihr fehlt, sind eindeutige Kriterien und Methoden für eine fundierte, hieb- und stichfeste Wertung kritisierter Spracherscheinungen. Gibt es doch, wie schon Ludwig Reiners feststellen mußte, „keinen wissenschaftlichen Maßstab, um guten und schlechten Stil zu unterscheiden“. Und so stehen alle Sprachkritiker vor diesem „unausweichlichen Dilemma ..., dem zwischen Bewahren und Verändern“, erläutert Helmut Seiffert, „oder genauer: der Verlegenheit, schlüssig zu begründen, warum man hier den bisherigen Sprachgebrauch beibehalten, dort aber dem Wandel Raum geben sollte“.

Einige Sprachwissenschaftler haben sich die Mühe gemacht, die gängigsten Bewertungsgrundsätze auf ihre Stichhaltigkeit zu prüfen, wie vor allem Richtigkeit, Schönheit, Reinheit, Angemessenheit der Sprache usw. Das nüchtern-ernüchternde Ergebnis: diese und weitere Gesichtspunkte bieten in ihrer alles andere als klaren Begrifflichkeit und keineswegs über alle Kritik erhabenen sachlichen Adäquatheit kaum gesicherte Maßstäbe für eine sprachgerechte Beurteilung. In diesem und den folgenden Kapiteln werden wir ein Kriterium nach dem anderen, dem jeweiligen Kapitelthema zugeordnet, etwas genauer unter die Lupe nehmen.

Als erstes das Kriterium der sprachlichen „Richtigkeit“, diese natürlich nicht in grammatischem Sinne verstanden, sondern als vernunftgemäße Denkrichtigkeit unseres Sprechens und Schreibens: die „Sprachlogik“. Wird diese doch häufig in Sprachkritikerkreisen zur Grundlage einer Wertung gemacht, weil sie sich von ihr das gesuchte, anscheinend (oder scheinbar) objektive, selbst festgegründete wie alles begründende Fundament versprechen.

Mit Un-Logik leben

„Keine Regel ohne Ausnahme“, heißt es redensartlich, aber: „Wenn diese Regel richtig ist, dann ist sie falsch, denn dann gibt es auch von dieser Regel eine Ausnahme.“ Wir sehen, eine messerscharfe Logik – Logik, die Lehre vom vernunftgerechten, folgerichtigen Denken. Wenn der Arzt feststellt: „Eine Operation ist unumgänglich“ und der Patient entgegnet: „Da sterbe ich lieber“, ermöglicht die Logik eine sinnvolle, freilich makabre Verbindung beider Äußerungen. Wir sehen weiter, die Logik hat auch eine sprachliche Seite: Wer A sagt, müsse auch B sagen, versichert uns das Sprichwort; und wer mit „erstens“ anfängt, sollte logischerweise mit „zweitens“ fortfahren – bemerkt kein Geringerer als Thomas Mann sprach-kritisch in seiner Erzählung ›Tristan‹: „Er sagte unkorrekterweise ‘erstens’, obgleich er gar kein ‘zweitens’ darauf folgen ließ.“ Aber die sprachliche Logik hat, um das gleich vorwegzunehmen, offenkundig auch ihre Grenzen: Lautet das sprachrichtige Gegenteil von „immer alles richtig bejahen“ etwa *nie nichts falsch verneinen*? Oder was behauptet jemand von sich, der sagt, er sei *nicht undesinformiert*?

Wer die Gesetzmäßigkeit der Logik auf Sprechen und Schreiben anwenden will, wird sein Augenmerk vor allem der sachlich-gedanklichen Klarheit und Konsequenz einer Äußerung, eines Textes widmen. Aus einer wissenschaftlichen Rezension: „Zu bemängeln ist lediglich ein fehlendes Personen- und Wortregister“ – etwas, das gar nicht vorhanden ist, bemängeln? „Widersprechen Sie nicht dem, was ich nie gesagt habe!“ witzelte seinerzeit in gleichem Un-Sinne der Gothaer Gymnasialprofessor Johann Georg August Galetti (1750–1828), ein Meister in der Erfindung derartiger Widersprüche zur Realität oder Logik, dem wir eine Fülle von „Kathederblüten" verdanken. Das Denkmuster als solches ist uralt und läßt sich bis ins Unendliche weiterspinnen: Entweder man hat eine Meinung, oder man hat keine – letzterenfalls sollte man sie auch nicht äußern. Unübertrefflich jene amtliche Definition der bekannten „unveränderlichen Kennzeichen" unserer Identitätsbeschreibung (aus einem bayrischen Ministerialamtsblatt): nämlich „insbesondere Narben, Muttermale, fehlende Körperteile, wenn sie ohne weiteres sichtbar sind". Wie sagte doch Galetti: „Ich sehe heute wieder so viele, die nicht da sind!" Angesichts solcher Logik würde sich unser großer Philosoph der Vernunftlehre, der selige Immanuel Kant, im Grabe herumdrehen, falls er noch lebte.

Freilich bewegt sich der Sprachkritiker, wenn er von „Logik" spricht, nicht unbedingt in den Bahnen der gleichnamigen philosophischen Disziplin. Er denkt vielmehr an gewisse logisch begründete Gesichtspunkte wie Klarheit, Folgerichtigkeit, Widerspruchsfreiheit usw., gegen die im Sprechen und Schreiben häufig genug verstoßen wird: „Aus Indien heimgekehrt, bestieg er die Cheopspyramide, um daselbst das Genick zu brechen" – unlogisch, da Finalsätze mit *um zu* tückischerweise stets eine Absicht voraussetzen, die in diesem Fall ebenso bezweifelt werden darf wie bei jenem alten Herrn, der noch in voller körperlicher und geistiger Frische sein 80. Lebensjahr vollendete, „um drei Tage später zu sterben". Gefährlich ist's, das *um* zu wecken ... Immerhin, Galetti hält den passenden Trost bereit: „Er konnte, als er tot war, auf ein durchaus erfolgreiches Leben zurückblicken."

Offenbar gibt es da, wie den bekannten Druckfehlerteufel, einen speziellen „Denkfehlerteufel", über dessen Klumpfuß wir alle hin und wieder einmal stolpern. Allerdings hat die Aufdeckung oder Vermeidung solcher Denkfehler letztlich mehr mit gesundem Menschenverstand zu tun als mit zünftiger Logik. Überhaupt, nicht wenige dieser „Gedankensprünge", wie man liebenswürdig verharmlosend zu sagen pflegt, sind gar keine geistigen Kurzschlüsse, sondern haben oft genug ihren Ursprung in Tücken der Formulierung: „Das Hochwasser des letzten Sommers ist noch immer in aller Munde", so in einem Schulaufsatz, oder eine Meldung der ›Tagesschau‹, die ein merkwürdiges Licht auf polizeiliche Fahndungsmethoden wirft: „In einem Taxi sitzend, nahm die Polizei den Täter fest." Die gleiche partizipiale Klippe auch im folgenden Beispiel: „Während seines Urlaubs an der Nordsee weilend, entriß uns der grausame Tod unseren lieben Vater" – Frage: wer war es, der da weilte? Schließlich ein in seiner Verkürzung bizarres Zeitungsinserat: „Krankheitshalber gesunder Dackel abzugeben" – aber, *Hundebesitzer aller Rassen*, nichts gegen Dackel!

Wer sich eines dezenten Schmunzelns nicht hat erwehren können: Denkfehler haben eben viel mit dem Witz gemeinsam, der seinerseits die auf den Kopf gestellte Logik in voller, humoristischer Absicht einsetzt, und darum lachen wir auch über beide. Haupterscheinungsformen sind, meist auf unfreiwilliger Komik beruhend, jene gehäuft vor allem in Schulaufsätzen und Vereinsreden, Zeitungsartikeln und Anzeigentexten auftretenden, ebenso lehrerseits berüchtigten wie leserseits beliebten (und daher nicht selten sinnreich erfundenen) „Stilblüten“, deren Aufschlußwert sich neuerdings auch die Sprachwissenschaft zunutze macht. In der Schweiz kursiert folgende: „Ob Wilhelm Tell wirklich gelebt hat, weiß man nicht sicher; fest steht nur, daß er den Landvogt Geßler mit seiner Armbrust erschossen hat.“

Aufwärts mit dem sinkenden Minuswachstum!

Nicht, daß die Sprachkritiker sich mit derart groben Fällen von Laisserfaire-Lässigkeit des Formulierens aufhielten – es gibt auch sehr interessante Subtilitäten der Logik. Geht es Ihnen nicht manchmal auch so? Sie lesen in der Zeitung einen bestimmten Ausdruck, stutzen, lesen nochmals und müssen zugestehen, daß er nicht in strengem Sinne falsch ist. Trotzdem stört etwas daran Ihr sprachstilistisches Feingefühl. Vielleicht die modische Redewendung: „Das ist aber *mehr als wenig*!“ Eike Christian Hirsch, der deutsche Besserwisser, hat zu dieser „Steigerung nach unten“ eine lehrreiche Jugendgeschichte beigesteuert: „Als ich noch mit meinem Zwillingsbruder in einer Klasse saß, sagte ein Lehrer zu mir: ‘Du scheinst ja das geringe Wissen deines Bruders überbieten zu wollen?’ Ich hätte es gerne überboten, aber ich unterbot es, was der Lehrer zwar richtig geahnt, aber falsch formuliert hatte.“

Leuten von einiger Findigkeit, zuweilen Spitzfindigkeit, und das sind Sprachkritiker ja, verhilft dies zu überraschenden Funden fragwürdigen Sprachgebrauchs. Kann man beispielsweise *angenehm enttäuscht* werden? – nein, sagen sie: weil im Begriff der Enttäuschung immer etwas Negatives enthalten sei. Umgekehrt bei dem positiv gewerteten *unverhofft*, das demgemäß stets eine angenehme Ent … – Entschuldigung – Überraschung ausdrücken sollte; weshalb es wider- oder aber besonders hintersinnig wäre, von einem „unverhofft“ verstorbenen Ehegatten zu reden. Und was ist von der „*Chance*, bei einem Verkehrsunfall umzukommen“, zu halten? Die Sprachkritik bringt so etwas ans Licht, aber noch viel mehr.

Der Dichter Ernst Jünger hat sich allen Ernstes gefragt, ob man ein *Gefolge vorausschicken* könne. Ist eine *vollendete* Wiedergabe von Schuberts *unvollendeter* Symphonie denkbar? „Mit Bedacht“, so der Kabarettist Werner Finck, „vermeide ich die Bezeichnung ‘gute Besserung’“ – weil es eine „schlechte Besserung“ ja nicht gebe. „Wie hoch hat sich der Geldwert in den letzten fünf Jahren vermindert?“ war in der Zeitung zu lesen – im gleichen Atemzug *hoch* und *vermindern*: Kontrapunktik der Sprache? Oder in bezug auf naive Malerei: „An das Nichtmalenkönnen werden, seit es eine eigene Kunstform geworden ist, immer höhere Anforderungen gestellt“ – was ist da verlangt: mehr Nichtkönnen oder größeres Können? Eine besonders gelungene Formulierung dieser Art: „Im Rückgang des Geburtenzuwachses trat eine zunehmende Verlangsamung ein.“

Solche sich auf den ersten Blick ausschließenden, weil vom Wortsinn her gegenläufigen Ausdrucksweisen werden in neueren Stilbüchern und Sprachglossen reihenweise mit dem sprachkritischen Seziermesser genüßlich zerlegt: vom „fehlenden Konzentrationsmangel“ bei Kindern bis zum „sinkenden Minuswachstum“ der Wirtschaft. *Minuswachstum*! – obwohl sich dieser Wortkentaur, eigentlich sehr folgerichtig, als ein weiteres Absinken vom Stande des zuvor kreierten „Nullwachstums“ versteht, nichts mehr oder weniger; sofern da nur nicht andrerseits das *Wachstum* wäre, mit dem sich nun einmal der Sinn des „Größerwerdens“ verbindet. Nicht auszudenken, wenn es minuswachstumsmäßig wieder mehr oder minder aufwärtsginge!

Doch im Ernst, läßt sich Sprache in dieser Weise auf ein simples Rechenexempel reduzieren? Linguistisch können implizit mit dem Vorzeichen *minus ‘weniger’ versehene Begriffe wie *Mangel*, *Rückgang*, *Verminderung* usw. durchaus zunehmen, umgekehrt mit einem *plus ‘mehr’ indizierte wie *Zunahme*, *Wachstum*, *Steigerung* usw. sich ebenso verringern. Das hat gar nichts mit Logik zu tun. Was an solchen Formulierungen das sprachempfindliche Ohr oder Auge stört, ist die Koppelung von Begriffen, die als semantisch gegensätzlich, damit widersprüchlich empfunden werden; natürlich ganz besonders, wenn solche Wörter im unmittelbaren Kontext und Gedankenzusammenhang gewissermaßen aufeinanderprallen. Das provoziert eine stilistisch auffallende, pointierte Ausdruckswirkung, und diese muß dann beabsichtigt sein – wie in Heinrich Heines spitzzüngiger Bemerkung über August von Platens, seines Dichterkollegen, „Überfluß an Geistesmangel“.

Unsere Sprache in die „Zwangsjacke der Logik“ stecken?

Daß es mit der Logik in der Sprache eine eigene Bewandtnis hat, ist auch den Sprachkritikern nicht entgangen. Sie tragen Gegenbeispiel um Gegenbeispiel zusammen, und diese lesen sich wie Vorwürfe: Das wünschbare und eigentlich plausible Konzept einer logisch begründeten Sprach- und Stilkritik gerät ins Wanken. „Wie hält es die Sprache mit der Logik?“ fragt Hans Lobentanzer, und Hans Sommer scheint zu antworten: „Offenbar fürchtet die Sprache nichts so sehr wie die Zwangsjacke der Logik“ – das zeigt sich an allen Sprach-Ecken und Enden.

„Es ist eine ganz bekannte Sache, daß die Viertel-*Stündchen* größer sind, als die Viertel*stunden*“, hat schon der scharfsinnige Göttinger Mathematiker und Aphoristiker Georg Christoph Lichtenberg im 18. Jahrhundert bemerkt. Auch daß ein *Walfisch*, der Wortform seines Namens zum Trotz, zoologisch kein Fisch ist, weiß man längst; ebenso wie der Rüssel allein nicht ausreicht, um Galettis Ausspruch zu rechtfertigen: „Das größte Insekt ist der Elefant.“ *Tomatensaft* heißt so, weil er aus Tomaten gemacht wird, aber *Hustensaft*? Ein *Hutmacher* ist jemand, der Hüte macht, aber ein *Buchmacher*? Der *Tischler* trägt seine Berufsbezeichnung daher, daß er früher wenigstens Tische herstellte, aber der *Bettler*? – usw.

Bekanntlich verkehrt im Deutschen vorgesetztes *un-* den Sinn eines Wortes ins Gegenteil, zum Beispiel *Sinn* in *Unsinn*, doch in Un-Mengenbezeichnungen wie *Unmaß*, *Unzahl*, *Unsumme* und dergleichen präsentiert sich dieselbe verneinende Vorsilbe als verstärkend. Die *Untiefe* bedeutet sogar, je nachdem, ob man von ihr als Landratte oder als Waterkantler spricht, so Gegensätzliches wie ungeheuer tiefes Wasser oder eine seichte Stelle. Ratlosigkeit auch sonst allenthalben: „Die Atempause ist eine Pause zum Atmen, die Arbeitspause eine Pause zum Nichtarbeiten – ist nun die Denkpause eine Pause zum Denken oder zum Nichtdenken?“ Legen Sie doch einmal, was die Logik betrifft, eine kurze Denkpause ein.

Wer bestraft wird, ist ein *Bestrafter*, wer begünstigt wird, ein *Begünstigter* usw. – „und wer bedient wird, was ist der? Ein *Bedienter*?“ wird man sich fragen. Der Bediente ist, laut Duden, genau umgekehrt ein *Diener*. Besonders hübsch: Ein Denker ist jemand, der denkt, oder ein Spieler jemand, der spielt, und so setzt Oskar Jancke diese Reihe sportlich fort: „Der Fußballer ist einer, der den Fuß, der Faustballer einer, der die Faust, der Wasserballer einer, der das Wasser ballt“ – und dies, letzte Zweifel beseitigend, unter Berufung auf die Goethe-Verse: „Schöpft des Dichters reine Hand, / Wasser wird sich ballen …“

Unlogik sogar in harmlosen Kleinigkeiten: „Auch kleine Elefanten sind schon ziemlich groß.“ Ein ganz normaler Satz? Wenn man ihn nach den Regeln strenger Logik auflöst, ergeben sich die widersprüchlichen Aussagen: „Elefanten sind klein. Elefanten sind groß“, was für einen Sprachlogiker, sagt der Fachmann, „ein Ding der Unmöglichkeit“ sei. Während *Vorteile* und *Nachteile* ein klares Gegensatzpaar bilden, sind *Rückschläge* keineswegs das Gegenteil von *Vorschlägen*; ebenso wie es zwar nicht ohne innere Schlüssigkeit, doch der üblichen Sprachverwendung widersprechend war, als „eine Südländerin, gefragt, wie es ihr in der neuen Umgebung gefalle, antwortete: 'Oh, ganz gut, aber natürlich hat jedes Land seine Vor- und Hinterteile'.“ Zur *Spannung* gesellt sich sinnvoll die *Entspannung*, zur *Rüstung* – die *Entrüstung*? Mitnichten, meint Joachim Ringelnatz: „Die gerechte Entrüstung ist leider viel seltener als die ungerechte Rüstung.“

„Wäre die Logik der wahre Maßstab“, schrieb seinerzeit Ernst Wasserzieher, „so hinderte sie nichts, nach Analogie von *Tagung* auch *Nachtung* zu bilden“ (was in Wirklichkeit ja häufig genug zuträfe). Ein Mann, der sich verheiratet, ist alsdann *beweibt*, die Frau logischerweise also *bemannt*? – nein, das sind Boote, Schiffe, Flugzeuge. *Vergeßlich* heißt, wer alles vergißt, aber als *unvergeßlich* gilt der, den man nie vergißt; und es kann durchaus ein *heimlicher* Trinker sein, der *unheimlich* trinkt. Im Reklametext für ein Haarwuchsmittel liest man: „Haarausfall ist nicht *schmerzhaft*. Aber *schmerzlich*“– eine sprachliche Haarspalterei? Ähnlich ist das Wetter zwar oft *veränderlich*, aber keineswegs *veränderbar* – usw. Um im Stile solcher Beispiele zusammenzufassen: Die Logik hinterläßt in unserer Sprache viele Lücken, die sie nur unvollkommen ersetzen.

Sage mir einer, unsere Sprache sei logisch. Sie ist es nicht, weder im ganzen noch in ihren Teilen, den Wörtern und Wendungen, Sätzen und Äußerungen. Sprache, und das gilt keineswegs nur fürs Deutsche, hat überhaupt nicht die Klarheit, Bestimmtheit und Genauigkeit, wie wir alle sie uns vielleicht wünschen und die Sprachkritiker gemäß den Gesetzen einer gar nicht gegebenen Logik einfordern möchten. Aber gerade weil es zu den elementaren Eigenschaften unserer und aller Sprachen gehört, daß sie vielschichtig, mehrdeutig und vage in Wortgebrauch und Formulierungsweise sind, verfügen sie über jene hochgradige Flexibilität und einen Nuancenreichtum des Ausdrucks, der uns alles in Worte zu fassen gestattet, was wir sagen oder schreiben wollen, und auch genauso, wie wir das wollen. Nur logisch ist die Sprache nicht, das heißt, kein strikt nach Vernunft und Verstandesregeln konstruiertes Gebilde. Ihr eigentlicher „Verstand“ liegt vielmehr in der Verständigung: daß wir uns mit ihrer Hilfe selbst verständlich machen und mit unseren Mitmenschen verständigen können.

Logisch kann unsere Sprache gar nicht sein, weil sie eine lebende Sprache ist – mit all den Unvollkommenheiten menschlicher Erfindung, all den im Laufe ihrer langen Geschichte zustandegekommenen Unstimmigkeiten, schließlich auch all den heutigen Unzulänglichkeiten, die sich im täglichen Sprachgebrauch offenbaren. „Die Bedeutung eines Wortes ist sein Gebrauch in der Sprache", lautet – alltagssprachphilosophisch zu verstehen – einer der am meisten zitierten Sätze Ludwig Wittgensteins. Noch etwas deutlicher finden wir den gleichen Gedanken bei seinem Lehrer Bertrand Russell formuliert: „Ein Wort hat eine mehr oder weniger vage Bedeutung; aber die Bedeutung läßt sich nur entdecken, wenn man betrachtet, wie es gebraucht wird; der Gebrauch ist ursprünglich, die Bedeutung aber ist aus ihm herausdestilliert." Auf diesen Sprachgebrauch kommt es an, und wenn schon die Sprache selbst nicht logisch ist, so können doch wenigstens wir, ihre Benutzer, versuchen, einigermaßen logisch mit ihr umzugehen. Wie heißt es doch so schön in Mascha Kalékos Gedicht ›Philo(un)logisches‹ zum guten Schluß (nach einer Reihe von Beispielen wie: „Die Leistung war nicht schwach. Nur, eben schwächer"): „Die Sprache ist so logisch wie ihr Sprecher."

Das wäre eigentlich für dieses Kapitel ein gutes Schlußwort gewesen, wenn ich nicht unlängst tatsächlich den alles andere als fachmännischen Rat gelesen hätte, man solle doch die Sprache „ins Bett der Logik zwingen": Das wäre ein Prokrustes-Bett, in dem ihr die Glieder auseinandergerenkt würden, oder es kostete sie gar den Kopf – wer „Köpfchen" hat, der kann auch so mit der Unlogik der Sprache recht gut leben. Nicht einmal tote (etwa das alte Latein), sondern nur künstliche Sprachen können sich eine absolute Logik leisten: Formelsprachen wie die der Mathematik oder Physik und die modernen Computersprachen. Was wäre gewonnen, wenn unsere Sprache jene „Kristallreinheit der Logik" annähme, gegen die sich auch Wittgenstein ausgesprochen hat? Sie müßte dafür ihre blutvolle Lebendigkeit, den unendlichen Reichtum an fein differenzierten Ausdrucksmöglichkeiten opfern. Wollte man diesen lebendigen Sprachgebrauch in aller und jeder Einzelheit logisch gestalten, hätte das ungeheuerliche Eingriffe zur Folge: sozusagen eine „Umwortung aller Worte".

4. Unter Vorspiegelung falscher Tatsachen

An der Tatsache, daß eine *Tatsache* eine „Tatsache" ist, sollte es eigentlich nichts zu zweifeln und zu deuteln geben. Aber muß das nach allem, was wir über die Eigenart der Sprachlogik erfahren haben, sprach-logisch ebenso sein?

Wie in der Einleitung angekündigt, werden wir am Schluß eines jeden Kapitels, in einer Art Anhang, jeweils ein ausgewähltes Beispiel vorführen (da es natürlich unmöglich ist, alle oder auch nur eine größere Anzahl einschlägiger Fälle eingehend zu erörtern): gewissermaßen als praktisches Demonstrationsstück für die vorangehenden theoretischen Ausführungen. Um dabei die Voraussetzungen, Argumentationsweisen und Schlußfolgerungen der Sprach- und Stilkritiker unmittelbar augenfällig werden zu lassen, sollen diese jeweils ausgiebig im Wortlaut zur Sprache kommen. Die fachliche Kommentierung beschränkt sich auf ein Mindestmaß, um den sachkundigen Leserinnen und Lesern eine selbständige Beurteilung zu ermöglichen. Im vorliegenden Zusammenhang wird es also darum gehen, am Beispiel zu zeigen, daß die Logik zum Zwecke der Erklärung sprachlicher Zweifelsfälle ein *denkbar ungeeignetes* Instrument ist, was soviel heißt wie *undenkbar* als *geeignetes* ... Aber da beginnt es schon in den „kleinen grauen Zellen“ zu knistern.

Wir kennen alle die bekannte Redensart von der *Vorspiegelung falscher Tatsachen*, zu verstehen als eine Umschreibung für „bewußte Irreführung“. Der Finder, nicht Erfinder, dieses Paradefalls logischer Unrichtigkeit war nach meinem Wissen Oskar Jancke. Zur Klarstellung des Sachverhalts hat er sich der schönen Analogie einer Fata Morgana bedient, „die dem müden und durstigen Wüstenwanderer die Herrlichkeit einer Oase vorspiegelt“: klarer Fall einer optischen Täuschung. Aber mit dem Vorspiegeln von Tatsachen, und gar noch falscher, ist das eine andere Sache: Für seine eigenen Täuschungen sei der Mensch selbst verantwortlich. „Er muß wissen, was er vorspiegelt, und wissen, was ihm vorgespiegelt wird, ob Richtiges oder Falsches. Wenn er falsche Tatsachen vorspiegelt, soll im keiner folgen, wenn er Tatsachen vorspiegelt, ist er ein Betrüger.“ Auch Jancke stellt schon die logische „Gretchenfrage“ (übrigens die „albernste aller Anspielungen“, kritisiert Gerhard Storz), ob man denn überhaupt falsche Tatsachen vorspiegeln könne: „Und die vorgespiegelten falschen Tatsachen? ... Sie waren nicht einmal da, als sie vorgespiegelt wurden, weil sie ja falsche Tatsachen waren.“

In den siebziger Jahren hat Walter Heuer dieselben Tatsachen auf einen nüchternen, schon fast linguistischen Nenner gebracht. Ausgehend von der Zeitungsmeldung, wie eine hübsche Anhalterin es verstanden habe, „rund zwanzig entzückten Automobilisten unter *Vorspiegelung falscher Tatsachen* Beträge von 100 bis 200 Franken aus der Brieftasche zu locken“, wundert er sich darüber, daß die „naiven Benzinritter ... nicht bloß auf den frommen Aufschlag gewichster Wimpern, sondern obendrein noch auf *falsche Tatsachen* hereingefallen sind, also auf etwas, das es gar nicht gibt“. Denn auch Heuer läßt eine Abweichung von der herrschenden Meinung nicht gelten: „Tatsachen, so meine ich immer noch, sind Tatsachen; sie können nicht falsch sein, sonst sind es keine Tatsachen mehr. *Falsche Tatsachen* sind, wie der Fachmann sagt, eine *Contradictio in adiecto* (ein Widerspruch im Beigefügten), genau wie der schwarze Schimmel oder der bettelarme Krösus." Aber, wagt der Fachler eingeschüchtert zu widersprechen, wie steht's dann mit der *alten Jungfer*, der *kleineren* oder *größeren Hälfte*, dem *beredten Schweigen*, dem *modernen Antiquariat* und ähnlichen Fällen, die in unserer Sprache gang und gäbe sind?

Nun denn, das ist ja noch nicht alles: „Die *Vorspiegelung falscher Tatsachen* enthält also, genau besehen, nicht nur einen Widerspruch, sondern zudem noch einen Pleonasmus: die *Vorspiegelung* von etwas *Falschem*" – doppelter läßt sich diese Tatsache kaum ausdrücken! Dieselbe Meinung, in aller Kürze zusammengefaßt, bei Hans Reimann: „Die Vorspiegelung falscher Tatsachen ist mangelnder Überlegung entsprungen, sintemalen etwas vorgespiegelt wird und der Begriff 'Falsch' just im Vorspiegeln ausgedrückt ist. Tatsachen sind vorspiegelbar. Falsche Tatsachen, die vorgespiegelt werden, gemahnen an verlogene Lügen, an rotes Rouge, an *pommes frites* mit Kartoffeln." Immerhin hat der Duden-Stillehrer Wilfried Seibicke diesen Pleonasmus, den er gleichzeitig klar als Stilfehler beurteilt, damit zu erklären versucht, daß *Vorspiegelung* ein ziemlich selten gebrauchtes Wort sei: „Um ganz sicher zu gehen, verstärkt man den Hinweis auf das Trügerische durch *falsch*."

Wahrscheinlich kommt auch Ihnen das alles sehr logisch vor, oder? *Vorspiegeln* bedeutet soviel wie 'etwas vortäuschen', also anders darstellen, als es in Wirklichkeit ist; Tatsachen aber, dem Wort nach Sachverhalte von unbedingter Richtigkeit, hören in dem Augenblick auf, es zu sein, da sie sich als falsch erweisen. Mithin kann es logisch eine „Vorspiegelung falscher Tatsachen" nicht geben. Sprachlich gibt es sie jedoch festgestelltermaßen dennoch: „Der ganze Ausdruck ist längst zu einer gängigen Wendung geworden, die der beste Schreiber ohne Skrupel aus der Feder fließen läßt", beklagt sich Heuer. „Ja selbst die Stilwörterbücher haben ihren Segen dazu gegeben, wenn auch nicht alle ohne Hemmungen, wie in Klammern beigefügte Besserungsvorschläge beweisen." Stimmt, Wort für Wort.

Und das hat mit dem allgemeinen Sprachgebrauch zu tun. „Tatsächlich?" fragt da jemand zweifelnd, und als Antwort erklingt es im Brustton der Überzeugung: „Wirklich, Tatsache!" So unbezweifelbar, wie es der Begriff *Tatsache* vorspiegelt, sind die „Tatsachen" in der Sprachrealität mithin durchaus nicht. Und die „falschen Tatsachen"? Hans Lobentanzer kommentiert: „Tatsachen können nicht falsch sein, nur Angaben.

Man kann Tatsachen falsch wiedergeben.“ Die Frage wäre, in aller sprachwissenschaftlichen Behutsamkeit, ob solche falsch wiedergegebenen Tatsachen im Sprachgebrauch nicht einfach zu falschen Tatsachen verkürzt werden.

Ja, der Sprachgebrauch. Wer ohne schlechtes Gewissen „gute Besserung“ wünscht, wer von „trügerischen Illusionen“ spricht oder auch, man höre und staune, von „trockenem Humor“ (das Wort bedeutete ursprünglich, und jeder Lateiner weiß das, ja nichts anderes als ‘Feuchtigkeit’) usw., dem wird am Adjektiv *falsch* weder seine Widersprüchlichkeit zu *Tatsache* noch die Ausdrucksdoppelung gegenüber *Vorspiegelung* auffällig erscheinen: So spricht man halt im Umgangston, von der offensichtlich populären Formelhaftigkeit der Wendung ganz zu schweigen. Das zieht die gegen sie ins Feld geführte Logik nicht in Betracht – und damit den kürzeren. „Die Bedeutung eines Wortes“, sagte Wittgenstein (S. 33), und ich ergänze: wie auch die Gültigkeit einer Redewendung, „ist sein Gebrauch in der Sprache.“

Tatsache, und zwar eine richtige!

Zweites Kapitel

Mit Engels- und Reiners-Zungen

Die populäre Stillehre

> Es ist ein Jammer um die Pflege der deutschen Sprache. Kümmert sich schon einmal einer um sie, dann heißt er Eduard Engel; dieser unsägliche Hohlkopf hat es neulich fertig bekommen, den feinen Sprachkenner Wustmann zu beschimpfen, der in der kleinen Zehe mehr Sprachgefühl hatte, als der Schöpfer der arabischen Zahlen auf den Eisenbahnwaggons im Kopf hat.
>
> Kurt Tucholsky

Aber, aber – Herr Tucholsky! Wer wird denn unserem namhaftesten Stillehrer der ersten Jahrhunderthälfte sein Sprachgefühl so um die Ohren schlagen: Immerhin war das, laut anderer zeitgenössischer Ansicht, ein „Gelehrter, der den größten Teil seines Lebens der Pflege der deutschen Sprache gewidmet hat". Was die sehr eigenwillige Meinungsäußerung Kurt Tucholskys mit Stil und Stillehre im allgemeinen verbindet, ist beider unverkennbare Abhängigkeit von subjektiver Einschätzung und individueller Urteilsfähigkeit, letztlich sogar dem, was man gemeinhin den „persönlichen Geschmack" nennt. Wenn Gleiches vom einen getadelt, vom andern gelobt wird, wo bleibt da der glaubwürdig ableitbare, sei es auch nur halbwegs exakte Stil-Standpunkt? – keine rhetorische Frage: Er bleibt auf der Strecke.

Nachdem sich zuvor schon Sprach- und Stilkritik der Glossenschreiber als im Grunde ein und dieselbe Sache herausgestellt haben, machen wir uns in diesem Kapitel die Sache leichter: Wir verrühren die Sprachkritiker gewissermaßen mit den populären Stillehrern in einem großen Topf, um sie dann gemeinsam durch das feinmaschige Sieb sprachwissenschaftlicher Gegenkritik zu schütten. Denn was unterscheidet Sprachkritiker und Stillehrer letzten Endes? Daß der eine seiner sprachkritischen Ader glossenweise Luft macht, um dann ein Buch daraus zusammenzustückeln, der andere aber im Zusammenhang eines längeren Textes seine in eine Handvoll allgemeiner Stilvorschriften eingebetteten Sprachbeispiele – und das ist oft das gleiche „Stückwerk", ungebündelt – von vornherein zu einem Buch verarbeitet. Was da wohl *verarbeiten* heiße, fragt sich Edith Hallwass: „Wenn ein Schwein verarbeitet wird, kommt

Wurst dabei heraus, wenn Milch verarbeitet wird, Käse. Und wenn Texte verarbeitet werden?"

Es gibt kaum Bücher der Gebrauchsliteratur, die mit höheren Ansprüchen geschrieben sind als Stillehren, inhaltlich wie formal. Wo die Belehrung der Sprachkritiker eher wohlfeil erscheint, da wird hier ein – buchstäblich – erlesener Aufwand betrieben: schmissige Formeln, eindrucksvolle Zitate, gelungene Beispiele usw. Was die Sprachglossen an sprachlicher Ausgefeiltheit im kleinen sind, das bieten die populären Stillehrbücher „in großem Stil". Als Stillehrer ist der Verfasser es sich, seinem Namen und dem Anspruch seines selbstübernommenen Lehrauftrags schuldig, stilistisch zu brillieren: Ein Reiners ohne Stilkunst wäre wie ein Cicero ohne Rhetorik. Gilt auch für Stillehren das kritische Goethe-Wort (in den ›Maximen und Reflexionen‹): „Gewisse Bücher scheinen geschrieben zu sein, nicht damit man daraus lerne, sondern damit man wisse, daß der Verfasser etwas gewußt hat."?

1. Wer oder was ist ein Stillehrer?

Es läuft, ob man will oder nicht, auf die gleiche Antwort wie beim Sprachkritiker hinaus: Die meisten Verfasser praktischer Stillehren neuerer Zeit sind Schriftsteller, Journalisten, Lehrer. Die Fachgelehrten üben sich auch hier in vornehmer Zurückhaltung. Daß dies früher nicht so war, zeigen die gediegenen stilistischen Lehrwerke von Germanisten wie Wilhelm Schneider, Otto von Greyerz oder Fritz Tschirch aus den dreißiger Jahren. Die neuere Abstinenz hängt vermutlich mit der bis in jüngste Zeit verbreitet zu beobachtenden Tendenz der Wissenschaft zusammen, das Schreiben von Lehrbüchern unter die profanen Dinge zu rechnen, die man besser anderen überläßt. Bezeichnend, daß für Wilfried Seibickes fachlich fundiertes Duden-Taschenbuch ›Wie schreibt man gutes Deutsch?‹ (1969) nach einer Erklärung gesucht worden ist: Es sei, vermutet man, ein mehr zeitgemäßer Ersatz für den in der Neuauflage des Duden-Stilwörterbuchs von 1971 weggefallenen Reinersschen Einleitungsessay.

Wie auch immer, die populäre Stillehre – Harald Weinrich verwendet für sie, nicht ohne einen reservierten Unterton, den Ausdruck „Trivial-Stilistik" – beherrscht den Markt. Sie hat jene von der Fachstilistik gelassene Lücke offensichtlich als Marktlücke erkannt und nutzt sie: „Dieses Buch (gemeint ist ›Deutsch fürs Leben‹, 1994) versucht die Lücke zu schließen", verheißt denn auch Wolf Schneider als amtierender Stilpapst: die populäre Stillehre sozusagen als gutgehender „Marktlückenbüßer".

Populär, im Sinne von *popularisierend*, bedeutet dabei soviel wie: nicht fachwissenschaftlich, allgemeinverständlich, für ein breites Lesepublikum geschrieben.

Die „Marktleader" unseres Jahrhunderts

In aller Kürze vorgestellt: Eduard Engel (1851–1938), promovierter Altphilologe, zeichnet als Verfasser der verbreitetsten Stillehre in der ersten Jahrhunderthälfte. Seine ›Deutsche Stilkunst‹ erreichte, und das allein in den zwanzig Jahren zwischen 1911 und 1931, sage und schreibe einunddreißig Auflagen; eigentlich sogar nur in einem guten Jahrzehnt bis zur 30. Auflage (1922), denn die Neuausgabe von 1931 fand während der Hitlerzeit keine große Verbreitung mehr. Beruflich war Engel Reichstagsstenograph. Daneben machte er sich einen Namen als äußerst produktiver Schriftsteller, der – selber sehr belesen – damals vielgelesene Bücher veröffentlichte, hauptsächlich zur deutschen und europäischen Literatur. Seinen Ruf als strenger Sprachlehrer verdankte er nicht zuletzt seiner unverhohlenen „Sprachschopenhauerei".

Nachfolger Engels in der allgemeinen Publikumsgunst und zweifellos der erfolgreichste Stillehrer aller Zeiten wurde Ludwig Reiners (1896–1957). Er war Jurist und Industriekaufmann – „Manager" würde man heute sagen. Seine ebenso umfang- wie inhaltsreiche ›(Deutsche) Stilkunst‹, 1944 erstmals als „Lehrbuch deutscher Prosa" erschienen, und mehr noch seine kürzere, mit klaren Regeln, Lehrer/Schüler-Rekapitulationen, Aufgaben usw. didaktisierte ›Stilfibel‹ (1951) verzeichneten einen ungeheuren Bucherfolg. Beide Werke sind auch jetzt noch Dauer-Bestseller; die ›Stilfibel‹ hat mittlerweile die schwindelerregende Auflagenhöhe von mehr als einer halben Million erreicht, und die ›Stilkunst‹ wurde 1991 sogar in modernem „Styling" neu herausgegeben. Übrigens hatte Reiners ursprünglich nur eine allgemeine ›Kunst zu lehren‹ geplant, die ihm indes „unter den Händen zu einer *Deutschen Stilkunst*" geriet (Vorwort). Außerdem schrieb er ebenso brillant formulierte Sachbücher zu wirtschaftlichen, geschichtlichen und literarischen Themen. Obwohl Nichtfachmann reinsten Wassers, galt er in den fünfziger und sechziger Jahren als die höchste Stilautorität deutscher Sprache, und das anerkanntermaßen. Er wurde damals beauftragt, für das Duden-Stilwörterbuch den Einleitungsessay ›Vom deutschen Stil‹ zu verfassen: Ludwig Reiners, seit der Jahrhundertmitte unbestrittener Stilpräzeptor der Deutschen.

Eher prospektiv ist es, Wolf Schneider (geboren 1925) schon jetzt als den führenden Stillehrer im letzten Viertel des 20. Jahrhunderts zu feiern. Der ungewöhnliche Anfangserfolg seiner beiden Stilbücher ›Deutsch für

Profis‹ (1982), eigentlich eine Sprachlehre speziell für Journalisten, und ›Deutsch für Kenner‹ (1987) scheint dies gleichwohl zu rechtfertigen: Wer wäre schließlich nicht gerne, auch sprachstilistisch, Könner und Kenner? Neuerdings ist noch das rororo-Sachbuch ›Deutsch fürs Leben‹ hinzugekommen, in dem wirkungsvoll nachgetragen wird, „was die Schule zu lehren vergaß" (1994). Schneider, von Haus aus Journalist und ehemaliger Leiter der Hamburger Journalistenschule, gelangte mit seinem Bestseller ›Wörter machen Leute‹ (1976) zur Sprache, die ihn oder die er seitdem nicht mehr losgelassen hat. Weitere Bücher von ihm handeln über Städtegeschichte – darunter der Erfolgstitel ›Überall ist Babylon‹ –, von Soldaten und Glück, über die Alpen und den Untergang der Titanic.

Der kurze Überblick zeigt: Schriftsteller und Journalisten, die irgendwann einmal den Reiz der Sprache als Thema entdeckt haben und darüber dann, wie über tausend andere Dinge, ihre Bücher schreiben. Vor 200 Jahren schon bemerkte der Literat und Stilistiker Karl Philipp Moritz: „In den Lehrbüchern über den Stil aber scheint die Vorstellung zu herrschen, als ob eine jede Art des Stils in eines jeden Gewalt wäre ... und als ob insbesondere derjenige, welcher über den Stil schreibt, von jeder Art des Ausdrucks selber vollkommen Herr und Meister wäre." Ganz ähnlich meint Werner Betz in unseren Tagen, bei der Sprache sei offenbar der Irrtum unausrottbar, „daß jeder Sprechende auch ein Sprachexperte ist. Mit dem gleichen Recht könnte sich jeder Essende und Schwitzende als Physiologe, jeder Träumende als Psychologe und jeder Autofahrer als Aerodynamiker ansehen" – ganz zu schweigen davon, daß wir natürlich alle Gentechnologen wären.

Da lobe ich mir doch den Deutschlehrer, der immerhin weiß, wovon er redet! Die von „Lehrern" verfaßten Stillehren (etwa Walter Rost 1974, Hans Rychener 1982, Georg Möller 1985, Hans Lobentanzer 1986, um nur einige zu nennen) zeichnen sich in der Tat durch ihre größere Praxisnähe aus. Zudem bringen sie meist zahlreiche „echte" Beispiele, für deren fehlerhaften Sprachgebrauch auch vernünftige Verbesserungsvorschläge geboten werden: „Dieses Jahr wiesen meine schulischen Leistungen ein Erfolgsdefizit auf; ich litt an Motivationsproblemen" – *Ich bekam in der Schule schlechte Noten, weil ich keine Lust zu lernen hatte.* Mit anderen Worten: Lehrer ergehen sich nicht, wie sonst manche Stillehrer, in schöner, eindrucksvoller und hochgestochener Verbalartistik, die oft wie eine ätherische Wolke über die Köpfe der Leser hinwegschwebt.

Kleine Stillehrparade: Gruppenbild mit Dame

Engel, Reiners und Schneider – eine Generationenfolge deutscher Stillehre im 20. Jahrhundert und zugleich Höhepunkte dieser Tradition. Aber wie Eiger, Mönch und Jungfrau nicht das ganze Alpenpanorama des Berner Oberlandes ausmachen, so weiß jeder aus eigener Kenntnis, daß es noch eine Vielzahl anderer Stillehrbücher gibt. Immerhin sind seit der Jahrhundertwende mehr als 200 Titel auf den Markt gekommen, und Jahr für Jahr erscheinen neue: Es sind dies Rede- und Schreiblehren der verschiedensten Art, ältere wie neuere, von der traditionellen Stilkunde bis zum topmodernen Kommunikationstraining, Erfolgsbücher oder solche von geringerem Bekanntheitsgrad. Das Spektrum reicht jedenfalls von „Briefstellern", einer eigenen sprachpraktischen Buchgattung, über spezielle Anweisungen für den behördlichen oder geschäftlichen Schriftverkehr, Stil- und Aufsatzlehren für die Schule bis hin zu mehrhundertseitigen „Sprachratgebern". Solche grammatisch-stilistischen Allround-Werke versprechen umfassende Belehrung in allen Sprachdingen, etwa Lutz Mackensens Sammelband ›Gutes Deutsch in Schrift und Rede‹ (1964, in Neubearbeitung 1979), der von allgemeinen Vorüberlegungen zur Sprache über die zentrale Schreib- und Redelehre bis zur Leseschule alles bringt, was auf sprachliches Interesse rechnen kann. Richtiges und gutes Schreiben, Reden, Lesen – da fehlt eigentlich nur noch, sonst zuweilen als Voraussetzung mitbehandelt, das Denken! – nun ja: „Das Denken fällt oft schwer, indes / das Schreiben geht auch ohne es", meinte Wilhelm Busch.

Ähnlich wie bei den Sprachkritikern ist in Stillehrerkreisen der geringe Anteil von Autorinnen zu beklagen. Immerhin macht Edith Hallwass, die rührige Stilratgeberin, einiges wett mit ihrem ebenso erfolgreichen wie nützlichen Buch ›Gutes Deutsch in allen Lebenslagen‹ (1967), das 1976 unter dem Titel ›Mehr Erfolg mit gutem Deutsch‹ neu herauskam (in 4. Auflage 1991). Ihm hat die Verfasserin unlängst erfindungsreich eine zwar im Trend der Zeit liegende, jedoch wie auch immer „neuartige Novität" folgen lassen, das Sprach-Quiz ›Deutsch müßte man können‹ (1986); eigentlich neu daran ist allerdings nur die moderne Quizform, denn Sprachfragen und Aufgaben werden auch sonst nicht selten gestellt. Daß in diesem Fall – wie übrigens bei vielen unserer Autoren – gleich mehrere Sprach- und Stilbücher vorliegen, verschiedene „Versionen" also ein und desselben Stoffes, darf als durchaus legitim gelten: *Die* praktische Stillehre des Deutschen oder irgendeiner anderen Sprache kann es gar nicht geben, sondern immer nur sich an bestimmte Leserkreise richtende und damit unterschiedlich akzentuierte, in ihrer Konzeption oft sehr verschiedenartige Stillehren (im Plural). Jedenfalls, eine Fotomontage der schon genannten und noch zu nennenden Stillehrer würde sich als böllsches „Gruppenbild mit Dame" präsentieren.

Publizistisch in einer weiten Öffentlichkeit wirkende Schriftsteller, uns im übrigen schon als engagierte Sprachkritiker der ersten Stunde bekannt, waren Gerhard Storz (1898–1983) und Wilhelm Emanuel Süskind (1891–1970), der sich selbst immer nur W. E. abgekürzt und als einen „politischen Journalisten" bezeichnet hat. Während Storz bereits 1937 ein ›Laienbrevier über den Umgang mit der Sprache‹ veröffentlicht hatte, dem noch ein postumes ›Deutsch als Aufgabe und Vergnügen‹ (1984) folgte, erfreute sich Süskinds „deutsche Sprachlehre für Erwachsene", wie er im Untertitel sein populäres Buch ›Vom ABC zum Sprachkunstwerk‹ (1940) kennzeichnet, langhin größter Beliebtheit. Nicht weniger erfolgreich war Broder Christiansen (1869–1958), Schriftsteller und Philosoph, mit seiner ›Kunst des Schreibens‹: 1918 erschienen, fand sie in mehreren Neubearbeitungen als ›Kleine Prosaschule‹ – dies der anfängliche Untertitel – oder auch nur ›Prosaschule‹ jahrzehntelang weite Verbreitung. Höchst bemerkenswert, daß Christiansen mit seinem anspruchsvollen Büchlein angehende Schriftsteller stilistisch anleiten wollte: es „stellt sich die Aufgabe, denen zu helfen, die ihrer Feder Herr werden wollen". Dies eine Wirkabsicht, die Stillehrer sonst entschieden von sich weisen: „kein Leitfaden für Schriftsteller", wehrt Eduard Engel ab und Ludwig Reiners, wie üblich, mit pathetischer Sprachgeste: Den Meister, schreibt er, „kann kein Stilbuch etwas lehren, es kann von ihm nur lernen".

Walter Heuer, der Sprachglossen-Verfasser, hat sein ›Richtiges Deutsch. Eine Sprachschule für jedermann‹ (1971) „eigentlich als reines Fachbuch für das Buchdruckergewerbe geplant und geschrieben". Schon der Titelformulierung nach ist es mehr Sprach- als Stillehre. Derartige Mischungen können, verständlicherweise, als charakteristisch gelten für die von Lehrern verfaßten Werke – verständlich insofern, als die Schulpraxis nie nur den richtigen, sondern immer auch den guten Sprachgebrauch im Auge hat. Demgemäß überschreibt Harald Weinrich seine programmatische Einleitung zu einem Sammelwerk über den schulischen Umgang mit der Sprache: ›Der richtige und der gute Sprachgebrauch‹, worin er „den Nutzwert der Alltagssprache ... um den Würzwert der sprachlichen Imagination" bereichert sehen möchte. Als exemplarisch für das Schul-Sprachbuch kann Hermann Villigers ›Gutes Deutsch‹ (1970) gelten, dessen Untertitel eine „Grammatik und Stilistik der deutschen Sprache" verheißt.

Die nüchterne Gebrauchssprache hat der Thüringer Schulmann Georg

Möller zu seinem Gegenstand gemacht; in gescheiter Verbindung theoretischer und normativer Gesichtspunkte ist seine ›Praktische Stillehre‹ (1968) ausdrücklich der „Sachprosa" gewidmet. Als Verfasser einer ganzen Reihe von schulisch oder allgemein orientierten Lehrbüchern wurde Möller – „Nachfolger" von Eduard Koelwel, dem Altmeister der DDR-Stilistik – zum angesehensten ostdeutschen Stilpraktiker, wofür als äußeres Zeichen seine Mitwirkung an der fachwissenschaftlichen Enzyklopädie ›Die deutsche Sprache‹ (1970) steht. Sein Hauptwerk blieb aber die ›Praktische Stillehre‹, heute in 5. Auflage 1985, die „so etwas wie die Summe der bisherigen einschlägigen Bemühungen des Autors" darstellt. Schließen wir mit Hans Lobentanzer, ebenfalls Deutschlehrer und bereits Verfasser einer mehrfach aufgelegten Grammatik zum Selberlernen. In seiner neuen „Sprach- und Stilkunde" zeigt er sich Seite um Seite aufs angelegentlichste bemüht, den eigenen Titel zu widerlegen: ›Deutsch muß nicht schwer sein‹ (1986). Aber auch andere Autoren strafen sich in dieser Hinsicht Lügen, etwa Heiner Boehnke und Jürgen Humburg in schöner Selbstkritik: „›Schreiben kann jeder‹ – damit ist kein Buch nötig, das diesen Titel trägt."

Was wir erleben, sind die vielfältigsten Konfusionen: Schriftsteller, die lehren; Lehrer, die schriftstellern; Journalisten, die lehren und schriftstellern. Und heraus kommen dabei, wie kaum anders zu erwarten, schillernde Mixturen aus Grammatik, Sprachkritik und Stillehre. Nicht zu vergessen auch die Unterhaltung: Was ein moderner Stillehrer ist, der verspricht „keine wissenschaftliche Publikation, sondern eine allgemeinverständliche Sprach- und Stillehre für jedermann, und unser Grundsatz ist, unterhaltend zu belehren und belehrend zu unterhalten" – so Helmut Ludwig stellvertretend über den Unterhaltungswert des Stillehrens, der ein Kapitel für sich ist, das fünfte.

Wer sind die von den Autoren ins Auge gefaßten Adressatengruppen, das „Zielpublikum" (was immer etwas danach klingt, als ob man darauf schießen wollte)? Bunt zusammengewürfelt, werden die verschiedensten Personenkreise angesprochen: als Extreme hier Schüler, etwa Ludwig Reiners in seiner ›Stilfibel‹, da angehende Schriftsteller wie bei Broder Christiansen. Dazwischen vornehmlich Publizisten und Journalisten, überhaupt „Schreibende" aller Berufe, Studierende und Lehrer jedweden Grades, weiterhin „Erwachsene" und „Fortgeschrittene", gebildete Laien und „mündige Leute", mit besonderer Häufigkeit aber der schon erwähnte „Jedermann" – ein sich ins Unendliche dehnendes Lesepublikum also: ›Gutes Deutsch kann jeder lernen‹ titelt, zweckoptimistisch, Joachim Böttcher.

Folgerichtig schließen sich solche Titulaturen an, die vordergründig keine bestimmte Zielgruppe im Auge haben, doch in ihrer allgemeinen Offenheit, zumal da sie äußerst positiv gehalten sind, ebenfalls jedermann eine Identifikationsmöglichkeit bieten; zum Beispiel Wolf Schneiders ›Deutsch für Profis‹ und ›Deutsch für Kenner‹ oder Eike Christian Hirschs Erfolgstitel ›Deutsch für Besserwisser‹. Und so durchaus fortsetzbar. Wie wäre es etwa, nur als Anregung, routiniert-meisterhaft mit ›Deutsch für Alleskönner‹? Oder feinschmeckerisch-kulinarisch mit ›Deutsch für Sprachgourmets‹? Oder sprachakrobatisch mit ›Deutsch für Stilartisten‹? Aber halt, da winkt Erich Kästner ganz entschieden ab: „Seiltanzen mit der Sprache gehört ins Varieté" (zumal wenn es womöglich gar „nicht nur ohne Netz, sondern auch ohne Seil" geschieht, wie man diesen Gedanken auf die Spitze treiben könnte). Betont eigenwillig gibt sich der jüngste Sproß am weitverzweigten Stammbaum stilistischer Lehrbücher: ›Stemmlers kleine Stil-Lehre‹ (1994) – so überschreibt Theo Stemmler, Mannheimer Anglist und also Fachler, seine Stilistik in einer extravaganten Mischung der Titulatur aus halb akademischer Bescheidenheit, halb literarischer Attitüde.

2. Der schöne Schein der Ab-Schreibkunst

Spinnen wir weiter an diesem Faden, obwohl es ausnahmsweise nicht der berühmte „rote Faden" ist, der trotz seiner Goethischen Provenienz von der Sprachkritik attackiert wird (S. 66f.). Ein „Buch für Schreiber und Redner jeder Art" nennt Eduard Engel seine ›Stilkunst‹ und Ludwig Reiners die seine nicht weniger global ein Werk „für die große Leserwelt". Wolf Schneider wiederholt in jedem seiner Bücher den leicht pathetisch klingenden Satz: „Wer aber nicht eine Million Leser erwartet, sollte keine Zeile schreiben." Goethe hat es gesagt, sein getreuer Adlatus Eckermann zeichnete es auf, und Schneider kommentiert in provozierend-zynischer Weise: Wehe dem Schreiber, der nicht diese vielen Nullen eines Millionenpublikums anstrebe – „Dann blüht ihm ... das Schicksal Hölderlins: zu Lebzeiten sechshundert Leser, dreißig Jahre Wahnsinn und ein trauriger Tod."

Die große Leserwelt, das sind jedermann und alle. Rudolf Ibel „wendet sich mit seinen Glossen nicht an den feinsinnigen Sprachliebhaber, sondern an jedermann, der glaubt, Deutsch lesen und schreiben zu können"; Lutz Mackensen „an alle Lernwilligen, auch an die 'Könner', die so gern in ihren Fachstil verfallen, und besonders die Anfänger"; schließlich Hans Lobentanzer „an alle, die schreiben und reden, also an jeden im deutschen Sprachgebiet". Das Folgende können Sie auch singen, da

Beethoven ja Schillers Hymne ›An die Freude‹ vertont hat: Seid umschlungen, Millionen! Dieses Buch der ganzen Welt!

Lob der Leichtverständlichkeit

Der Blick, vielleicht auch nur das Schielen auf ein Millionenpublikum hat Konsequenzen für die Darstellungsweise: Jeder Anfänger in der „Rhetorik des Schreibens" erfährt als erstes, daß er, je weiter der ins Auge gefaßte Leserkreis reicht, um so allgemeinverständlicher zu formulieren habe. Im Sinne dieser Regel, die als eine stilistische Hauptregel gelten kann, beschwören denn auch die Stillehrer unisono solche weite und breite „Verständlichkeit". Sogar Theo Stemmler stimmt ein in diesen Chor: „Lessing, Schopenhauer, Nietzsche und die Stillehrer vor und nach ihnen: sie alle singen das Lob der Klarheit und Verständlichkeit." Ihr modernster, Wolf Schneider, erhebt sie im Gefolge der neueren, primär psychologischen Verständlichkeitsforschung, die sich jedoch als linguistische Aufgabenstellung kaum minder starken Interesses erfreut, geradezu in den Rang einer Grundlagenphilosophie seines Stillehrens – gewissermaßen mit dem ka(n)tegorischen Imperativ: Sei verständlich!

Die Vermeidung unverständlichen „Irgendwie-Gestammels" einerseits, wie Herbert Heckmann die Alltagssprache etikettiert hat, kaum mehr verstehbarer Ausdruckshyperbolik etwa im wissenschaftlichen Imponiergehabe andrerseits, das soll Hauptziel unserer Stillehre sein? Es scheint so, denn auch Hans Lobentanzer versichert fast gleichzeitig mit Schneider und gleichen Sinnes: „Für gutes Deutsch gibt es nur *eine* Regel: Die Sprache muß verständlich sein." Nun gut denn, die Verständlichkeitsforschung hat ja die wesentlichen Merkmale der Verständlichkeit herausgearbeitet: Einfachheit in geläufigen, anschaulichen Wörtern und kurzen, unkomplizierten Sätzen, eine sinnvolle innere Ordnung und übersichtliche äußere Gliederung des Textes, Knappheit und Prägnanz der Darstellung sowie „anregende Zusätze" – das sind sie, die vielgepriesenen „Verständlichmacher" der Verständlichkeitsforschung.

Aber, heißt es dort auch, selbst ein „Höchstmaß an Verständlichkeit" garantiere noch nicht, daß die Leser sich angesprochen fühlten. Selbst Wolf Schneider, stilistischer Steigbügelhalter jener Forschungsrichtung, schränkt neuestens ein: Sollte man allen Lesern nach dem Munde reden, „am Ende mit immer simpleren Wörtern in immer kürzeren Sätzen, Verständlichkeit um jeden Preis?". Kurz, als unerläßliche Tugend, ja Sinn unseres Sprechens und Schreibens ist Verständlichkeit zweifellos höchst wichtig, doch bei weitem nicht alles, wenn es um guten Stil geht. So verwirft denn auch in letzter Instanz der Stilwissenschaftler Richard Thieberger, und dem ist unbedingt zuzustimmen, ebenso schroff wie gegensätzlich die simple Verständlichkeits-Forderung als Förderung schlechten Stils: „Das Bestreben, 'allgemein' verständlich zu sein, um das vor allem die Medien, deren Aufgabe dies ja ist, bemüht sind, fördert so die immer wieder beklagte Stil-Verderbnis. Das Allgemeinverständliche ist per definitionem nicht das jeweils Beste."

Doch zurück zur Darstellungsweise der populären Stillehren. Schon Eduard Engel spricht von der „Pflicht eines *volkstümlichen* Stils", wozu die Anmerkung gestattet sei, daß dieses „volkstümlich" nichts anderes ist als die Übersetzung des fremdwörtlichen *populär*. Ludwig Reiners will die Belehrung „verständlich" und „ergötzlich" machen, denn: „Wer für alle schreibt, muß lebendig schreiben." Und Schneiders Rezept lautet entsprechend auf eine Sprache, die „interessant, im Idealfall fesselnd" und auf jeden Fall „kurzweilig" sein müsse – dieses *kurzweilig*, als akzentuierter Gegensatz zu *langweilig*, scheint so etwas wie das Zauberwort der ganzen popularstilistischen und sprachkritischen Zunft zu sein (S. 146f.). Wie sieht sie aus, die volkstümliche, lebendige, kurzweilige Stillehre?

Jede Lehre bedeutet Vermittlung eines Lernstoffes, hier also von Stil. Dabei sei die umstrittene Grundsatzfrage, ob dieser überhaupt lehr- und lernbar ist, beiseite gelassen. Natürlich kann man die Stilistik erstens, zweitens, drittens usw., jeden Punkt gewissermaßen der Reihenfolge nach säuberlich abhakend, in ebenso korrekter wie nüchterner Sachlichkeit behandeln. Will man dies jedoch, was schon im Hinblick auf den angestrebten Lernerfolg empfehlenswert schiene, „in gefälliger, ja amüsanter Form" tun, wie Schneider vorformuliert hat, was die meisten Stillehren anstreben, dann geht das nur auf dem Wege einer Vereinfachung der sachlichen Schwierigkeiten und eben Leichtverständlichkeit der sprachlichen Darbietung. In diesem Satz liegt letztlich der ganze Unterschied zwischen Wissenschaftlichkeit und Popularisierung.

Wer sich als Wissenschaftler an seine Fachgenossen richtet, verwendet zweckmäßigerweise einen bestimmten Fachwortschatz und fachinternen Stil, beides als gemeinsame Diskussionsgrundlage unter Spezialisten ebenso selbst- wie für die Nichtfachleute weitgehend unverständlich. Wenn Schriftsteller oder Zeitungsleute – „Wissenschaftsjournalisten", so die moderne Bezeichnung – denselben Gegenstand für weitere Kreise „popularisieren", werden sie bemüht sein, einmal vereinfachend alles Fachliche ins Allgemeinverständliche umzusetzen, zum andern den trockenen Stoff möglichst anschaulich-attraktiv zu gestalten. Und das ist gut so. Auch der wissenschaftliche Ruf wie allgemeine Bekanntheitsgrad namhafter Gelehrter gründet sich meist darauf, daß ihre fachliche Kompetenz und innovative Denkart sich mit der Gabe wirkungsvoller Darstellung paaren. Die Geschichte lehre, „daß die Träger der größten Namen auch in der Wissenschaft volkstümlich zu schreiben verstanden", versicherte Eduard Engel einst, und Helmut Gipper meint in unseren Tagen: „Diese Meister ihres Faches waren meist zugleich auch Meister des Wortes." Lesen Sie Sigmund Freud, Carl Friedrich von Weizsäcker, Konrad Lorenz oder, um auch einen namhaften Vertreter des Sprachfachs zu nennen, Harald Weinrich, dessen Zitierungen in diesem Buch für sich sprechen.

Nun gilt Stil, zumindest in der Sprachwissenschaft, als ein überaus komplex-kompliziertes Phänomen. Es hat sinnfällig Ausdruck gefunden im Bilde des „Chamäleons Stil", das sich mit seinen wechselnden Farbschattierungen immer wieder dem Blick entzieht. Nur mit höchstem Vereinfachungsgrad und größtem Darstellungsgeschick erreichen es die gängigen Stillehren, daß in ihnen alles klar einsichtig und leicht faßlich erscheint, sogar ihre Vorschriften: „Regeln in reinstem Kochbuch-Stil", spottete Richard Thieberger vor Jahren. Jetzt hat ihn die Wirklichkeit eingeholt: Wolf Schneider kleidet neuerdings seine stilistischen Erkenntnisse – „zu Regeln verdichtet", wie er schreibt – ausdrücklich in moderne Rezeptform: „'Rezepte', ganz wörtlich genommen." Und dem entspricht ihre Formulierung: „Aha-Erlebnisse anbieten. Kompliziertes gläsern gliedern. Mit Wörtern geizen. Die deutsche Syntax überlisten" usw. Was soll man von solchen „Stilregeln" halten? Es sind Gummiformulierungen, die man beliebig in die Länge wie Breite ziehen kann.

In der Unverbindlichkeit ihrer Regeln spiegelt sich die ganze Ratlosigkeit der Stillehrer, die folgerichtig in dem Umstand zutage tritt, daß sie ihre eigenen Ratschläge anschließend verwässern oder, schlimmer noch, selbst oft genug dagegen verstoßen. Einer von ihnen zählt – sein gutes, sprachkritisches Recht – die Formel *es gibt* zu den betrüblichen Ausdrücken allgemeinster Natur, die man die toten Verben nennen könnte, um dann die Schlußfolgerung zu ziehen: „*Es gibt* keinen guten Stil ohne den genauen, den treffenden Ausdruck." Oder bei einem anderen ist es der gleichsam dreigeschwänzte Teufel *interessant* (auch S. 62), gebrandmarkt als überflüssiges Eigenschaftswort, verpöntes Fremdwort und schwammiges Allerweltswort, was freilich nicht seine Verwendung in kerniger Kapitelüberschrift verhindern kann: „Wie man gut, *interessant* und verständlich schreibt." Ein weiteres Beispiel augenfälligen Widerspruchs: Verben seien die „Königswörter" der Sprache, was immer das konkret heißen soll – „Freilich: Ein Allheilmittel ist das Verbum nicht".

Wolf Schneider löst eine der hochgradigen Stilschwierigkeiten des Satzbaus gleich dem Gordischen Knoten: „Macht eure Sätze kürzer! Und wenn ihr euch in der eigenen Syntax verfangen habt – schlagt den Kraken in Stücke und formt aus jedem einen eigenen Satz." Recht so, jetzt wissen wir endlich, was es heißt, die deutsche Syntax zu überlisten. Und wie geizt man mit Wörtern? „Die Sparsamkeit mit Wörtern", heißt es da, „im allgemeinen eine der goldenen Stilregeln, sollte man also im besonderen Fall durch einen kontrollierten Überfluß ersetzen." Besser wußte es eigentlich nur Karl Kraus, der die Lösung auch aller stilistischen Rätsel fand, indem er das Rätsel zur Lösung machte – seine ausnahmslos gültige Universalregel: „In zweifelhaften Fällen entscheide man sich für das Richtige."

Letztlich erleben wir in der Stillehre nicht nur die gleiche rhetorisch-suggestive Formulierungsart, wie wir sie bereits in der Sprachkritik kennengelernt haben, Stillehre also degradiert zu amüsanter Unterhaltung, sondern darüber hinaus inhaltlich eine Simplifizierung stilistischer Probleme bis zu schlichter Unkompliziertheit. Im Bild und als Bild veranschaulicht, wird Stil in einfachen Strichen zur Schwarzweißkarikatur reduziert, der eine „gekonnte" Sprachkolorierung Farbigkeit verleiht: *gekonnt* – „dümmliches Modewort für 'gut'", sagt die Stilkritik.

Bloße Schönfärberei also? Oder anders gefragt: Ist *Stil*, wie er uns in fachwissenschaftlicher und popularisierender Darstellung entgegentritt, überhaupt derselbe „Stil"? Es gibt einen Punkt, an dem darstellerische Vereinfachung in sachliche Verfälschung umschlägt, wo sprachliche Eingängigkeit den Kern der Sache verfehlt. Nicht zufällig hat der große Physiker Albert Einstein, als er sich nach langer Ablehnung dazu hatte drängen lassen, eine „gemeinverständliche" Darstellung seiner Relativitätstheorie zu schreiben, im Vorwort zwei Dinge angemerkt: erstens setze die Lektüre „ziemlich viel Geduld und Willenskraft beim Leser voraus", und zweitens solle man „die Eleganz Sache der Schneider und Schuster sein lassen". Alles ist nichts ohne Verständlichkeit, aber „Verständlichkeit ist nicht alles", meint auch Wolf Schneider – und darüber hilft die schönste Formulierung nicht hinweg.

Populäre Stillehre: schön formulierte Leere?

Man kann das Wesen der Popularisierung auf die Formel bringen: sachliche „Vereinfachungstechniken" und sprachliche „Attraktivmacher". Testen wir diese beiden Kunstgriffe anhand eines doppelt aufschlußreichen Themas, und zwar des Themas: Stilistik des Adjektivs; doppelt aufschlußreich deshalb, weil die Autoren bei seiner Behandlung nicht nur alle, sondern auch die gleichen Register ziehen. Da wird dem „Beiwort", ob schmückend oder anders, der Krieg angesagt: „Kampf dem Beiwort“, so überschrieb Ludwig Reiners sein Adjektiv-Kapitel; in der Neubearbeitung heißt es moderater: „Gefährliche Beiwörter!“ Das Beiwort sei der „Feind des Hauptwortes“, behauptete Eduard Engel (unter Rückgriff auf ein allenthalben wiederholtes, Voltaire zugeschriebenes Bonmot). Wolf Schneider, der in seinem Profi-Buch noch rigoros gefordert hatte: „Weg mit den Adjektiven!“, gibt sich späterhin – wiewohl immer noch an der Spitze seiner Negativkapitel – eher zurückhaltend, dafür pointierter, sozusagen musil-manisch: „Adjektive: Wörter ohne Eigenschaften.“

Neben solchen „flotten“ Überschriften, den charakteristischen Aushängeschildern der populären Schreibart, fehlt es auch im Text nie an schmissigen oder witzigen Formulierungen, oft ausgesprochenen ‘Gags’. Da schimpft Engel über den „Unfug der Schmückerei“, der allenfalls „ein Schmuck für den Schmock des Stils“ sei. Von der „Schlingpflanze“ Adjektiv ist bei Reiners die Rede, worin er „ein gefährliches Stilinstrument“ sieht. Und Schneider spricht von „Edelfüllsel“, deren gehäufte Über-Füllung, offenbar von der in Stilarztkreisen schon länger bekannten Substantivitis angesteckt, die krankhafte „Adjektivitis“ verursache – kurzum, das Eigenschaftswort als „Edelfäule auf jedem Käse, den einer reden will“.

Aus solcher Einschätzung des Adjektivs muß sich, fast zwangsläufig, die stilistische Regel herleiten, es nach Möglichkeit zu vermeiden oder wenigstens in seinem Gebrauch einzuschränken. Im Zweifelsfall „gebe man sozusagen den Hauptwörtern den Rachen frei und erlaube ihnen, nach Herzenslust Adjektive zu verschlingen“, rät denn auch W. E. Süskind. Reiners warnt, und man sieht geradezu den paränetisch erhobenen Zeigefinger, vor zu großer Häufung: „Sparsam mit Adjektiven!“ Da scheint ihm, wenn das nicht anachronistisch wäre, Engel zu widersprechen: Sparsamkeit sei „ein noch zu mildes Gesetz; strengster Geiz ist besser“. Konkreter wird, sich geradezu mathematischer Exaktheit annähernd, Schneider mit seinem Vorschlag, „zwei Drittel aller Adjektive als Füllwörter“ zu betrachten, dies neuestens in prägnanter Regelform: „Zwei von drei Adjektiven streichen.“ Mit der ihm eigenen Schlüssigkeit begründet er dies: „Wie heißt das Lied? Am ausgetretenen Brunnen vor dem weinlaubumrankten, halbverfallenen Tore steht ein knorriger Lindenbaum?“ – nein, und so einer der bekanntesten deutschen Liedtexte: *Am Brunnen vor dem Tore …*

Welch ein Hochmut, die drittgrößte Wortart der deutschen Sprache – auf die Substantive und Verben wird wohl niemand verzichten wollen – als durchweg unnützes, meist stilfeindliches Beiwerk abzutun! Wenn unser Wortschatz zu mehr als einem Sechstel aus Adjektiven besteht und wir uns von diesen rund sechzig- bis siebzigtausend Wörtern immerhin ein Gutteil sprachlernend angeeignet haben, dann doch wohl nicht zu dem Zweck, sie so wenig wie möglich zu gebrauchen oder gar wieder aus unserem Gedächtnis zu tilgen? Tatsächlich nimmt, dem historisch bedingten Abschreckungsgebaren der Stillehre zum Trotz, die Zahl unserer Adjektive beständig weiter zu. Die höchste Dichte an Adjektiven weisen dabei Fachtexte auf, wo sie definierend, spezifizierend, präzisierend wirken; zumal als Neubildungen sind sie der Sprache von Wissenschaft, Technik und moderner Lebenswelt verpflichtet, damit aber völlig unserem Zeitstil gemäß. Die Sprachwissenschaft stellt nüchtern fest, daß der Adjektivgebrauch wie alle Stilfragen gewissen „modischen" Schwankungen im Zeitablauf unterliegt: Immer wieder folge, so schon Engel, „auf eine Zeit der Kargheit des Ausdrucks der Wortrausch" – und umgekehrt. Heute erleben wir eine Über-Reaktion auf die zum Teil überschwengliche Adjektivverwendung früherer Sprachepochen.

Aber es gibt nicht nur diesen stilistischen Pendelschlag des Adjektivs im Verlauf der Jahrhunderte. Richtig ist auch, daß es im Gebrauch – was sein Naturell als „charakterisierendes Beiwort" bedingt – verglichen mit anderen Wortarten mehr zwischen Kunst und Kitsch pendelt. „Das Beiwort ist ein Flügel an der Schulter des Genies, eine Krücke unter der Achsel des Nichtsers", hat der Schriftsteller Börries Freiherr von Münchhausen diese Tatsache trefflich ins Wort gefaßt. „Nichts entlarvt so schnell wie gehäufte Beiwörter, nichts krönt so überzeugend wie ein einziges richtig sitzendes Beiwort." Gerade im Falle der Adjektivverwendung spiegelt sich, wie immer, bei guten Stilisten die künstlerische Einheit in der Vielfalt, bei schlechten gekünstelte Vielheit in Einfalt.

Sieht man ab von der dem Adjektiv allein eigenen Steigerungsfähigkeit, die bestimmte menschlich-allzumenschliche Vergleichs- und Übertreibungsphänomene begünstigt, so stützt sich die Kritik hauptsächlich auf einige spezielle, wenigstens zum Teil sprachstilistisch fragwürdige Möglichkeiten adjektivischen Gebrauchs oder eher Mißbrauchs. Erstes und bestes Beispiel ist das sogenannte ungrammatische Adjektiv: als „Klassiker" die *reitende Artilleriekaserne*, das *hundertjährige Stiftungsfest*, ein *heißer Würstchenverkäufer* oder *bissiger Hundebesitzer* (woran sich viele Scherzbildungen anschließen wie der *gedörrte Obsthändler, geräucherte Heringsverkäufer, spannende Romanschriftsteller* oder die *fahrbare Motorsägenbesitzerstocher*), weiter *öffentliche Verkehrsmittelhaltestellen*, der *kirchliche Würdenträger*, die *psychologische Beratungsstelle* usw. Als ungrammatisch und somit fehlerhaft gelten derartige Wortkoppelungen, weil sich in ihnen das Adjektiv auf den ersten Bestandteil einer Substantivzusammensetzung bezieht, das „Bestimmungswort", und nicht auf das folgende „Grundwort", wie es unseren Sprachregeln entspräche – sagt die *Deutsche Sprachwissenschaft*, die indes solche Verbindungen bei semantischer Verträglichkeit des Adjektivs mit dem Gesamtwort längst großzügig akzeptiert.

Ein anderer Fall: Sprachlich besteht, sollte man denken, kein großer Unterschied, ob ich „Stilgrundsätze" schreibe oder „stilistische Grundsätze", von „Alpenflora" rede oder von „alpiner Flora". Wer so denkt, macht seine Rechnung ohne die Stilkritik. Erzürnt angesichts solcher eigentlich harmlosen, aber derzeit beliebten Substantivzerlegungen, in denen das Bestimmungswort adjektiviert wird, ergießt sie über diese ihren Hohn und Spott in Form maliziöser Sprachkarikaturen wie *hauptliche Männer*, *schriftliche Steller*, Wagners *meisterliche Singer* usw., die wahrhaftig unser *zwerchliches Fell* erschüttern. „Zum knäcklichen Brot tomatliche Scheiben auf quarklicher Basis – mögen Sie das?" fragt Edith Hallwass süffisant. Vollends verunsichert muß man sich fühlen, wenn auch das Gegenteil, dies in Form moderner „Klebewörter" wie zum Beispiel *Erstverkauf* und *Zweitehe*, *Nahziel* und *Fernweh*, *Kurzlehrgang* und *Langzeitgedächtnis*, auf die gleiche Weise persifliert wird: „Ob unsere Sprache damit nicht auf dem Falschweg ist? Diese Letztfrage werden wir wohl nur klären können, wenn wir uns wirklich Großmühe geben."

Wieder anders beim pleonastischen, dem „doppelmoppelnd" mehrfach sagenden Adjektiv, das wohl niemand in Schutz nehmen wird: die *neuartige Novität* von S. 41 war ein Vorgriff darauf. Auch hier ist die Zahl einschlägiger Beispiele Legion: *seltene Rarität*, *zentraler Mittelpunkt* (und wiederum übertrieben *dekorativer Schmuck, vitale Lebendigkeit, manuelle Handarbeit*, der *chronische Dauerzustand*, das *viereckige Quadrat*, die *totale Gesamtheit* usw.), *vorübergehende Passanten, rustikale Bauernmöbel* oder die *obligatorische Schulpflicht,* um nur einige *exemplarische Beispiele* anzuführen. Zu deutlich tritt in Formulierungen dieser Art ihre Sinndoppelung zutage, und sie zeitigt oft nicht nur störende Wortredundanz, sondern auch glasklare Unlogik. Die Kritik läuft hier mit ihrem *übersensiblen Feingefühl* offene Stil-Türen ein.

Was dem unvoreingenommenen Betrachter auffallen muß: Nicht die Regelfälle, sondern einige mehr oder weniger kritisierbare Ausnahmeerscheinungen müssen zu einer allgemeinen Verteufelung des Adjektivs herhalten. Zudem werden eindeutige linguistische Befunde, die kaum einer Erläuterung bedürfen, maßlos aufgebauscht. Unter Aufbietung eines beachtlichen Spürsinns und sprachlichen Erfindungsgeistes produziert man dann wahrhaft abschreckende Beispiele, wie sie in der normalen Sprachpraxis schlimmstenfalls ganz vereinzelt einmal vorkommen. Warum dies alles? Nun, Sprachnormalität ist wenig attraktiv: Erst auffällige Abweichungen, kuriose Übertreibungen, witzig aufgemachte Exempel verhelfen zu Darstellungswirksamkeit und Publikumsinteresse.

Wen wundert es da, daß auch die Sprachkritiker eifrigst solche adjektivischen Verzerrungen mittraktieren. Eike Christian Hirschs „altertümelnder Antiquitätenhändler“ etwa, der beteuert, „es sei für ihn ein grundlegendes Prinzip, dem er erste Priorität einräume, daß alle Stücke, die er anbiete, echt seien“ – Sie meinen doch: „von originaler Echtheit“ seien, Herr Hirsch? – „Und überhaupt habe er für Echtheit eine ganz empfindliche Sensibilität, gehöre er doch gerade für diesen Abschnitt der Kunstgeschichte zu den versierten Experten und könne da noch manchem Geschichtshistoriker was erzählen ...“ Und wenn's auch Wahnsinn ist, meinte Shakespeare, so hat es doch Methode.

Die „Attraktivmacher“ sind da!

Mit den „Weißmachern“ der Waschmittelwerbung fing es an; die vier „Verständlichmacher“ der Verständlichkeitsforschung haben wir schon kennengelernt (S. 45), und neuerdings sind nun die „Attraktivmacher“ da. Gemeint sind jene „anregenden Zusätze“, die einem Text – in schönstem Fremdwortdeutsch – besondere Stimulanz, Akzeptanz, Resonanz etc. verleihen. Keine Frage, daß die populären Stillehren ihre Darstellung durch illustrative Beispiele, Vergleiche, Zitate und andere Stimulanzmittel wirkungsvoll aufzupolieren suchen – Attraktivität ist Trumpf!

Der große Meister des Stilbeispiels war unbestritten Ludwig Reiners, und von ihm stammt auch der programmatische Satz: „Die Beispiele des Falschen dienen als Warnung, die des Guten als Vorbild.“ Zwar bereitet es einige Mühe, sich den pädagogischen Wert des Falschen als Beispiel vorzustellen, auch in der Form des abschreckenden Beispiels. Aber angesichts der hinlänglich bekannten Tatsache, daß es in Stildingen sehr schwierig ist, überzeugende positive Formulierungsmuster zu bieten, da diese immer zufällig, nicht unbedingt zwingend (weil auch gut anders formulierbar) und vor allem ohne nachhaltigen Eindruck bleiben, hat Reiners kurzerhand aus dieser sprachbedingten Not eine stildidaktische Tugend gemacht. Unter Berufung auf Wilhelm Buschs Lebensweisheit: „Das Gute – dieser Satz steht fest – / ist stets das Böse, was man läßt“, propagiert er seine „Abschreckungstheorie“, die eine Vermeidung negativer Spracherscheinungen bewirken soll: „Wer all die Gebrechen abgelegt hat, die in dem Abschnitt über Stilkrankheiten beschrieben werden, der ist bereits ein guter Stilist.“ So einfach wäre das, wenn es so wäre.

Aufschlußreich ist die Methode, die zum angestrebten Ziel führen soll. Sie besteht in der ideenreichen Erfindung und perfekten Stilisierung von Negativformulierungen, deren abgrundtiefe Häßlichkeit, Mißgestaltung, Umständlichkeit usw. – kurz: deren stilistische Verfehltheit sich oft dadurch noch steigert, daß jedermann geläufige Vorlagen „parodiert" werden. Die Folie des allgemein bekannten Richtigen soll das abschreckende Falsche in seiner Wirkung potenzieren. In diesem Verfahren, gängige Redensarten, Sprichwörter, Sentenzen, Zitate und dergleichen entstellend zu verfremden, war Eduard Engel vorausgegangen: „Im Anfang wurde von Seiten Gottes einerseits der Himmel, andrerseits die Erde zur Erschaffung gebracht; letztere war eine wüste und leere und war es finster auf derselben" – so liest sich bei ihm der Anfang der Bibel. Aber Reiners steht ihm in seiner überspitzten Kontrafaktur nichts nach: „Am Anfang erfolgte seitens Gottes sowohl die Erschaffung des Himmels als auch die der Erde. Die letztere war ihrerseits eine wüste und leere und ist es auf derselben finster gewesen, und über den Flüssigkeiten fand eine Schwebung der Geistigkeit Gottes statt."

Solche Sprachkarikaturen verfehlen zwar ihren Zweck, stilistisch zu belehren, erfüllen aber ihre Absicht: amüsant zu lesen, bilden sie eines der populären Erfolgsrezepte. Jedenfalls erhebt Reiners dies zu einer eindrucksvollen Technik seiner Stillehre, indem er zumal Sprichwörtliches mit großer Virtuosität ins Lächerliche zieht: „Die wissenschaftliche Beobachtung hat ergeben, daß ein je geringeres Maß von ökonomischer Intelligenz auf der Produktionsseite waltet, desto beträchtlicher das Volumen der ihr auf der Erfolgsseite entsprechenden Vegetationsformen von Solanum tuberosum zu sein pflegt" – *Der dümmste Bauer hat die dicksten Kartoffeln.* Wer da noch schmunzelt, dem hätte der Abschreckungstheorie zufolge das Lachen eigentlich vergehen sollen! Der stilistische Defekt ist zum Effekt erhoben – und damit der Bock zum Gärtner gemacht? Nicht zuletzt wird das Lehrstück selbst zum Stilmittel amüsanter Unterhaltung des Lesers, der sich ebenso belustigt wie beruhigt nach der Lektüre sagt: „So schreibst du ja Gott sei Dank nicht!"

Bleibt mithin auch jeder Lernerfolg aus, hat diese Un-Methode doch weithin Schule gemacht. Nur ein willkürlich herausgegriffenes Beispiel: In einer Zeit, da der Satzbau des Deutschen zu Kürze und Vereinfachung tendiert und verschlungene Perioden nicht nur unseren Gestaltungsabsichten, sondern auch Ausdrucksfähigkeiten kaum mehr entsprechen, gilt der deutsche Schachtelsatz – nicht erst seit Mark Twains humorvoller Karikierung berühmt-berüchtigt – nach wie vor als Gänsehaut verursachendes Paradeexempel. Da bedarf es schon der Aufbietung allen Formulierungsgeschicks und der ganzen syntaktischen Kunstfertigkeit eines modernen Stillehrers (hier ist es Hans Lobentanzer), um ihn gekonnt auf die Beine bzw. Füße zu bringen: „Weisen Sie nach, daß, wenn der Tausendfüßler einen Fuß weniger hätte, er, falls er den Fuß, der ihm fehlt, nicht überspringt, gewaltig hinken würde." Um sa-tierisch im Bilde zu bleiben: nicht gerade eine Boa constrictor, aber immerhin schon etwas mehr als eine Satz-Blindschleiche.

Attraktivmacher Nr. 1 der populären Stillehre ist und bleibt aber die hohe Schule der Zitierkunst. Wieviel von solchen Zitaten bei den Autoren eigener Lektüre entsprungen oder übernommen ist, läßt sich nicht feststellen. In jedem Falle, auch dem einfacher Übernahme, macht es sich aber gut, bildungsbewußt schreiben zu können: „Wie schon Goethe sagte ..." oder „Arthur Schopenhauer, der große Philosoph, ist der Ansicht ..." oder „Kein Geringerer als der Dichter Theodor Fontane hat geschrieben: 'denn das Menschlichste, was wir haben, ist doch die Sprache, und wir haben sie, um zu sprechen'" – aber wahrscheinlich wäre dieser Satz zu schlicht, um angeführt zu werden. Doch wie auch immer, nicht ganz zu Unrecht hat der elsässische Schriftsteller René Schickele sich vor Jahrzehnten über die Zitierwut seiner Zeitgenossen erbost: „Mit dem Goethe kommen sie zur Welt, und Hunderttausende, die nicht eine Zeile von ihm zu lesen verstehen, zitieren ihn ungeniert, als sei es die Sendung der deutschen Dichter, Zitate zu liefern, wie die Hühner die Eier."

Die erlesenen Glanzlichter deutscher Dichtkunst oder auch solcher der „Weltliteratur" (um Goethe zu zitieren) dienen ja keineswegs nur der Berufung auf anerkannte Sprachautoritäten. Vielmehr zeugt es von eigener Sprachbrillanz und umfassender Bildung, wenn einem die Spruchweisheiten unserer berühmten „Dichter und Denker" (sagte Jean Paul) von der Zunge gehen, als ob man mit Goethe auf Duzfuß stände, jeden Tag zum Frühstück sein Kapitel Schopenhauer läse oder mindestens Büchmanns ›Geflügelte Worte‹ vorwärts und rückwärts aufsagen könnte. Zitate gehören eben zu den wirkungsvollen „Renommierstücken" eines Textes, wie auch sonst alles, was unser Schreiben lebendig macht, was beim Publikum Aufmerksamkeit und Lust zum Lesen erregt, was die Attraktivität der Sprache ausmacht: zum Beispiel Ausrufe und wörtliche Rede, rhetorische Fragen zum „Mitdenken", direktes Ansprechen der Leser, auch witzige Formulierungen usw. Das führt die Verständlichkeitsforschung aus, sagte ebenso schon Ludwig Reiners, „reformuliert" moderner Wolf Schneider – und alle, alle richten sich nach diesem Rezept.

Woher über-nehmen und nicht stehlen?

Stillehrer und Sprachkritiker halten auf Tradition. Vielgerühmt, vielgeschmäht etwa Gustav Wustmann: „Der unsterbliche Wustmann“, so Rudolf Walter Leonhardt noch kürzlich. Umgekehrt rät Hans Reimann unter allen Umständen ab, beim Professor Wustmann nachzuschlagen: „Dieser Wustmann ... gleicht einem Maler, der uns die Fußböden gestrichen hat und dann an die Staffelei tritt, um ein Ölporträt zu pinseln. Zum Streichen von Fußböden langts.“ Sogar Karl Kraus hat es sich nicht nehmen lassen, Wustmann gehörig die Stil-Leviten zu lesen – auf seine Art: „Der Wustmann ist ein überaus gewissenhafter Grammatiker, der ›Allerhand Sprachdummheiten‹ gesammelt hat, unter denen es ihm auch gelungen ist seine eigenen unterzubringen. Ein schrulliger Lehrmeister, der die Anweisung gibt, zu schreiben, wie man spricht, und dann so ziemlich alles zu sprechen verbietet ...“ Trotzdem, an der Materialfülle Wustmanns zu partizipieren, haben seine stilkritischen Nachfahren nie Bedenken gehabt.

Eduard Engel, ein Mann von außerordentlicher Belesenheit, zitiert gern und ausgiebig. Obwohl er seine Vorgänger des 18. und 19. Jahrhunderts (namentlich Gottsched und auch den Grammatiker Johann Christoph Adelung, von Wustmann ganz zu schweigen) samt und sonders als „Sprachschulmeister“ seinerseits schulmeisterlich abgekanzelt hat, scheint doch im Hinblick auf die Tradition ein gelegentlicher Rückgriff keineswegs ausgeschlossen. Dies um so mehr, wenn man sieht, wie sein Nachfolger Ludwig Reiners wiederum ihn, Engel, kräftig ausgeschrieben hat – natürlich in aller Heimlichkeit. Jene einprägsamen Begriffsbildungen traditioneller Stillehre wie *Schwammwort* und *Schablonenwort*, *Stopfstil* und *Schreistil*, *Papierdeutsch* und andere usw., ob ihrer Treffsicherheit und anschaulichen Ausdruckskraft allenthalben gelobt und übernommen, werden seither fast ausnahmslos Reiners zugeschrieben, obwohl sie alle schon bei Engel stehen. Seite um Seite liest man darüber hinaus viele schnittige Formulierungen, kernige Regeln und wirkungsvolle Beispiele, die einem „englisch“ vorkommen. Mit anderen Worten: es scheint so, als ob Reiners in der anonymen Ausbeutung seines renommierten Vorgängers nicht gerade ein Engel gewesen wäre.

Nicht zuletzt sind es jedoch die Dichter-Zitate, Prunk- und Protzstücke deutscher Sprachkunst, die als wahrhaft „geflügelte Worte“ unseren Stillehrern nur so zuzufliegen scheinen. Als bewährte Versatzstücke werden sie sozusagen von einem zum anderen vererbt – ein „Nachahmungstrieb“, dem Schopenhauer bereits seinen Spott angedeihen ließ: „hat doch Gevatter Hinze so geschrieben; also ist’s Recht, daß ich, Kunze, auch so schreibe.“ Wenn Goethe einmal beiläufig hat verlauten lassen, daß getretener Quark nicht stark, sondern breit werde, ein Ausspruch, der sich natürlich bestens zur stilistischen Kritik an weitschweifiger Wortemacherei eignet, so wird derselbe Quark dann überall weiter breitgetreten. Die Stillehre, eigentlich Lehre der Schreibkunst, gerät zur wahren Ab-Schreibkunst.

Noch ein Wort zu Ludwig Reiners: Er, der offensichtlich alles übernimmt, was kommt, ist seinerseits den rächenden Stil-Erinnyen nicht entgangen. Für Generationen folgender Stillehrer und Sprachkritiker wurde er zur wohlfeilen „Fundgrube von Beispielen und griffigen Formeln“, wie ihm Wolf Schneider bescheinigt – dieser übrigens ein bemerkenswerter Sonderfall, insofern er am meisten sich selbst abgeschrieben hat. Seine Bücher ›Deutsch für Profis‹ und ›Deutsch für Kenner‹ lassen sich über weite Strecken hin parallel lesen: wer von dem einen *profitiert* hat, *kennt* auch das andere. Mehr als drei Jahrzehnte galt Reiners – nächst Luther, nur zeitlich näher – als der große Stilpräzeptor der Deutschen, und für die Zunft ist er das heute noch. Dies, obwohl sich etwa seit 1970 immer lauter werdende Kritik vor allem von wissenschaftlicher Seite regte und obgleich viele seiner Stilvorschriften (sofern nicht allgemeinplätzige „Gummiregeln“, S. 47) einfach unzeitgemäß geworden sind, genauso anachronistisch wie seine ganze ›Stilfibel‹ in ihrem oberlehrerhaften Schulstubenton.

Immerhin, für Stillehre und Sprachkritik steht der Meister unverrückbar auf hehrem Denkmalssockel: Da ist er, mit allem Respekt, der „hochbedeutende Stilist Ludwig Reiners, den ich auch schon da und dort zitiert habe“. Alfred Gleiss, beruflich Wirtschaftsrechtler, würdigt in gewissermaßen kollegialem Schulterschluß den „genialen Juristen Ludwig Reiners“. Wolf Schneider lobt ihn über allen und jeden Klee, nicht nur den grünen. Und Helmut Seiffert schließlich, der verhinderte Neubearbeiter eines *Reiners redivivus,* berichtet: „Aus zahlreichen Gesprächen mit Angehörigen der verschiedensten Berufe weiß ich, daß auf das ‘Stichwort’ *Sprache* immer wieder die ‘Assoziation’ *Reiners* folgt.“ Reiners und kein Ende.

Was ist Stiltradition? Sie zeigt sich in der „Einigkeit über die Grundzüge eines guten Stils, die von Luther über Lessing und Jean Paul bis zu Ludwig Reiners reichte“ und sich bei Wolf Schneider, der dies äußert, fortsetzt. In der Tat kommt alles trefflich modernisiert zum Vorschein, was ehedem schon Reiners- und Engelszungen verkündet haben. So schlingert Schopenhauers origineller „Wort-Dreimaster“, bei ihm übrigens an entlegener Stelle, nicht von ungefähr bis heute durch die tiefgründigen Wogen der Stilkunst: bei Engel und Reiners in längerem Wortlaut, bei Schneider als einer seiner Lieblingsausdrücke für „jene Vielsilbler, denen man nach seinen Worten einen Mast kappen sollte, noch besser zwei“ – aber davon steht nun wieder bei dem ausdrücklich zitierten Schopenhauer kein Wort! In Stillehren wie Sprachglossen bedeutet Tradition vor allem: immer wiederkehrende Gemeinplätze, dieselben Standardthemen, überall die gleichen Lehrmeinungen und Sprach(vor)urteile, im Extremfall sogar Übereinstimmung der Formulierungen. Zitate also? – ja und nein.

Ja, wenn es sich um die schon erwähnten großen Namen handelt. Wohlgemerkt Namen, etwa: „wie schon Goethe sagte“; hingegen würde jeder Stillehrer und Sprachkritiker es verächtlich von sich weisen, genaue Stellen- und Quellenangaben zu machen, wie das in der Wissenschaft üblich ist: Entweder man weiß, wer was wo geschrieben hat (Stichwort „Bildung“), oder der Leser kennt das Zitat, und sei es auch nur andeutungsweise, ja ahnt vielleicht sogar, daß es tatsächlich von Goethe sein könnte („Halbbildung“). Die theoretisch denkbare dritte Möglichkeit völliger Unkenntnis kann man realiter ausschließen; denn Leute von solcher Unbildung lesen ohnehin keine, schon gar nicht so anspruchsvolle Bücher.

Nein, also keine ausdrücklichen Zitate, sofern die wahren Urheber nicht so namhaft sind. Sie bleiben dann, und das ist schlimmer, in der Regel ungenannt, „anonym“. Eduard Engel hat Menschen, die sich reichlich mit fremden Sprachfedern schmücken, in der köstlichen Karikatur des „Zitateles“ verewigt: Das Denkmal der Stilmeister und Sprachkritikaster sollte dem *Plagiateles* gewidmet sein. Selbst bei einiger Kenntnis des einschlägigen Schrifttums fällt es schwer, allen geistigen „Anleihen“ auf die Schliche zu kommen, da – wie vermerkt – die Quellen nur aus-, nicht übernahmsweise angegeben werden.

Gelegentlich bietet sich aber doch eine Möglichkeit vorsichtiger Beurteilung, wofür es ein berühmtes Beispiel gibt. Eduard Engel kommentiert Ernst Moritz Arndts leidenschaftliche Verse „So weit die deutsche Zunge klingt, / Und Gott im Himmel Lieder singt“ folgendermaßen: „Nietzsche hat dies wirklich falsch verstanden, oder – verstehen wollen, um einen Witz einzuschmuggeln: ‘... Der Deutsche denkt sich selbst Gott liedersingend’.“ Ludwig Reiners ist ihm in der Autorzuweisung blindlings gefolgt: „Nietzsche hat voller Bosheit“ usw. Aber die eigentliche Quelle, die erst das eher andeutende und darum Engels Interpretation auslösende Aperçu Nietzsches verständlich macht, ist eine ganz andere: Schopenhauer war es, den Arndts Doppeldeutigkeit zu dem scharfsinnigen Schluß veranlaßt hatte: „Auf Deutsch besagt dies, daß Gott im Himmel sitzt und Lieder singt.“

Die ›Top-Training‹-Autorin Gertrud Hoster formuliert abschreckungsweise Cäsars berühmtes *Ich kam, ich sah, ich siegte* um in bürokratische Ausdrucksweise: „Nach erfolgter Ankunft und Besichtigung der Verhältnisse war Cäsar die Erringung des Sieges möglich" – das ist wörtlich abgeschriebener Reiners. Einen weiteren Fall hat unlängst der Sprachwissenschaftler Helmut Henne in einer Podiumsdiskussion beigesteuert: „Herr Schneider, das Motto von Handke, das auch Ihr neues Buch ziert, haben Sie aus meinem Buch ›Jugend und ihre Sprache‹ abgeschrieben ... Diese 'Übernahme' des Zitats kann ich deshalb nachweisen, weil ich Handkes ›Gelegenheitsgedicht‹ in Prosa umgeformt habe und Sie mir getreu folgen."

Allzuoft schmückt man sich mit Straußenfedern und steckt gleichzeitig wie dieser Vogel seinen Kopf in den Sand vorsätzlicher Unwissenheit. Da rät Wolf Schneider zu stilistischer Schlichtheit: „nicht auf Glatzen Löckchen drehen" – genial, wenn dieses sinnreiche Bild eben nur nicht von Karl Kraus stammte. Oder sollte die geringfügige Umformulierung (*Löckchen* an Stelle von *Locken*) die Überführung in geistigen Eigenbesitz legitimieren? Bei Ludwig Reiners lesen wir das wirklich witzige Wortspiel *Einfallspinsel* (normalerweise reden wir nur von einem *Einfaltspinsel*); er hat ihn ebenfalls von Karl Kraus, dessen unübertreffliche Formulierungskunst immer wieder herhalten muß: „ein rechter Einfallspinsel". Alfred Gleiss variiert ein berühmtes Zitat desselben Verfassers, offensichtlich unter der stillschweigenden Voraussetzung, daß jedermann es und ihn kenne, folglich der Name durchaus überflüssig sei und weggelassen werden könne: „Es genügt nicht, keine klaren Gedanken zu haben; man muß auch imstande sein, sich unklar auszudrücken." Dem Original näher zitiert übrigens Otto Nüssler, ebenfalls ohne Namensnennung, als „Unsinnsatz": „Es genügt nicht, keine Gedanken zu haben; man muß auch unfähig sein, sie auszudrücken" – Kraus hat den „Unsinn" aber noch weiter getrieben, insofern es nicht genüge, wenn man keinen Gedanken habe: „man muß ihn auch ausdrücken können." Unübertrefflich wiederum Schneiders Schlußsatz zum „ungrammatischen", von ihm als unlogisch betrachteten Adjektiv, das uns bereits bekannt ist (S. 50f.): „Wir sollten gegen die geräucherten Schinkenhändler und ihre logische Widersinnigkeitsproblematik endlich mit dem groben Unfugparagraphen angehen" – großartig, dieser stilistische *grobe Unfugparagraph*, ein Hoch seinem Erfinder ... Gustav Wustmann!

3. Chice Modewörter und Wendungen

„Wer Sprachglossen schreibt, soll Modewörter anprangern und den schnoddrigen Umgang mit der Sprache, den viele der Jüngeren pflegen", faßt Rudolf Walter Leonhardt resolut die wichtigsten sprachkritischen Aufgaben zusammen. *Gehen wir* zunächst einmal sehr vorläufig *davon aus*, und damit bedienen wir uns gleich einer solchen modischen Wendung, von der Dolf Sternberger feststellt, daß sie sich neuerdings wie ein Virus ausgebreitet habe – gehen wir also davon aus, das Wesen des Modewörtlichen bestehe in „wesenloser Nachahmung, wo der Mensch sprachlich zu einer Art Papagei entartet". In Regelform gekleidet, lautet die Schlußfolgerung:

Sei kein Papagei!

Es gebe im Deutschen, hat Mark Twain als scharfer Beobachter unserer Sprache zu seiner Zeit angemerkt, „mehr Adjektive als schwarze Katzen in der Schweiz" – womit er, die schweizerischen Katzen hin oder her, unsere Statistik des deutschen Adjektivs intuitiv bestätigt. Das Verwunderliche daran ist nun aber: Trotz der großen Anzahl von Adjektiven, über die wir eigentlich verfügen sollten, hört und liest man immer nur von *schroffem Widerspruch* und *bodenloser Gemeinheit*, von *dunklen Ahnungen* und *unausbleiblichen Folgen*, von der *einsamen Größe* und dem *hochkarätigen Fachmann* – ein *katastrophaler Zustand*!

Nichts Geschriebenes oder Gedrucktes, worin die *Lage* nicht *ernst*, der *Ernst* seinerseits *bitter*, der *Grund* etwas anderes als *triftig* wäre, obwohl man heute dieses Adjektiv sonst kaum noch verwendet. Ebenso scheint jedermann zu wissen, was ein „notorischer Lügner" ist, aber *notorisch*? Oder wer sagt schon *unliebsam* wenn nicht, versteht sich, in der festen Verbindung der „unliebsamen Störung"? Man könnte schon in *berechtigte Zweifel* geraten über unseren *Menschenverstand*, auch wenn dieser selbstverständlich immer *gesund* ist, so wie eine *Wahrheit* stets *nackt*, alle *Bosheit* natürlich *konstant* und jede *Tatsache* (was wohl?) *vollendet* – gibt es, *offene Frage*, auch „unvollendete Tatsachen"? Reihenweise nehmen Stillehrer und Sprachkritiker derartige Formulierungen, „Wortzwillinge", wie einer sie nennt, stilkritisch aufs Korn. Gleichwohl sind es diesmal nicht die Adjektive allein, die ihren Zorn erregen, sondern deren stereotype, das heißt ständige, abgedroschene Koppelung mit bestimmten Substantiven: Formelhaftigkeit als „des Pudels Kern", mit der man hier auf den Stil-Hund kommt.

Formelhaftigkeit läßt sich, allgemein beschrieben, als eine Art „Konservensprache“ verstehen, die uns sprachliche Fertigkost feilbietet. Eine wahre Flut – Sprachkritiker würden es sich nicht nehmen lassen, strafend von „Sündflut“ zu reden – zeitgemäß-praktischer Wörter und Wendungen, die uns als Modevokabeln und ewig wiederholte Klischees auf der Zunge wie im Ohr liegen: „Manche Menschen schwimmen mit zwei, drei Dutzend Redensarten durchs Leben und erregen bei leidlich geschickter Verteilung der einzelnen Stücke den Eindruck, schlagfertig und mutterwitzig zu sein“, spottete Hans Reimann. Aber es geht ja nicht einmal nur um solche „flotten Spüche“. Vielmehr können sprachliche Durchschnittsköstler mit Hilfe derart fix und fertiger Versatzstücke allgemeinster Art mühelos runde zwei Drittel ihres täglichen Sprachgebrauchs bestreiten – was den Konsum an eßbaren Fertiggerichten bei weitem übersteigt: Sprachlich ist der Mensch offensichtlich anders, als er ißt.

Sprachmoden ändern sich zwar, aber gegeben hat es sie seit eh und je. Wilhelm Schneider, namhafter Stilkundler der ersten Jahrhunderthälfte, beschreibt ein junges, sportliches, gutaussehendes Mädchen, welches jedoch „ein so reiches Füllhorn von törichten Modeworten und -wendungen“ ausgeschüttet habe, „daß man denkt: Schönes Kind, hättest du doch den Mund nicht aufgetan!“. Wer fühlt sich da nicht an jenen Lessingschen Aphorismus erinnert (über eine Dame, deren Deutsch nicht das beste war), wo es in unübertrefflicher Kürze heißt: „Solange sie mich nicht ansprach, sprach sie mich an. Als sie mich aber dann ansprach, sprach sie mich nicht mehr an.“ In beiden Fällen geht es um schlechtes Deutsch; im letzten offensichtlich um falsches, im ersten um richtiges, das indes den stilistischen Ansprüchen nicht genügt: Es ist eben „formelhaft“ und widerspricht damit dem Stil als innerer Form des Ausdrucks. Man sollte kaum glauben, daß *Formel* und *Form*, obwohl desselben Wortstammes, derart krasse Gegensätze bilden.

Wer wäre nicht neugierig, was unser „schönes Kind“ wohl gesagt haben könnte, als es den Mund auftat? Hier ein paar Proben seiner Modewortkost: *prima, ganz groß, hundertprozentig, irgendwie, bin im Bilde, kommt nicht in die Tüte*. Da zeigt sich, daß aus dem damals jungen Mädchen mittlerweile eine ältere Dame geworden sein muß. Sicher weiß man heute nicht anders als früher alles „mit hundertprozentiger Sicherheit“, wie das Kurt Tucholsky schon 1930 kritisiert hat: „Modewörter ...? Meine Einstellung ist rein menschlich irgendwie die, daß das Wort ‘hundertprozentig’ eine hundertundeinprozentige Sprachdummheit ist.“ Auch das klassische Verlegenheitswort *irgendwie* wird wohl niemals aussterben (beiläufiger Hinweis für Kenner: ein noch stärkerer Ausdruck von Unsicherheit läßt sich, moderner, allenfalls erzielen durch ein locker angehängtes *oder so*). Aber statt „prima“ hört man heute *super*, statt

„ganz groß" vielleicht *echt stark*; um „im Bilde" zu sein, muß man jetzt *voll im Trend liegen*, oder wenn etwas nicht in Frage kommt, heißt es zeitgemäß: *Mit mir nicht!*

Zu Tausenden bevölkern sie unsere Sprachwelt: einerseits als umgangssprachliche Floskeln, die „in aller Munde" sind, andrerseits als glatte „Phrasen" auch auf Zeitungs- und anderem Papier. Der Schriftsteller Sigismund von Radecki mokierte sich seinerzeit über Leute, die so sprechen und schreiben: „Ihre Sprachtasten schlagen ganze Worte, ja ganze Sätze vorrätiger Einheitsfaktur an: sie sprechen Schreibmaschine." Benutzt wird in solcher Art des Sprachgebrauchs ein routiniertes Repertoire sprachlicher Schablonen, deren allgemeine Beliebtheit sich gerade durch die Geläufigkeit „modischer" Wörter und Wendungen in den eingeschliffenen Bahnen unseres Sprachdenkens erklären läßt. Bequemes Hinschreiben, müheloses Verstehen – die Formelsprache macht es möglich: Sie erleichtert das Denken nicht nur, sie erspart es weitgehend. Man kann die Phrasen einfach dreschen, wie sie fallen – schon Tucholsky hat sich über solche „Phrasendrescher" lustig gemacht, und die letzte Errungenschaft sprachtechnischen Erfindungsgeistes ist die „Phrasendreschmaschine".

Es gibt Sprachmoden, wie es andere Moden gibt: „Früher würd' ich gesagt haben 'zeitgemäß'; jetzt sagt man 'opportun'", läßt Theodor Fontane im ›Stechlin‹ seinen Altershelden Dubslav sprachbewußt parlieren. Wenn ein neues oder aktualisiertes Wort als Benennung notwendig, auf Anhieb verständlich und auch vom Klang her ansprechend ist, erfüllt es alle Bedingungen, modisch zu werden. Dann fehlt nur noch der zündende Funke, das Überspringen von dem einen, der das Wort geprägt oder in einem neuen Sinne belebt hat, auf die Millionen sprechender und hörender, schreibender und lesender Menschen, die das Wort aufgreifen und in allgemeinen Umlauf bringen. Dann suchen auf einmal alle ihren *Freiraum* für die *Selbstverwirklichung* in moderner *Lebenswelt*; man spricht *im Klartext*, bringt *auf den Punkt* oder *denkt* etwas *an*, *tritt* etwas *los*; ein erfolgreicher Zeitgenosse ist ein *Senkrechtstarter*, der *nichts anbrennen* läßt usw. Wenn so ein Ausdruck den Punkt erreicht hat, an dem die Häufigkeit seines Gebrauchs in umgekehrtem Verhältnis zur Prägnanz seiner Aussage steht, dann gehört er, meint Otto Nüssler, zur Kategorie „der alles bedeutenden und nichts sagenden Modewörter". Die zahllosen Beispiele in allen Stillehren und vielen Sprachglossen gehen quer durchs Alphabet von *Akzeptanz* (S. 91) bis *Zwänge* (S. 135).

Der Begriff 'Modewort' selbst ist, so hat man herausgefunden, schon seit dem Jahre 1777 bezeugt. Wie bei allen Moden kommt Sprachmodisches und vergeht oft wieder: „Sozusagen ohne Angabe von Gründen ist es nach geraumer Zeit verschwunden oder in den Sprachgebrauch rechtmäßig eingegangen", stellt sogar ein Sprachkritiker fest, Oskar Jancke. Tatsächlich hat beispielsweise der *Backfisch* aus Großelternzeiten sang- und klanglos in den Tagen unserer Eltern dem jugendfrischen *Teenager* Platz gemacht, der heute in Kurzform *Teeny* heißt; oder der gute, alte *Minderwertigkeitskomplex* gibt sich modern als *mangelndes Selbstwertgefühl*. Andrerseits konnte sich das im Grunde doppelt widersinnige *Fernseher*, das ja nach allen Sprachregeln die Person meinen sollte, die vor dem Bildschirm sitzt – und dabei gibt es kaum etwas, das man näher vor Augen hätte –, schnell als allgemein anerkannte Bezeichnung für den Televisions-Apparat durchsetzen.

Viele Modewörter von heute sind, indem sie allmählich „zerredet" werden und erstarren, die Sprachklischees von morgen. Wer vor Jahren die *Marktlücke* sprachlich entdeckte, wer als erster ein Geschehen *hautnah* miterlebte oder wer jetzt kurz und bündig *vermarktet*, was früher umständlich zu Markte getragen wurde, war ein origineller Spracherfinder. Aber diese Wörter, dieselben, zum hunderttausendsten Mal nachzuschreiben, das ist Sprachmode. Was so häufig gebraucht wird, verschleißt sich: Abgenutzte Sprachschablonen, die im allgemeinen Wortschatz aufgehen, bilden das Endergebnis solcher Wortkarrieren. Unser *interessant* etwa, das im 18. Jahrhundert – aus dem Französischen importiert – zur vornehmen Modevokabel avancierte, ist heute kaum mehr als ein Allerweltswort. Dieses Schicksal ereilt über kurz oder lang alle Modewörter. Gustav Wustmann hat um die Jahrhundertwende die damals in Mode stehenden Ausdrücke auf knapp 30 Seiten zusammengetragen: nicht ein Wort, das wir heute noch als besonders modisch empfänden. „Der gute alte Wustmann!" beklagt ihn Kurt Tucholsky. „Er hat sich wahrscheinlich eine Walze im Grab anbringen lassen, und da dreht er sich nun ununterbrochen herum, wenn er das hören muß, was man heutzutage so Sprache nennt." In der Folge ist die Welt des Modewörtlichen zum beliebtesten Tummelplatz der Sprachkritiker geworden, deren witzige oder bissige Glossen ganze Bücher füllen, und auch den Stillehren ist das Thema allemal ein Kapitel wert.

Aber machen wir uns nichts vor: weder die Stilkritiker noch die Linguisten haben hier das letzte Wort; die eigentliche Erklärung des Phänomens liegt vielmehr in der Hand der Soziologen und Psychologen. Modewörter sind nämlich eminent gesellschaftlich bedingte Erscheinungen: Man schmückt sich mit ihnen, wie man sich mit Kleidung, Frisur, Schmuck usw. modisch ausstaffiert. Sich solcher umgängigen Vokabeln gekonnt zu bedienen, verleiht Ansehen in der Gesellschaft, was seinerseits wieder das persönliche Prestige hebt: Die Beherrschung des Zeitgemäß-Modischen gibt das selbstsichere Gefühl, „mitreden" zu können.

Tonangebend, im echten Sinne des Wortes, sind die höhergestellten, gebildeten Kreise. Zumindest früher waren Modewörter zunächst immer „vornehme Wörter", die dann allerdings mit der Zeit ihren Weg durch alle Volksschichten fanden. Ein Musterstück liefert Theodor Fontane, der seiner Titelheldin Jenny Treibel das tatsächlich zur gleichen Zeit auch von Wustmann gerügte Modewort *unentwegt* in den Mund gelegt hat: „'Unentwegt', wiederholte Willibald, als er allein war. 'Herrliches Modewort, und nun auch schon bis in die Villa Treibel gedrungen ... Nun ist das Püppchen eine Kommerzienrätin und kann sich alles gönnen, auch das Ideale, und sogar 'unentwegt'. Ein Musterstück von einer Bourgoise'" – *unentwegt*, ein mittlerweile ganz normales Wort unserer Sprache.

Vor mehr als zweihundert Jahren hat sich der kluge Lichtenberg notiert: „Ich mag immer den Mann mehr lieben, der so schreibt, wie es Mode werden kann, als den, der so schreibt, wie es Mode ist." Vermutlich bleibt es aber nicht bei diesen zweihundert Jahren, sondern es hat schon immer Modewörter gegeben, solange es überhaupt Sprache gibt.

Das „Götzenbild der Schönheit" als Stilideal?

Immerhin, die Verlockung zu modischer Wortemacherei ist groß. Sie liegt in dem Reiz, sich sprachlich auf der Höhe, *up to date* oder noch aktueller „in" zu zeigen. Das gilt weithin als *schick*, womit gleich ein weiteres, vielbehandeltes Modewort genannt wäre. Die Werbung, der wir auch die „Creation" von exquisit stilisierten *Cigaretten*, *Tabac* oder *Mocca* verdanken, zieht freilich, da modische Eleganz und Paris nun einmal zusammengehören, französisch geschriebenes *chic* als „schicker" vor: ein wirklich chices Wort!

Aber wer seine Sprache übertrieben mit Modegags aufstutzt, erscheint anderen leicht als Sprachmode-Geck. Der Autor wolle sich gewählt ausdrücken, wogegen nichts zu sagen sei, erklärt uns Mechtilde Lichnowsky den Vorgang: „Aber er weiß nicht, daß das Einfache, das Korrekte, aus der Fülle von möglichem Schwulst viel schwieriger zu wählen ist, zu fangen, zu zähmen, als die kompliziert-wilden Originalitäten, die er in Dressurakten vorführt." Die stilkritische Ächtung von Modewörtern und Phrasen hat ihren Grund offensichtlich in der Diskrepanz zwischen zu anspruchsvoller, oft hochtrabender Sprachform und wenig aussagekräftigem, wenn nicht gar banalem Gehalt der Äußerung. Man setze sich, ist Ludwig Reiners wieder einmal gut im Bilde, „einen Helm auf, wo ein bescheidener Filzhut angemessen wäre, und bei scharfem Zusehen bemerken wir, daß der Helm aus Pappe ist." Unsere Modeausdrücke, moderner ausgedrückt, als sprachliche Papiertiger.

Warum diese ausführliche Erörterung von Sprachmodischem, vor allem Modewörtlichem? – weil es das weite Feld ist, auf dem Stillehrer und Spachkritiker mit Vorliebe ackern. Da wäre wie im Falle ihrer Argumentation mit der Sprachlogik wieder zu fragen, mit welcher Begründung sie ihren Kampf wider modische Floskeln, Phrasen und Formelsprache führen. Sprachpraktisch bleibt immerhin zu bedenken, daß solche neu aufkommenden Wörter ja einem Bedürfnis entsprechen, daß sie eingängig und wohlklingend sind, wenn sie zu Modewörtern werden, und damit doch eigentlich lauter gute Eigenschaften verkörpern. Die Verständlichkeitsforschung hat zudem festgestellt, daß es gerade die geläufigsten Wörter, die abgedroschensten Sprachformeln usw. seien, die Leichtverständlichkeit und hohe „Akzeptanz" der Texte bewirken. „Unsere Verkehrssprache hat ihren eigenen, farblosen Allerweltsstil herausgebildet", bestätigt Richard Thieberger: „Die Beherrschung des Allerweltsstils erleichtert die Verständigung."

Wo also liegt der tiefere Grund stilkritischen Ärgernisses? Peter von Polenz hat dies vor Jahren an der Bewertung des Wortes *Schnulze* klarzumachen versucht, das später dem *Schlager* Platz machen mußte, der seinerseits wiederum längst dem *Hit* gewichen ist: Da gehe es „um einen beliebten Topos der Sprachkritik, nämlich die Denkfigur: Ein neues Wort in aller Munde, also ein Schlagwort – gemeint ist 'Modewort' –, also ein schlechtes Wort, noch dazu ein Wort für eine moderne, kulturlose Sache, die ich ablehne; also lehne ich auch das Wort ab." Wir kennen diese Denkfigur schon: den Sack *Wort* schlagen und den Esel *Sache* meinen (S. 14).

Wie auch immer die Stilkritik argumentiert und urteilt – letztlich sind es sprachästhetische Maßstäbe, die angelegt werden. Dies gilt für die festgestellte Diskrepanz zwischen Anspruch und Leistung solcher klischeehaften Formulierungen wie auch den Umstand, daß wir ja gerade dann von Modewörtern sprechen, wenn sie auf der Höhe ihrer allgemeinen Verwendung stehen. Gleichwohl kann auch diese viel gerügte Gebrauchshäufigkeit nicht den entscheidenden Anlaß zur Kritik bilden. Denn die deutsche Sprache enthält Tausende anderer, noch weitaus häufiger vorkommender Wörter, die nicht kritisiert werden: beispielsweise *Zeit* oder *Jahr*, die als Substantive ganz vorn auf den „Hitlisten" der Sprachstatistik rangieren. Letzten Endes bleibt es also wohl bei den sprachästhetischen Bewertungskriterien „schön" und „häßlich", die als wesentlich stilistische Gesichtspunkte betrachtet werden. Oskar Jancke sieht in *restlos erledigt* „eine der häßlichsten Redensarten" und in *Menschenmaterial*

„das häßlichste Wort“ überhaupt – pejorative Urteile, wie sie sich in Stillehre und Sprachkritik häufig finden. Zum Beispiel ist auf das „unentwegt“ kritisierte *Jetztzeit* hinzuweisen (S. 126), Ludwig Reiners nennt *beziehungsweise* ein „häßliches Wort“, für Annette Trabold ist aktuell die *Abwicklung* gar „das häßlichste Wort der Welt“ usw.

Mit der Erklärung von „schön“ und „häßlich“, die Jancke an gleicher Stelle bietet, können wir allerdings nicht viel anfangen: „Schön ist das beseelte Wort und das schönste ist das beseelteste. Häßlich aber ist nicht das unbeseelte, sondern das seiner Beseeltheit beraubte.“ Wäre das alte deutsche Wort *Lust* also schön, weil beseelt? Das fast gleichlautende, aus älterem *Frustration* (einem Begriff der Psychoanalyse) verkürzte „Modewort“ *Frust* jedoch sollte – wie und warum? – der Unschuld seiner Beseeltheit verlustig gegangen sein? Und was haben wir dann von der „flotten“, schwungvoll jugendlichen (und auch dorther stammenden) Verbindung *Lust und Frust* zu halten? Nicht auszudenken, wenn Goethe das Wort schon gekannt hätte – ob er dann nicht in ›Wanderers Nachtlied‹ den störenden Geschlechtsunterschied (an Stelle des Reimes *Lust*) vermieden hätte: „Ach, ich bin des Treibens müde! / Was soll all der Schmerz und *Frust*?“

Kehren wir wieder auf den Boden der Sprach-Tatsachen zurück. Das Kriterium sprachlicher Schönheit ist schwer zu fassen: „es kann nicht objektiviert werden“, stellt Hans-Martin Gauger fest und hat damit eigentlich alles zum Thema gesagt. Auch wenn Theo Stemmler – Stilwissenschaftler unter sich – der gegenteiligen Ansicht ist; zumindest im Bereich des Wortklangs ließen sich „sprachliche Schönheit und Häßlichkeit deutlicher beurteilen“. Wer behauptet, modische Wörter und Wendungen, wie sie allenthalben kritisiert werden, etwa *Fehlverhalten* oder *Lernprozeß*, *praktisch* oder *kreativ*, *schlußfolgern* oder *nerven*, die *Spitze des Eisbergs* oder *im Raume stehen*, seien häßlich – ja, worin soll denn diese Häßlichkeit bestehen? Von Fall zu Fall muß er ihre Merkmale und seine Beurteilungsgrundsätze darlegen. Und weil diese Merkmale meist nur schwer benennbar, nie einheitlich und immer höchst subjektiv sind, kommt es häufig vor, daß die Urteile von Kritiker zu Kritiker verschieden ausfallen – ein *selten günstiges* Argumentationsverhalten, wie immer man das verstehen will.

Doch so sehr uns die Schönheit eines Menschen, eines Naturanblicks, eines Kunstwerks usw. erfreuen mag – mit Rücksicht auf die Sprache ist in dieser ästhetischen Beziehung höchste Vorsicht geboten. Nicht umsonst hat schon der bekannte Stilistiker Wilhelm Schneider seinerzeit vor dem sprachlichen „Götzenbild der Schönheit“ gewarnt, das alle Sachlichkeit verachte. „Der Himmel bewahre uns vor der bloß schönen Sprache“, riet ebenso Eduard Engel ab, und auch modernen Stillehrern wie Sprachkritikern ist der Begriff der Sprachschönheit suspekt: „Schön sprechen oder schreiben – dieser Vorstellung haftet immer etwas Peinliches an. Richtig, sauber, klar, genau – das sollte genügen." In der Tat gibt es Leute, die sich gar nicht für Stilfragen interessieren; „aber weil sie klar denken und sich klar ausdrücken, gewinnen Sätze unter ihrer Hand von selbst eine Qualität, die sich, ohne falschen Beigeschmack, als Schönheit bezeichnen läßt". Der Stilkritiker findet Unterstützung beim Stilwissenschaftler: „Restlose Klarheit ist zugleich Schönheit", zitiert Theo Stemmler zustimmend einen Juristen, „recht hat der Rechtsgelehrte." Also statt einer „schönen" die richtige, saubere, klare und genaue Sprache als stilkritische Idealvorstellung?

Die Richtigkeit ist, abgesehen davon, daß sie mehr ein Thema der Grammatik als der Stilistik bildet, im Sinne sprachlogischer Richtigkeit ein Kapitel für sich (worüber auf S. 26ff. einiges zu lesen war). Und die Sauberkeit der Sprache? Immerhin hat Hermann Villiger vor Jahren eine Auseinandersetzung mit der Sprachkritik unter das Motto gestellt: „Sauber Wasser, sauber Wort." Wer nicht gewillt ist, die von der Waschmittelwerbung propagierte semantische Unterscheidung zwischen *sauber* und *rein* nachzuvollziehen, kann einige „unvorgreifliche Gedanken" zur Reinheit der Sprache im nächsten Kapitel lesen (S. 99ff.). Bleiben die Kriterien der Klarheit und Genauigkeit, als solche Stilgesichtspunkte von Rang, die auf den ersten Blick über jeden Zweifel erhaben scheinen. Der zweite zeigt allerdings, daß auch sie keine unbedingten Garanten für guten Stil sind. Was gäbe es Klareres und Genaueres als wohldefinierte und präzise beschreibende Fachbegriffe? Daß diese aber, selbst wo sie sich nicht im Rahmen fremdwörtlicher „Terminologie" bewegen, keineswegs immer als Muster stilistischer Wohlgeformtheit gelten können, darüber beklagt sich niemand mehr als die Sprachkritik. Zum Beispiel *Kraftfahrzeughaftpflichtversicherungspolice* oder *Hochleistungstiefkühlgefrierschranksuperluxusmodell* – Musterbeispiele an technischer Genauigkeit und Klarheit, aber dennoch, weil die Grenzen annehmbarer Wortraffung überschritten werden, „Unwörter", bei denen sich wohl nicht so leicht die Vorstellung von Sprachschönheit einstellen wird.

Was das hochsensibilisierte Sprachgefühl der Stillehrer und Sprachkritiker im eigentlichen verletzt, läßt sich an einer verärgert klingenden Bemerkung von Hermann Ruelius verdeutlichen: „Doch immer noch heilt der Zahn der Zeit alle Wunden, und immer wieder springt der springende Punkt, zieht sich endlos der rote Faden. Mit solchen schon tausendmal abgenagten Knochen kann niemand mehr, um im Bilde zu bleiben, einen Hund hinter dem Ofen hervorlocken." Jener Shakespearesche

Zahn der Zeit, der auf Aristoteles zurückgehende *springende Punkt*, Goethes *roter Faden*, alles zu ihrer Zeit geniale Sprachfindungen und mit Recht durch die Jahrhunderte bewahrt; aber sie sind mittlerweile infolge ihres übertriebenen Gebrauchs zu „abgegriffenen Sprachmünzen" geworden, wie das beliebte Bild lautet. Wer über empfindliche Sprachnerven verfügt, kann solche bis zur leeren Formel verblaßten Formulierungen nicht mehr hören oder lesen – verschlissenes Sprachgut, sagt die Stilkritik, reif für den Papierkorb!

Allerdings, legt man diese Argumentation ihrerseits unter die kritische Lupe, enthüllt sich folgender Tatbestand: Nicht mangelnde Sprachschönheit bildet den „springenden Punkt", denn schön sind diese Ausdrücke ja nach wie vor. Auch nicht, obwohl sich dieser Vorwurf wie ein „roter Faden" durch alle Kritik zieht, ihr häufiger Gebrauch; denn darin spiegelt sich gerade, mehr als aller vom „Zahn der Zeit" verursachte Verschleiß, die ungebrochene, allgemeine Beliebtheit. Es sind und bleiben glänzende Sprachbilder der Vergangenheit, die jeder Veraltung spotten. Wenn ihre allzu glatte, unbedachte Verwendung kritisiert wird, dann aus einem ganz anderen Grund, dem der fehlenden „Eigenprägung", wie Hans-Martin Gauger dieses Phänomen sinnfällig benannt hat: „also dies, daß eine sprachliche Äußerung das Gepräge dessen trägt, von dem sie stammt" (wenn er sich dafür auf Herders „idiotischen Stil" beruft, der das gleiche meint, klingt das heute etwas merkwürdig). Es geht, anders ausgedrückt, um einen ausgeprägten Individualstil. Dieser sollte freilich, nimmt man die Ansprüche von Stillehre und Sprachkritik ernst, in einem solchen Über-Maße ausgeprägt sein, daß er kaum mehr die natürliche Unterschiedlichkeit menschlicher Äußerungen anspricht. Vielmehr gerät er zur eigentümlichen, künstlerisch-gehobenen, den Autor gleich einem Fingerabdruck charakterisierenden Schreibart, wie sie den dichterischen Persönlichkeitsstil kennzeichnet – jeder, der sprachlich etwas auf sich hält, sein eigener Dichter?

... Muß in Dichters Lande gehen

Stellt sich da nicht die Frage (und sie „steht dann im Raum", S. 7): Kann man, bei allen stilkritischen Ansprüchen, vernünftigerweise eine solche Forderung an den Sprachgebrauch im allgemeinen richten? Sollte jedermann es sprachlich einem Thomas Mann gleichtun wollen, indem er das einzelne Wort in seinem Stilwert wägt, „kreativ" neue Ausdrücke und raffinierte Sätze prägt und damit an dem umgangssprachlichen Ast, auf dem er wie wir alle sitzen, sägt? Es ist nun einmal die gleiche Sprache, die uns in der Dichtung bezaubert, in der Werbung umgarnt, im öffentlichen Sprachverkehr nüchtern-sachlich informiert und im Alltagsgespräch womöglich langweilt – die Kunst besteht darin, von ihr jeweils den richtigen Gebrauch zu machen. Je individueller, anspruchsvoller und kunstreicher die Stileigenart hervortritt, desto geringer der Grad allgemeiner Verständlichkeit, Resonanz und Normalität des Umgangstons, wie er im Sprachalltag erwartet wird. Die Stilwissenschaft rät denn auch eher dazu, nicht bewußt eine egozentrische Exquisitheit des Ausdrucks anzustreben, sondern der natürlichen „Eigenprägung" zu vertrauen, die sich wie von selbst einstellt, als unsere durch und durch persönliche Formulierungsweise: „Ich kann nichts tun, das sich nicht vom gleichen Tun eines andern eben dadurch unterscheidet, daß *ich* es tue. Die Handlung findet sozusagen in meinem Stil statt: so schreibt nun einmal der Griffel genannt Ego." Und das mache, schließt Richard Thieberger, den jeweils besonderen Stil aus.

Wie sehr Stillehrer und Sprachkritiker sich in ihren Wertmaßstäben der Sprachkunst verpflichtet fühlen, läßt sich nicht nur an ihren reichhaltigen Dichterzitaten ablesen, selbst wenn diese lediglich dekorativer Wirkung dienen sollten. Auch grundsätzlich wird überall die Reinerssche „Schneiderelle" der hohen Literatur angelegt: Wer Stillehrer und Sprachkritiker will verstehen, muß in Dichters Lande gehen ... Dies ist nicht nur Motto bei Goethe, sondern offensichtlich auch das der ganzen Stilkritik: oft, aber auf knapp bemessenem Raum in den Glossen, dafür um so ausführlicher und mit dem gehörigen Nachdruck in allen Stillehren, weil es dort ums Prinzip geht. Zum Beispiel hat Oskar Jancke, als Vertreter der Sprachkritik, darauf hingewiesen, „daß unsere großen Dichter und Schriftsteller die Stütze unserer Sprache sind". Ludwig Reiners betrachtet als höchste Autorität in Stildingen „den Sprachgebrauch der großen Dichter und Schriftsteller", wie schon vor ihm Eduard Engel den „Sprachgebrauch unserer besten Schreiber" für maßgebend erachtet hatte. Und Wolf Schneider sieht die deutsche Stiltradition als eine „Kette von Luther bis zu prominenten Literaten" der Moderne.

Niemand wird den großen Meistern der Wortkunst in Vergangenheit und Gegenwart die ihnen gebührende Bewunderung versagen, und zweifellos können wir alle stilistisch viel von ihnen lernen. In einer neueren Sammlung von Äußerungen deutscher Dichter und Schriftsteller des 20. Jahrhunderts schwärmt der Herausgeber, es gehörten „ihre Bekundungen, fern aller philologischen Disziplinen, zum Tiefsten und Schönsten, was je über die Sprache gesagt wurde" – aber, kontert ein amerikanischer Stilforscher, wenn ein Literat über seinen Stil spreche, wisse er überhaupt nicht, was er tue. Wichtiger scheint die andere Frage, ob die vorbildliche Sprache eines Goethe oder einer Thomas Mann heute noch vorbehaltlos unserer Zeit gemäß angesehen werden kann, erst recht die Luthers: „Was hülfe es dem Menschen, wenn er die ganze Welt gewönne und nähme doch Schaden an seiner Seele?“ Sicher ist auch die exzentrische Poesie mancher Schriftsteller, früherer wie moderner, nicht unbedingt zur Nachahmung zu empfehlen: „O Mensch!“ erregt sich Rudolf Walter Leonhardt zu Recht. „Was für ein Deutsch hätten nach diesem Rezept die Kinder wohl zu Zeiten des Expressionismus gelernt!“

Nicht nur wie mustergültig und schriftstellerisch renommiert, sondern auch wie zeitgemäß und praktikabel das anerkannt gute Deutsch unserer alten wie neuen Sprachmeister wirklich ist, muß folglich die Frage lauten. Ganz in diesem Sinne hat sich Werner Betz geäußert, einer der wenigen Germanisten, die sich intensiv mit der Sprachkritik auseinandersetzten. Ein Maßstab, auf den sich diese oft berufe, meint er, sei „der des guten Autors. Aber wer ist ein guter Autor? Der eine gute Sprache schreibt. Und wer schreibt eine gute Sprache? Der ein guter Autor ist.“ Wenn es denn Weisheit ist, was uns die Stilkritiker mit solcher Argumentation zu bieten haben, dann offensichtlich der Weisheit letzter Zirkel-Schluß.

Gleichwohl gelangt auf dem Umweg über die Vorbildhaftigkeit der hohen Literatur das Argument der Sprachschönheit wieder zur Geltung, und zwar in Form jener hoch- und schriftsprachlich, ja literatursprachlich ausgerichteten „Idealnorm“ deutscher Sprache, die gestützt auf unsere jahrhundertelange Bildungstradition sprachästhetische Wunschvorstellungen zur Regelhaftigkeit erheben möchte. Fürwahr, ein wenn nicht barocker, so doch „klassischer“ Zopf! Müssen sich Stillehrer und Sprachkritiker, die dieses Erbes walten, nicht fragen lassen, für wen sie denn ihre Bücher und Glossen schreiben? Doch wohl nicht für einen kleinen Kreis elitär Gleichgesinnter, sondern für viele normale Menschen wie Sie und ich, die nichts anderes als eine ebenso normale Sprache brauchen: klar, verständlich, treffend, natürlich auch stilistisch gut – aber ohne hochfliegende oder tiefgründelnde Ambitionen literarischer Art und auch ohne jede noch so altehrwürdige Patina.

Ein Bruch mit unserer stolzen Sprachtradition? Nein, solche Wandlungen haben sich in allen Jahrhunderten vollzogen und oft noch weitaus krasser; übrigens ein Thema so alt wie die Sprache und doch immer wieder neu, der vielstimmig beschworene Verderb und Verfall unserer Sprachkultur (der im nächsten Kapitel zur Sprache kommen wird). „Das Neudeutsch aber soll der Teufel holen“, wetterte schon ein Kurt Tucholsky. „Und der wird sich schwer hüten: denn der Teufel ist ein Mann von Jahrhunderte altem Geschmack.“ Aber wenn wir heutzutage, moderne Menschen die wir sind, nicht mehr wie Luther und Lessing, Goethe und

Schiller, Nietzsche oder Thomas Mann schreiben können, wollen und werden, dann geht das völlig in Ordnung, weil seither die sprachlichen Verhaltens- und Ausdrucksformen andere geworden sind. Stilistisch gutes Deutsch muß stets seiner Zeit gemäßes, und das heißt auch zeitgemäße Neuerungen einschließendes, im besten Sinne „modernes" Deutsch sein.

4. Ein Wort über Wörter und Worte

„Worte, Worte, nichts als Worte ...", so scheint Hans Weigel unter Bemühung Shakespeares (muß man wissen) das Wortemachen kritisieren zu wollen; aber weit gefehlt, er fährt nämlich fort: „Eine der edelsten Unterscheidungen unserer Sprache scheidet die Worte von den Wörtern." Eine Unterscheidung mit ästhetischem Anspruch also und daher unser Demonstrationsstück für dieses Kapitel, mit viel eigenem *Wort*-Laut der Autoren, selbst auf die Gefahr, daß sich manches wiederholt. Kurzum, und das in Engelmannscher Versform: „Laßt uns auch das noch schnell erörtern: / Wann heißt's mit Worten, wann mit Wörtern?"

Wie attraktiv das Beispiel ist, spiegelt sich schon in dem Umstand, daß es mehrfach für sprachkritische Buchtitel genutzt wurde, indirekt in Weigels ›Leiden der jungen Wörter‹ selbst, denn Worte wären allemal alt und ehrwürdig; ferner in Mechtilde Lichnowskys ›Worte über Wörter‹ wie Hans Sommers ›Wort, Worte, Wörter‹ – und natürlich Gegenstand zahlloser Sprachglossen. Auf einen kurzen, dafür aber goldenen Nenner gebracht, lautet die Quintessenz aller Erklärungen des *Wort*-Gebrauchs in seinem Plural: „*Goldene Wörter* sind Wörter aus Gold, *goldene Worte* hingegen erbauliche Aussprüche wie 'Hab' Sonne im Herzen'." Oder noch bündiger: „Rechte Worte – richtige Wörter."

Lassen wir Edith Hallwass diese Unterscheidung in gewohnt souveräner Manier begründen: „Beim Wortemachen hat die Pluralendung ein Wörtchen mitzureden. Soll heißen: Auch von *Wort* können wir zwei Plurale bilden, *Wörter* und *Worte*. Wörter sind *Einzelwörter*, *Hauptwörter*, *Eigenschaftswörter*, die in *Wörterbüchern* zusammengefaßt werden. Sobald zusammengefaßte Wörter eine sinnvolle Aussage ergeben, verwandeln sie sich in *Worte*: *Vorworte*, *Dichterworte*, *Textworte*, *Worte des Trostes*, *letzte Worte*" – wenn da nur nicht, eine Dissonanz, die *Sprichwörter* wären (und auch beim Schlag- und Schimpfwort sind zumindest beide Pluralformen möglich). Aber die Erklärung ist flink bei der Hand: „Die Mehrzahl *Sprichwörter* ist die sprichwörtliche Ausnahme, die die Regel bestätigt."

Und diese Regel lautet, von Wustmann bis in den allerneuesten Duden, einmütig: „*Worte* haben Sinn und Zusammenhang, *Wörter* sind zusammenhanglos aufgereiht“, oder eben dudengerecht: Stichwort *Wort*, im Plural „*Wörter* für Einzelwort oder vereinzelte Wörter ohne Rücksicht auf den Zusammenhang ...; *Worte* für Äußerung, Ausspruch, Beteuerung, Erklärung, Begriff, Zusammenhängendes“ usw. Der einzige übrigens, der diese Unterscheidung rein numerisch zu handhaben scheint, ist wiederum Weigel: „*Du gemeiner Kerl, du schamloser Verbrecher ...!*“ gelten ihm als Schimpf*worte, Esel, Halunke* und so fort als Schimpf*wörter*. Konsequenterweise sollte eigentlich, wenn er Wendungen wie *zur Gänze, einmal mehr*, die *gesprächsweise Erörterung* usw. kritisiert, sein Titel in ›Leiden der jungen Worte‹ umformuliert werden, denn aus seinem „Anti-Wörterbuch“ würde in diesen Fällen ein ebensolches *Wortebuch*.

„Worte oder Wörter – das ist hier die Frage“, fragt auch Hans Sommer, und seine Antwort, wie nicht anders zu erwarten: „Wörter sind lexikalische Einzelbegriffe (so daß es nur Wörterbücher, keine Wortebücher geben kann), Wort – Worte hat den Sinn der zusammenhängenden Rede.“ Aber dann „entgleist“ er aus der üblichen Bahn: „So wäre die Sache also klar – bis auf die Sprichwörter natürlich, die doch schon Sprichworte heißen müßten“, wie ja auch Büchmanns berühmte Dichterzitate ›Geflügelte Worte‹ sind. Dieses Beispiel hat schon früh Beachtung gefunden, so in Otto Schroeders Buch ›Vom papiernen Stil‹ (1889): „Und sprach die geflügelten Wörter“, zitiert er. „So müßte in zeitgemäßer Übertragung die homerische Formel lauten. Denn nach der so einflußreichen Sprachscholastik unserer Tage stellt sich die Sprache lediglich als eine Aneinanderreihung von einzelnen Wörtern dar.“ Es wird auch darauf hingewiesen, daß der Ausdruck erst durch Büchmanns Titel selbst zum geflügelten Wort geworden sei – ein Umstand, dem Marie von Ebner-Eschenbachs Aphorismus auf den Leib geschrieben scheint: „Viele Worte sind lange zu Fuß gegangen, ehe sie geflügelte Worte wurden.“

Sonst jedoch, fährt Sommer fort, unterscheide die Sprache „scharf zwischen Worten und Wörtern? – keineswegs. Und zwar scheint es, sie tue es in unseren Tagen weniger denn je.“ Früher schon war ein anderer, sehr eigenwilliger Sprachbeobachter zu dem gleichen Ergebnis gelangt, Hans Reimann: „Sprache besteht aus Wörtern, das steht fest. Aus Wörtern oder aus Worten. Wir unterscheiden Eigenschaftswörter und goldene Worte, das Wörterbuch und die herrlichen Worte des Dichters. Der Dichter sagt: ‘Der Wörter sind genug gewechselt.’ Keine Spur! Er sagt: ‘Der Worte sind genug gewechselt’... Woraus hervorgeht, daß die Unterscheidung auf Willkür beruht.“

Allmählich beginnt die scheinbar so klare, schöne, „edle“ Unterscheidung fragwürdig zu werden. Nicht nur, daß sie – wie soeben gelesen – auf Willkür beruhen soll, sie wird auch keineswegs allgemein eingehalten, ja nicht einmal beherrscht. „Sogar sprachlich hochgebildete Leute, denen kaum je ein Fehler unterläuft, scheitern am Unterschied zwischen *Worten* und *Wörtern*", stellt Ursula von Wiese fest. Und Rudolf Ibel knüpft in seiner Sprachglosse daran die leicht süffisante Bemerkung: „Sogar auf der Sitzung einer Akademie für Sprache und Dichtung sollen die Wortführer deutscher Kultur gelegentlich *Worte* und *Wörter* miteinander verwechselt haben" – da spricht er, fürwahr, ein großes Wort gelassen aus!

Wollen wir schließlich auch noch Eike Christian Hirsch zu *Wort* kommen lassen (also weder zu *Wörtern* noch zu *Worten*). Da entschuldigt sich jener junge, erfolgreiche, sprachlich progressive Schriftsteller, der seinen alten, natürlich hoffnungslos konservativen Deutschlehrer besucht, im Redezusammenhang dafür, daß er „diese Worte" – es geht um *hin* und *her* – nie auseinanderhalten könne. Originalton Hirsch: „Diese Wörter", bemerkte der alte Herr, „ich will nicht viele Worte machen, aber von Wörtern spricht man, wenn es sich um aufgezählte, einzelne Wörter handelt." Der Erfolgsschriftsteller schüttelte den Kopf. „Lassen Sie uns doch nicht genauer sein als Goethe oder Schiller. Alle diese Unterscheidungen sind doch von Schulmeistern des späten neunzehnten Jahrhunderts erfunden. Unsere Klassiker waren frei davon. Was vielen Lehrern scheinbar wichtig ist, sind doch in Wirklichkeit Haarspaltereien." Dies alles indirekte, vielleicht sogar ironisch parodierende, satirische Darstellung? Mitnichten. „Und wenn Sie, verehrter Leser, die Meinung von Autor Hirsch hören wollen, so gestehe ich: Der junge Mann hat recht!"

Meinung hin, Meinung her – es wird höchste Zeit, daß auch der Fachler ein Wort zu Wörtern und Worten sagt, sicher nicht das letzte, aber auf jeden Fall ein begründetes. Daß die „schulmeisterliche" Unterscheidung des Pluralgebrauchs im Sprachalltag nicht eingehalten wird, ja den meisten sprechenden Menschen nicht einmal geläufig ist, dürfte außer Frage stehen – aber sonst hat Autor Hirsch nicht in allem recht.

Sprachgeschichtlich gesehen, gehört *Wort* zu jenen Substantiven sächlichen Geschlechts, die in alt- und weithin auch noch mittelhochdeutscher Zeit überhaupt keine Pluralendung aufwiesen: Einzahl *das wort* – Mehrzahl *diu wort*. Wer in historischen Wörterbüchern nachschlägt, wird feststellen, daß etwa bei Martin Luther *Wort* noch in dieser endungslosen Form vorkommt, und in vielen Redensarten ist dies bis heute so geblieben. Daneben zeigt sich jedoch bei allen Wörtern solcher Bildeweise – das entspricht einer in unserer Sprache wirksamen, natürlichen Differenzierungstendenz – schon früh das Bedürfnis, eine deutliche Pluralunterscheidung vorzunehmen. Das geschah einmal nach dem Muster der entsprechenden Maskulinstämme (also wie *Tag – Tage*, was dann sogar einen Geschlechtswechsel mit sich bringen konnte: *Schilde*, *Bände*), zum andern geschlechtskonform in Anlehnung an eine andere Gruppe neutraler Wörter (wie *Lamm – Lämmer*). Ebenso natürlich bildete sich später bei solchen Doppelformen eine Spezifizierung ihrer Verwendungsweise heraus, wobei der *-er*-Plural meist auf eine Vielheit einzelner Exemplare zielte, der *-e*-Plural eine abstraktere oder speziellere Bedeutung vertrat: *Gesichter – Gesichte* 'Visionen', *Tücher – Tuche* 'Stoffarten', *Bänder – Bande* 'Fesseln', *Schilder – Schilde* 'ritterliche Abwehrwaffen' usw. Vielleicht ist dies der Grund, weshalb Sprachkritikern *Worte* als „die würdigere Form" erscheint: „die altertümliche Mehrzahl" *Denkmale*, *Gewande* und *Lande* klinge „feierlicher" als *Denkmäler*, *Gewänder* und *Länder* (womit gleichzeitig noch einige weitere Beispiele genannt sind). Jedenfalls, der „geheimnisvolle Unterschied zwischen den beiden Pluralen" ist geschichtlich bedingt.

Seit dem 12./13. Jahrhundert treten neben *wort* erstmals die Pluralformen *worte* und *wörter* auf. Ihre sinngemäße Unterscheidung heutiger Art ist aber nicht erst eine Erfindung „von Schulmeistern des späten 19. Jahrhunderts", womit jener junge Schriftsteller vermutlich den alten Wustmann im Auge hatte (der allerdings Leipziger Stadtbibliothekar war), sondern reicht viel weiter zurück. In Justus Georg Schottels ›Ausführlicher Arbeit Von der Teutschen Haubtsprache‹, 1663 in Braunschweig gedruckt, dem umfassendsten und magistralen Sprachwerk der Barockzeit, findet sich die Anmerkung: „*Wörter* pflegt man zu gebrauchen, wenn die Meinung auf etliche entzele Wörter gerichtet ist: *Worte* aber, wann man eine gantze Meinung, so in den Worten bestehet, andeutet." Knapp hundert Jahre später hat Johann Christoph Gottsched, bekannt als „Literaturpapst" der Aufklärung, der indes nicht weniger um verbindliche Regelungen für die deutsche Schriftsprache bemüht war, diese Auffassung weitläufig bekräftigt: „*Wörter* heißen die einzelnen Theile der Rede, die noch in keiner Verbindung mit einander stehen; sondern nur einzelne Begriffe ausdrücken ... *Worte* hergegen sind die Wörter, die nunmehr in einer ordentlichen Verbindung mit einander stehen, und einen ganzen Verstand ausmachen." Und das ist seither die herrschende Meinung geblieben, zumindest in der Theorie.

Die Praxis des sprachlichen Alltags sieht freilich ganz anders aus. Da sind *Wörter* und *Worte* zwar keineswegs „Hose wie Jacke" und es kommt auch nicht „nur auf Verständlichkeit und Schlichtheit" an, so Eike Christian Hirsch, sondern schlicht und einfach auf den Sprachgebrauch. Wenn wir alle von *Sprichwörtern* reden, obwohl es doch *Sprich-*

worte heißen müßte, umgekehrt mit großer Selbstverständlichkeit *Dichterworte* zitieren, obgleich Goethe der *Wörter* „genug gewechselt“ sein läßt, dann tun wir das aufgrund unseres Sprachgefühls und des allgemeinen Sprachgebrauchs. Wir folgen also weniger der Theorie einer „edlen“ Unterscheidung von *Wörtern* und *Worten*, vielmehr verwenden wir diesen oder jenen Ausdruck, weil so die uns geläufige, übliche Fomulierung lautet: Das ist die durchweg unreflektierte „Praxis“ unseres Sprechens und Schreibens. Indem Stillehrer und Sprachkritiker, wohlgemeint versteht sich, eine ästhetische Wirkung ins Spiel bringen, versuchen sie eine künstliche Systematisierung durchzusetzen, die so in der Tat von vielen Sprachbenutzern nicht bemerkt wird, und huldigen damit einer schönen, aber leeren Theorie.

Sie kennen sicher den alten Spruch: Theorie ist, wenn man alles weiß und nichts funktioniert, Praxis, wenn alles funktioniert und keiner weiß, warum.

Drittes Kapitel

Stilkritische „Irrungen, Wirrungen“

Sprachverfallsklage und Wissenschaftsschelte

> Ein Phantom geistert durch Deutschland, dem sagenhaften Yeti vergleichbar oder dem Ungeheuer von Loch Ness ..., die Mär vom Verlust der Muttersprache, speziell bei jungen Menschen, die Mär vom Sprachverfall. Nicht die berufenen Fachleute, die Linguisten, sind es in aller Regel, die ihn wahrnehmen; selbsternannte Hüter der Sprache vielmehr, durch differenzierte Sachkenntnis nicht sonderlich belastet, bewegt hingegen (wenn man ihnen glauben darf) von brennender Sorge, werden nicht müde, ihn zu beschwören.
>
> Horst Sitta

Schon vor 3000 Jahren im alten Babylon, kaum daß man sich der Schrift zu bedienen gelernt hatte, wird Klage über den verderblichen Sittenverfall der Jugend geführt, eine Klage, die ein halbes Jahrtausend später der weise Sokrates im klassischen Griechenland wiederholt hat und die seither nicht mehr verstummt ist: ein Topos, der sich durch die Weltgeschichte zieht. Auch die Sprache spielt darin ihre Rolle; denn diese Klagen stellen meist einen stetig fortschreitenden Sprachverfall fest, der sich natürlich von Generation zu Generation vollziehen müßte. In der Sprachkritik herrscht denn auch weithin die Meinung: Unsere Jugend kann kein Deutsch mehr. Der Sprachwissenschaftler Horst Sitta hat diese „modischen Kassandrarufe“ über die schlechten Sprachfähigkeiten der Jugend, die eine Variante des allgemeinen Sprachverfall-Syndroms sind, als „Altherrentopoi“ bezeichnet. Was hat das Alter mit dem Zustand unserer Sprache zu tun?

Die meisten Stillehrer und Sprachkritiker zeichnet eine unverkennbar konservative Grundhaltung aus, die zuweilen rigide Formen annehmen kann: Sprache ist so, hat so zu sein. Und wie? Wie sie früher, und das heißt nichts anderes als in der eigenen Jugendzeit, war; eine Philosophie der Sprachskepsis, verbunden mit dem nostalgischen Motiv der „guten, alten Zeit“. Liegt da nicht die Frage nahe, ob die spezielle Erscheinungsweise heutiger Sprach- und Stilkritik ihre Erklärung im Generationenproblem finde? Das Althergebrachte wird als unanfechtbares Ideal verteidigt, das sich Verändernde oft nur deswegen attackiert, weil es eine Wandlung bedeutet: „Darum wirkt so viele Sprachkritik auf sublime Weise lächerlich: weil sie Neues bekämpft, nur weil es nicht das Alte ist.“

Nochmals, was hat das Alter mit Sprachkritik zu tun? Es könnte der Mühe wert sein, „das durchschnittliche Alter der Verfasser neuerer Sprachecken und Sprachspalten zu ermitteln“, ist als Anregung geäußert worden. Ein statistischer Nachweis der Bejahrtheit aller unserer Stillehrer und Sprachkritiker läßt sich natürlich nur schwer führen, auch wenn neuerdings festgestellt wird: „Spätestens vom fünfzigsten Lebensjahr an beginnt man zu klagen.“ Immerhin sprechen einige Daten für sich: Eduard Engels ›Stilkunst‹ ist, so beschreibt es die Einleitung, „nach einem Menschenalter unablässiger Mühe des Vorbereitens, Sammelns, Ausführens“ als die letzte, „am längsten gereifte späte Frucht“ seiner reichen Schriftstellerei entstanden. Ludwig Reiners veröffentlichte seine erfolgreichen Stilbücher mit 48 und 55 Jahren. Noch näher am Pensionsalter taten dies Wolf Schneider (Jahrgang 1925) und Hans Lobentanzer (1922), von Alfred Gleiss ganz zu schweigen (1904). Sprachkritik scheint, von Ausnahmen abgesehen, immer ein Produkt der fortgeschritteneren Lebensjahre zu sein. Um nur die mir bekannten extremsten Beispiele zu nennen: Hans Sommer, der langjährige Berner Sprachglossenschreiber, ist 1989 kurz vor Vollendung seines 90. Geburtstags verstorben. Eine der wenigen Sprachkritikerinnen, Ursula von Wiese, die als Ausfluß ihrer übersetzerischen und schriftstellerischen Tätigkeiten auch eine ›Kleine Fibel für gutes Deutsch‹ (1984) verfaßt hat, dies natürlich in Sprachglossen-Form, war schon damals fast 80 Jahre alt. Mithin also doch: Altersweisheit?

1. Seit Babel geht's mit der Sprache bergab

Linguistisch gesehen, steht der Turmbau von Babel, das biblische Wahrzeichen vermessenen menschlichen Hochmuts, der vor dem Fall kommt, nicht nur als Sinnbild für die hernach auf der Erde herrschende Sprachenvielfalt, sondern auch für den uralten Sprachverfalls-Topos. Denn mit der Zerstreuung der Menschheit über die ganze Welt wird ja auch die eine, adamische Ursprache verwirrt, und so existieren seither all die vielen Sprachen und Dialekte. Klarer Fall, daß diese im Vergleich mit dem früheren paradiesischen Idealzustand samt und sonders verderbt wie auch weiterhin fortschreitender Verschlechterung unterworfen sind – dies allein schon deshalb, weil es ja seitdem auch Fremdwörter gibt, wird der moderne Sprachkritiker hinzufügen. Das Gerede vom Verfall der Sprache sei vermutlich kaum weniger alt als die Sprache selbst, bekundete vor Jahren Hans Weigel: Man dürfte wohl schon in der Bronzezeit beklagt haben, daß die Sprache auch nicht mehr das sei, was sie in der guten alten Steinzeit war.

Unsere Sprache „ein dubioses Handwerkszeug" –

Aus dem vielstimmigen Klagechor der postbabylonischen Sprachverfalls-Äußerungen hier nur eine, die schon der neueren, immerhin „sprachwissenschaftlichen" Zeit des 19. Jahrhunderts entstammt: „Bekanntlich sind die Sprachen, namentlich in grammatischer Hinsicht, desto vollkommener, je älter sie sind, und sie werden stufenweise immer schlechter, vom Hohen Sanskrit an bis zum Englischen Jargon herab, diesem aus Lappen heterogener Stoffe zusammengeflickten Gedankenkleide." Wer, meinen Sie, könnte diese Zeilen geschrieben haben? Vielleicht der schon erwähnte Jacob Grimm, dem man häufig eine sprachgeschichtliche Verfallstheorie unterstellt, weil er die mittelhochdeutsche Dichtersprache um 1200 in Formvollendung und Wohlklang für den Höhepunkt der deutschen Sprachentwicklung hielt: „Vor sechshundert Jahren hat jeder gemeine Bauer Vollkommenheiten und Feinheiten der deutschen Sprache gewuszt, d. h. täglich ausgeübt, von denen sich die besten heutigen Sprachlehrer nichts mehr träumen lassen." Nein, es war nicht Grimm, sondern Arthur Schopenhauer, der Philosoph des Pessimismus und – als Vorläufer unserer Sprachkritik – natürlich auch ein abgrundtiefer Sprachpessimist.

Ganz anders Jacob Grimm, der Sprachwissenschaftler und zumal einer von außerordentlichem Weitblick: Erscheinungen wie Abbau der „Flexionsfähigkeit" und des „Wohllauts" (gemeint ist Reduzierung von Formenvielfalt und Vokalqualitäten), die im Verlauf unserer sprachhistorischen Entwicklung sichtbar zutage treten, werden ausgeglichen durch zunehmende Ausdrucksflexibilität und Gedankenschärfe – „Feinheit und Abstraction", wie Grimm es ausdrückt. Bezeichnend, im Gegensatz zu Schopenhauers unwirschem Spott, seine Beurteilung der englischen Sprache: „keine unter allen neueren sprachen hat gerade durch das aufgeben und zerrütten alter lautgesetze, durch den wegfall beinahe sämtlicher flexionen eine gröszere kraft und stärke empfangen als die englische ..., sie darf mit vollem recht eine weltsprache heiszen." Der kurze Sinn dieser etwas langatmigen Ausführungen, und das ließe sich durch zahlreiche neuere Stellungnahmen belegen: Die Sprachwissenschaft hält nicht viel von der Sprachverfalls-These.

Sorge, Ärger, ja Zorn der Sprachkritik und Stillehre gründen sich, wie gesagt, auf ihre feste Überzeugung, daß verglichen mit den wie auch immer genauer zu beschreibenden „früheren Zeiten“ in unserer Gegenwart ein klägliches und beklagenswertes, somit der schärfsten Kritik würdiges Deutsch gesprochen und vor allem geschrieben werde: der uralte Sprachverfalls-Topos in zeitgerechter Neuauflage. Akkurat diesen Sachverhalt hat Hans Weigel, einer der führenden Köpfe moderner Sprachkritik, wie es genialer kaum geschehen könnte, in Worte gefaßt: „Jede Zeit sagt, daß derzeit die Sprache so gefährdet und von Zersetzung bedroht sei wie nie zuvor. In unserer Zeit aber ist die Sprache tatsächlich so gefährdet und von Zersetzung bedroht wie nie zuvor.“

Daß im Deutschen die schlechteste Prosa geschrieben werde, darüber waren Eduard Engel und Ludwig Reiners unter sich – nicht zuletzt um so die Notwendigkeit ihrer Stilbücher zu begründen – wie mit dem Philosophen der Sprachkrise, Friedrich Nietzsche, einig: „Keines der jetzigen Culturvölker hat eine so schlechte Prosa wie das deutsche.“ Das ist, von gewissen Lichtblicken abgesehen, auch die ex- oder implizite, jedenfalls düster-pessimistische Grundhaltung aller Sprachkritik. Mit seiner Befürchtung eines neuen „Analphabetismus“ und der geringschätzigen Bezeichnung des gegenwärtigen Deutsch als „Wegwerf-Sprache“ tritt Wolf Schneider kräftig in die Fußstapfen seiner Vorgänger. Aus der Seele gesprochen ist ihm offensichtlich (weil mehrfach zitiert), was vor immerhin schon fast sieben Jahrzehnten das englisch-amerikanische Gespann Ogden und Richards, der eine Logiker, der andere Linguist, als forsche, vorneandertalische Reminiszenzen weckende Lehrmeinung verbreiteten: „Zehntausende von Jahren sind vergangen, seit wir keine Schwänze mehr haben, aber wir bedienen uns immer noch eines Kommunikationsmittels, das für die Bedürfnisse des auf Bäumen hausenden Menschen entwickelt wurde“ – eine Art „Affenmentalität“, die sich in unserer Sprache erhalten haben soll? Auf jeden Fall sei diese, behauptet Schneider, „ein dubioses Handwerkszeug“.

Was sagt der Fachler dazu? Ein bis heute vielgelesenes Buch, das sich als erstes nach dem letzten Krieg an eine Gesamtdarstellung der Sprachwissenschaft wagte, erhielt von seinem Verfasser den aussagekräftigen Titel ›Das Wunder der Sprache‹. In der Tat, welch eines hochkomplizierten Wechselspiels zwischen Denktätigkeit und Sprachorganen bedarf es, um nur ein einziges Wort zu artikulieren, umgekehrt es auch zu verstehen! Dabei sind Wörter lediglich einfache Bausteine für die komplexen Äußerungen in Sätzen und Texten, den Sprach- und Sinnzusammenhängen, mit denen wir unseren Gedanken Ausdruck verleihen. Scheinen diese Abläufe, produktiv im Sprechen (Schreiben) wie rezeptiv im Hören (Lesen), mit all den dazu erforderlichen Wahrnehmungsreflexen und

Gehirnimpulsen, Muskelinnervationen und Organreaktionen schon bewundernswert genug, so eigentlich noch weit mehr, wie selten es dabei zu „Fehlschaltungen“ kommt (Versprechen, Verhören, Mißverstehen). Zweifellos am verwunderlichsten jedoch: wir merken nicht einmal etwas von dieser Kompliziertheit des Sprachprozesses, der im allgemeinen so gut wie unbewußt abläuft, jedenfalls ohne daß wir uns im Normalfall groß den Kopf darüber zerbrächen.

Walter Porzig, der Verfasser jenes Sprachwunder-Buches, erklärt diesen Umstand sehr einleuchtend: „Wie der naive Mensch ein mit Luft gefülltes Gefäß als 'leer' bezeichnet, weil Luft selbstverständlich überall ist, so vermag er auch die Sprache nicht als Problem zu sehen, weil sie die selbstverständliche Grundlage seines Denkens und damit der Problemstellung selber ist.“ Was aber tut der Sprachwissenschaftler, wenn er die Sprache zum „Gegenstand“ seines Forschens macht? Er stellt sie als das Problem gewissermaßen vor sich hin, um ihren Geheimnissen auf die Spur zu kommen, und seiner Entdeckerfreude sind keine Grenzen gesetzt. Denn je tiefer man sich in Wesen, Werden und Weiterentwicklung unserer Sprache vertieft, desto wunderhafter erscheint sie. Das ist eine durchaus anders geartete Bildhaftigkeit, anders auch als die heute so beliebte Computer-Metaphorik (zum Beispiel das Sprachgedächtnis als unser „inneres Lexikon“, in dem der Wortschatz „gespeichert“ und die Wörter „abrufbar“ sind). Wenn sprachwissenschaftlich gleichwohl auch vom „Werkzeug“ Sprache die Rede ist, etwa im Sinne Karl Bühlers, dann bezieht sich das nur auf ihren instrumentalen Charakter als zwischenmenschliches Verständigungsmittel.

– und Sprachwandel chronische „Verhunzdeutschung“?

Aber darum gehe es doch gar nicht, werden die Sprachkritiker und Stillehrer einwenden. Ihnen geht es vielmehr darum, daß sich sozusagen unter ihren beobachtenden Blicken unsere gegenwärtige Sprache verändert und diese Veränderungen zum Guten oder zum Schlechten hin ausfallen können. Wenn aber zum Schlechten, und so lautet ja ihr Urteil über die meisten sprachlichen Neuerungen, dann ist es höchste Zeit, mit aller gebotenen Strenge dagegen einzuschreiten: „Gegen brandige Wunden wie die Fremdwörter hilft nur das glühende Eisen des Zornes“, ereifert sich ein Stillehrer (wer wohl?); „gegen den Gesichter schneidenden Veitstanz des preziösen Geschnörkels nur der derbe Prügel; gegen die Affenschande des französelnden Gebildeten ... nur der Höllenstein beißenden Hohnes“. Der Engel mit dem stilkritischen Flammenschwert, als solcher berufen, die paradiesische Unschuld unserer Sprache, ihre wie auch immer zu definierende „Reinheit“, zu bewahren?

Wenigstens jene Ausgangsbeobachtung stimmte, daß lebende Sprachen sich im Verlauf ihrer sprachgeschichtlichen Entwicklung stets verändert haben und auch vor unseren Augen weiter verändern: das Phänomen des ‘Sprachwandels’, wie es linguistisch heißt. Derartige Veränderungen zu erkennen, beschreibend zu erklären und in die tendenzielle Sprachentwicklung einzuordnen, sieht die Sprachwissenschaft als eine ihrer vorrangigen Aufgaben an. Daß sie dieser pflichtbewußt nachzukommen sucht, belegen die seit einer Reihe von Jahren sich häufenden Bücher über ›Unser heutiges Deutsch‹, über die ›Deutsche Sprache im 20. Jahrhundert‹, über ›Tendenzen der deutschen Gegenwartssprache‹ und ähnlich. Verhält es sich aber wirklich so, wie ein Mann vom Fach festgestellt hat, die Sprachwissenschaftler gingen in ihrer Darstellung der Dinge davon aus, „daß in jeder Sprache mit Notwendigkeit alles genauso sein muß, wie es ist“? Heißt (aus sprachwissenschaftlicher Sicht) alles verstehen (in stilistischer Hinsicht) alles verzeihen? Theo Stemmler immerhin ist dieser Meinung: „Zu der fast grenzenlosen Toleranz der Linguisten gegenüber allem, was sprachlich sein *kann*, gesellt sich die allgemeine Scheu der Wisenschaftler vor dem Urteil über das, was sein *soll*“ – oder sollte.

Was hat es nun mit dem Sprachwandel auf sich? Gleichsam mit bloßem Auge sichtbar wird er, wenn man ihn aus größerer Distanz betrachtet, wenn er also schon hundert, zweihundert Jahre oder länger zurückliegt. Was sich hingegen an Sprachveränderungen in unserer unmittelbaren Gegenwart abspielt – „hautnah“ könnte man sagen, falls das nicht sprachkritisch verpönt wäre –, geht fast unmerklich vonstatten, und derselbe Sprachwandel wird dann, zumal in seinen oftmals schillernden Einzelheiten, zu einem recht verwirrenden Phänomen. Weil das so ist, gelangt die Sprachwissenschaft, wenn sie den Gründen, aktuellen Tendenzen und allgemeinen Gesetzlichkeiten der Sprachentwicklung nachgeht, vielfach zu anderen Schlüssen als die Sprachkritik, die jene Einzelheiten eben einzeln, Punkt für Punkt, ins Visier nimmt.

Daß aus sprachwissenschaftlicher Sicht die Zielsetzung sein muß, jeder Spracherscheinung ihren Sinn und ihre Erklärung zu geben, lehrt ein Grund-Satz des alten Jacob Grimm, der – aus lebenslanger Erfahrung im Umgang mit Sprache gewonnen – seitdem nichts von seiner allgemeinen Gültigkeit verloren hat: „Alle grammatischen ausnahmen scheinen mir nachzügler alter regeln, die noch hier und da zucken, oder vorboten neuer regeln, die über kurz oder lang einbrechen werden.“ Solche Ausnahmen nicht unbedingt grammatischer, wohl aber im gewöhnlichen Sprachgebrauch auffallender Art, und zwar fast ausschließlich im Sinne von Neuerungen, bilden die „Fälle" der Sprach- und Stilkritik – warum sollte also nicht auch die Sprachwissenschaft, Fall für Fall, zu ihrer sinnvollen Erklärung und Beurteilung beitragen?

Wie hat man sich die Entstehung „neuer Regeln", so Grimms Umschreibung für den ihm damals natürlich noch nicht geläufigen Sprachwandel heutiger Auffassung, vorzustellen? Hier ist Leo Spitzers, des großen Stilforschers, gleichermaßen vielzitiertes wie zitierwürdiges Diktum am Platze, Grammatik sei „nichts als gefrorene Stilistik": Neuerungen, heißt das, treten zunächst immer in Form stilistischer und damit unverbindlicher Eigenheiten auf, oft als Prägungen eines kreativen einzelnen. Erst wenn der allgemeine Sprachgebrauch sie übernommen und verbreitet hat, „gefrieren" sie zur nun für alle verbindlichen Norm. Aber das ist nicht im geringsten beunruhigend oder gar gefahrdrohend für unsere Sprache. Mit Recht mahnt Dieter E. Zimmer, selbst Sprachkritiker, die Sprachkritik: „Sie muß dann auch nicht nur chronisch griesgrämig und verbittert sein, in jeder Veränderung Sprachverderb und Kulturverfall wittern."

Sprachwissenschaft und Stilkritik stehen, jede auf ihre Weise, mitten in diesen Veränderungsprozessen des modernen Sprachwandels. Hans-Martin Gauger, als sprachkritisch tätiger Sprachwissenschaftler ein berufener Mittler zwischen beiden, hat ihre Rollen folgendermaßen beschrieben: „Die Sprachwissenschaft sollte sagen, was ist. Ihre Frage lautet: wie ist X? Die Sprachkritik stellt diese Frage auch, dann aber die zusätzliche: wie sollte X sein? Und diese Frage impliziert auch: wie sollte X nicht sein? Bei der Sprachkritik geht es nicht um das Sein, sondern um Wünschbarkeit." Weniger einverstanden kann man mit der Folgerung sein, die er aus diesem Sachverhalt zieht, daß nämlich der Sprachwissenschaftler sich strikt auf die Beschreibung und Erklärung der Sprachzustände zu beschränken habe: „Die Sprachwissenschaft will wissen, was ist, und eben dies, zu sagen, was in der Sprache *ist*, ist ihre einzige Aufgabe ... Die Sprachwissenschaft will nicht anleiten zum guten Sprechen und Schreiben." Eine weise Beschränkung?

Warum sollte die Sprach- und Stilwissenschaft mit dem weiten Horizont ihres gründlichen, vielseitigen Fachwissens, ohne das auch in Sprach- und Stildingen kaum auszukommen ist, nicht zur Bewertungsfrage strittiger Spracherscheinungen beitragen (wie das übrigens sprachkritisch engagierte Linguisten, allen voran Werner Betz und Peter von Polenz, getan haben)? Ist es nicht die Wissenschaft, die als fachlich entscheidende Instanz über die notwendigen Beurteilungskriterien verfügt, und sollte darum nicht gerade sie – gleichsam als Zünglein an der sprachkritischen Waage – jenen Zeiger bilden, dessen Ausschläge das stilistische

Gut oder Schlecht markieren? Der Verzicht auf die Möglichkeit wissenschaftlicher Wertung bedeutet zweifellos eine unnötige Einengung des sprachwissenschaftlichen Gesichts*kreises* auf einige stilkritische Gesichts*punkte*. Für diese gilt aber, was Rudolf Ibel hübsch ins Bild gesetzt hat: „Die meisten Gesichtspunkte sind nichts als Sommersprossen im Gesichte unserer Sprache.“ Gibt es wohl einen ernstzunehmenden Arzt, der sich mit allen Mitteln der Medizin um ein paar Sommersprossen bemüht?

So wie der Sprachverfalls-Topos von geradezu steinzeitlichem Alter ist, hat auch der stilkritische Kampf gegen alle Veränderungen, wie sie sich im Sprachwandel normal vollziehen, seine Tradition. Schopenhauers wortgewaltige Tiraden gegen die „Verhunzung“ des Deutschen haben Schule gemacht. Vor ihm übrigens findet sich bei Georg Christoph Lichtenberg schon der sinnige Ausdruck *verhunzdeutschen*. „Seit mehr als zweihundert Jahren also nichts Neues?“ fragt der Schriftsteller Helmut Heißenbüttel sprachkritisch. „Zweihundert Jahre Verhunzung der deutschen Sprache?“ Nach Auffassung der Stillehre und Sprachkritik trifft dies zweifellos zu, auch wenn man sich in der Formulierung eher modern gibt: da heißt es zeitgemäßer „Dummdeutsch“.

2. Wider das Kauderwelsch der Wissenschaft

Im Mai 1975 unternahm das Mannheimer Institut für deutsche Sprache den denkwürdigen Versuch, beide Parteien an einen Tisch zu bringen: „Sprachwissenschaft und Sprachkritik“ lautete das Thema. Namhafte Sprachglossen-Verfasser kamen zu Wort, um ihre durchaus uneinheitlichen Auffassungen über Form, Funktion und beabsichtigte Wirkung dieser Art von Sprachkritik vorzutragen. Vertreter der Sprachwissenschaft auf der anderen Seite setzten sich, in ebensolcher Unterschiedlichkeit, mit Grundsatzfragen der Sprachpflege, den Erwartungen sprachinteressierter Laien und typischen Erscheinungsformen der Sprachkritik auseinander. Knapp zehn Jahre später wiederholte sich dieser Vorgang in Form einer Podiumsdiskussion anläßlich der Jahrestagung 1984 des Instituts, mit prominenten Teilnehmern wie Kurt Honolka, Rudolf Walter Leonhardt und Wolf Schneider sowie dem Freiburger Sprachwissenschaftler Hugo Steger als Koordinator. Auffälligste Übereinstimmung ist die Verschiedenheit der Standpunkte, die Kluft bleibt also – wie dereinst bei den Königskindern, die nicht zueinander kommen konnten: „denn das Wasser (auch wenn es das zitierte „sauber Wasser“ ist, S. 66) war viel zu tief“. Da erweckt es auf beiden Seiten geradezu Argwohn, wenn sich ein Linguistik-Professor selbst einmal an Sprachglossen wagt: der Anglist Broder Carstensen mit seinem Band ›Beim Wort genommen‹ (1986).

Nach wie vor also tiefsitzende Vorurteile zwischen Sprachwissenschaft und Sprachkritik, die sich in wenigen Sätzen zusammenfassen lassen. Die Sprachwissenschaft hält den Sprachkritikern vor: daß ihre oft weitreichenden Sprachwertungen nicht durch entsprechende Kenntnisse der zugrundeliegenden Sprachzusammenhänge gerechtfertigt seien; daß die Sprache vielfach nur als Vorwand gebraucht werde, um kulturelle und gesellschaftliche Mißstände anzuprangern; vor allem aber daß die Sprachkritiker nicht selten in der Rolle von alles (besser) wissenden Sprachdiktatoren aufträten: unser Stichwort „Sprachkritikaster".

Die Sprachkritik und, gleichgestimmt, die populäre Stillehre werfen umgekehrt den Sprachwissenschaftlern vor: daß sie rein deskriptiv-registrierend lediglich den herrschenden Sprachzustand festhielten, ohne sich der Frage positiver oder negativer Entwicklungen zu stellen; daß sie, in ihren linguistischen Untersuchungen befangen, kaum in der Lage seien, ihr Wissen den sprachgebrauchenden, insbesondere auch Sprachhilfe suchenden Menschen verständlich zu machen; vor allem aber daß gerade das heutige Wissenschaftsdeutsch selbst in höchstem Maße kritikwürdig sei – vorsichtig ausgedrückt. Bilder geistesgeschichtlicher Realität oder voreingenommene Gegenbilder, Zerrbilder, vielleicht sogar Feindbilder? Beiderseits.

„Ich habe was gegen die ernsten Männer der Wissenschaft"

Längst schon haben die „Ritter von der kritischen Feder" etwas „gegen die ernsten Männer der Wissenschaft", und jene so zu nennen heißt, daß sie scharfe Spitzen gegen diese richten: gegen die Wissenschaften im allgemeinen, im besonderen aber die der Sprache. Auch das, wie die Sprachverfalls-Klagen, ein Topos? Man solle nicht „Deutsch reden / wie diese esel thun", hat immerhin schon Luther gegen die *Doctores* gewettert, und diese Grundhaltung setzt sich durch die Jahrhunderte, über Schopenhauer und Nietzsche, bis zu den „Stilpäpsten" unserer Zeit fort.

„Unter allen schreibenden Kulturvölkern sind die Deutschen das Volk mit der schlechtesten Prosa", lautet Eduard Engels erster Satz; unter den dafür Verantwortlichen sieht er an vorderster Stelle die deutschen Gelehrten: „Das schlechteste Deutsch, den schlechtesten Stil schreibt die deutsche Wissenschaft", und so ähnlich alle paar Seiten. Nicht viel anders bedauert Ludwig Reiners den „tiefen Stand des durchschnittlichen deutschen Prosastils“ und malt das Schreckensbild eines leserverachtenden „deutschen Gelehrtenstils“ (S. 4f.), dessen Fazit er so sieht: „Der Gelehrte selbst empfindet oft kaum mehr, wie undurchsichtig, wie lebensfremd, wie undeutsch dieser Stil ist.“ Kaum weniger hohe Wellen schlagen Sprachverfall und Wissenschaftsschelte in unseren Tagen bei Wolf Schneider: „Die Sprache stammt aus der Eiszeit – und sie ist auch danach.“ Wer sind die Schuldigen? Natürlich die „Professoren und Experten“, von denen es in geradezu apokalyptischer Steigerung heißt: „Nie zuvor hat die Wissenschaft uns so rücksichtslos einen so scheußlichen Jargon in so ungeheuren Mengen aufgenötigt.“

Wie nicht anders zu erwarten, hat es in der Folge kaum ein Sprachkritiker versäumt, dieselbe Kerbe noch ein wenig tiefer auszuhauen – der eine konzilianter im Ton augenzwinkernder Beiläufigkeit, der andere rigoroser in grobschlächtiger Schimpferei. „Die Professoren sind schuld“, schlußfolgert Hans Weigel nach einer seitenlangen Philippika gegen die schreibenden, aber nicht schreibenkönnenden Professoren, speziell auch Deutschprofessoren. Bei Alfred Gleiss heißt es vom sogenannten Philologendeutsch kurz und bündig: „Dies Deutsch ist eins der schlimmsten.“ Und Rudolf Walter Leonhardt würzt seine Kritik am gegenwärtigen „Wissenschafts-Kauderwelsch“ mit dem pikanten Senf folgender Erläuterung: „Die Sprache der Wissenschaften neigt dazu, um so unverständlicher zu werden, je leichter das jeweilige Thema in allgemeinverständlicher Sprache behandelt werden könnte. Dann erst nämlich muß um den wissenschaftlichen Ruf gerungen werden, der sich in Deutschland auf nichts so fest gründet wie auf Unverständlichkeit.“ Wissenschaftlich Buch – unverständlich, ja bös Buch?

Man darf nach den Gründen und Hintergründen solch ausgesprochener Wissenschaftsfeindlichkeit fragen (diese also „hinterfragen“?). Viele der Stillehrer und Sprachkritiker haben ja, ach, Philosophie, Juristerei usw. durchaus studiert, sind Magister, heißen Doktoren gar; was merkwürdigerweise wenn nicht verschwiegen, so meist im „Kleingedruckten“ versteckt ist – aus purer Bescheidenheit? Doch wie zuvor gewisse faustische Anklänge, so verrät sich der Grund dieser faustdicken Wissenschaftsschelten nicht weniger deutlich: Retten, was sprachlich noch zu retten ist! so lautet die eine stilkritische Parole, als deren willkommener Ansatzpunkt die Sprachverfalls-These hoch im Kurs steht. Das andere Standbein selbstüberzeugter Kritik aber bietet die Polemik gegen die Sprachwissenschaft – als den wahren Sündenbock, dem man die Hammelbeine langziehen muß: Nur weil sie versagt, haben ja Sprachkritik und populäre Stillehre nicht nur das Recht, sondern geradezu eine heilige Verpflichtung zu ihrem sprachrettenden Wirken!

„Schreibt und sprecht menschenfreundlicher, damit eure Leser und Hörer euch verstehen!" mahnt Hans Lobentanzer verständig zur Verständlichkeit: dies sei die stilistische Haupttugend – auch für Fachsprachler? Er bestätigt: „Fachleute sollten nicht bloß immer an die Kollegen denken, sondern auch an den Durchschnittsmenschen. Mit gesundem Menschenverstand sollte es jedem möglich sein zu verstehen, was in Fachkreisen ausgeheckt wird." Was auch immer sie aushecken, diese „Fachleute" – Lobentanzer hat namentlich die Sprache der Linguisten, Soziologen, Psychologen und Pädagogen im Visier –, sie schreiben durchweg für die fachinterne Diskussion. Demgegenüber vertritt Wolf Schneider in direktem Zusammenhang mit dem „Wissenschaftsdeutsch" die Meinung, „daß viele Experten oft weder für ihr Fach noch für andere Fachleute schreiben, sondern für Laien". Viele, oft – und was? Technische Gebrauchsanweisungen, Beipackzettel zu Arzneien, Erläuterungen zur Einkommensteuererklärung ...

Der Literaturwissenschaftler Alfred Behrmann, der ein ganzes Kapitel lang ›Von der Schreibart der Gelehrten, der Philologen besonders‹ handelt, hat dort das Wesen des Fachstils eingängig erläutert und charakterisiert die wissenschaftliche Darstellungsweise so: „kein sprachlicher Schmuck, keine rhetorischen Künste, kein Überreden und Verführen, sondern Logik, Evidenz, Folgerichtigkeit". Damit ist nichts gegen Menschenfreundlichkeit, auch in der Sprache, gesagt. Aber wissenschaftliches Schreiben hat es heute vorwiegend mit hochspezialisierten Themen zu tun, denen die Allgemeinheit mit Ausnahme einiger, gerade aktueller Fragen wenig Interesse entgegenbringt. Doch selbst dann, wenn es nicht am Bedürfnis fehlte, wäre die „menschenfreundliche" Formulierung unter allen Umständen eher ein trojanisches Pferd, zu nichts anderem gut, als Halb- oder gar Pseudowahrheiten (welch ein Wort!) unters „Volk", die Durchschnittsmenschen mit gesundem Menschenverstand, zu bringen. Denn wer würde sich wohl eine Darstellung der Einsteinschen Relativitätstheorie zutrauen, die sowohl ohne jeden wissenschaftlichen Abstrich richtig wie auch so leicht verständlich wäre, daß jedermann sie ohne Mühe begriffe? Und wenn dies auch noch in attraktiver Form geschehen soll, um ein Millionenpublikum zu fesseln, dann kann man sich leicht vorstellen, was dabei herauskommen muß: etwas sehr „Relatiefsinniges". Beispielsweise, alles sei relativ: ein Haar auf dem Kopf relativ wenig, ein Haar in der Suppe relativ viel – Pech für Einstein, daß sich seine Theorie etwas schwieriger liest.

Fach-simpeln

Letzten Endes läuft bei der Popularisierung alles auf den Unterschied von *einfach* und *simpel* hinaus. Vereinfachend muß jede Darstellung verfahren, auch die wissenschaftliche; aber simplifizierende Vereinfachung führt, wie wir gesehen haben (S. 48), zu sachlicher Verfälschung. Man rede von Fachsimpeln, schreibt Ursula von Wiese, „aber simpel ist die Fachsprache nicht“.

Ganz im Gegenteil, den Fachtexten der verschiedenen Wissenschaftssprachen wird ja ihre Kompliziertheit und Schwerverständlichkeit zum Vorwurf gemacht. Ein „Fachjargon“, so heißt es mit negativem Unterton, der aus einer Mischung von erstens sachbedingter Schwierigkeit, zweitens wissenschaftlichem Stil und drittens fremdwortreicher Terminologie resultiere. Fachjargon ist dabei noch ein harmloser Ausdruck für das Wissenschaftsdeutsch, andere reden von einem „Zunftjargon, dem Expertenchinesisch, dem Soziologen-Kauderwelsch“ usw. Die Wissenschaftler seien unverbesserlich: „Manchmal sehnt man sich nach den Zeiten zurück, als die Herren noch Lateinisch schrieben. Da konnte doch wenigstens jemand, der das gelernt hatte, sie noch verstehen“, schimpft Rudolf Walter Leonhardt. Heute sei eine Wissenschaft kaum begründet, wie die Soziologie oder die Pädagogik, schon habe sie sich „aus fremden Brocken eine eigene Kunstsprache gebastelt. Dabei müssen doch die Soziologen den Kontakt mit der Gesellschaft, die Pädagogen den mit Lernenden finden. Wie soll das gelingen, wenn sie nicht einmal verständlich sprechen?“

Erster Punkt der Begründung war die sachbedingte Schwierigkeit der wissenschaftlichen Darstellung. Mit anderen Worten, die Kompliziertheit des behandelten Gegenstandes soll eine allgemeinverständliche Formulierung so gut wie unmöglich machen. Das lassen Sprachkritiker und Stillehrer nicht gelten: „Auch Kompliziertes kann verständlich, ja klar ausgedrückt werden“, ist sich Theo Stemmler mit allen einig. Wenn schon Schopenhauer meinte, nichts sei leichter, „als so zu schreiben, daß kein Mensch es versteht“, und ein Karl Popper den Vorwurf an die Wissenschaft richtete, „Einfaches kompliziert und Triviales schwierig auszudrücken“, ältere und neueste Philosophie sich also in autoritativer Einmütigkeit zusammenfinden, was liegt dann näher als der philo-logische Schluß, der fast wie ein Glaubenssatz klingt: „Auch das Komplizierteste läßt sich einfach sagen.“?

Einfach oder *simpel*? Wenn man heute die Behandlung wissenschaftlicher Fragestellungen gern unter dem Begriff des „Problemlösens“ faßt, ist das Problem die definierte Forschungsaufgabe, die einer Lösung zugeführt werden soll. Schon diese Definition der zu klärenden Schwierigkeit bedeutet, sie aus einem komplexen Sachzusammenhang herauszunehmen und damit zu vereinfachen. Man kann dann Schritt für Schritt weiter vereinfachen – nur zum Zwecke leichterer Verstehbarkeit (versteht sich) – und diese Vereinfachung schließlich so weit treiben, daß ein Problem nicht nur seine Schwierigkeit verloren hat, sondern überhaupt aufhört zu existieren: die populäre „Null-Lösung".

Ein charakteristischer Fachstil, das war der zweite Punkt. Gibt es das Soziologen- oder Pädagogendeutsch, von dem die Rede war? Gibt es ein eigenes „Psychologisch" oder „Linguistisch"? Selbstverständlich bilden sich, von Fach zu Fach verschieden, typische Ausdrucksformen heraus für das, was sachlich-fachlich ausgedrückt werden muß. Das ist in jedem „Fach" so, in jedem Handwerk, in allen technischen oder anderen Berufen und eben auch in den einzelnen Wissenschaften. Aber genügen gewisse Formulierungsweisen und ein spezielles Vokabular allein, um daraus einen eigenen Fachstil zu machen? Was es wirklich gibt, ist sehr pauschal und keineswegs unumstritten ein „wissenschaftlicher Stil".

Um zwei seiner hauptsächlich kritisierten Merkmale herauszugreifen: Wenn er sich im Gegensatz zur heutigen Vereinfachung des Satzbaus oft durch eine kompliziertere Syntax kennzeichnet, dann hat das mit der angestrebten Exaktheit des Ausdrucks und Genauigkeit der Darstellung zu tun. Wenn er im Ton durch sachliche Unpersönlichkeit bestimmt wird, dann vor allem deswegen, weil es in der Wissenschaft einzig um die „Sache" geht, hinter die der Verfasser meist bewußt zurücktritt. Beide Eigenschaften des wissenschaftlichen Stils gelten in den Augen der Sprachkritiker und Stillehrer, die ihr persönliches Schreiben als anspruchsvolle, auf ein großes Publikum zielende Schriftstellerei verstehen, natürlich als schwerwiegende Mängel. „Wissenschaftliche Bücher, die ihren Gegenstand in gefälliger, ja amüsanter Form behandeln, sind bei uns selten und den Fachgenossen verdächtig", klagte vor Jahren Ludwig Reiners. Auch Eduard Engel vertrat die Meinung, „die strenge Wissenschaft vertrage sich nicht mit dem lebendigen, dem fesselnden Stil", und es sei „manchen wissenschaftlichen Schreibern mit kläglichem Stil jeder gute Prosaschreiber als 'unwissenschaftlich' verdächtig"; so wie manche Werke, bestätigt Stemmler als Fachmann, durch „geistreiche, ja witzige Formulierungen ... in der Fachwelt hierzulande vollends suspekt erscheinen" können. Kurzum, resümiert Wolf Schneider: nicht „tänzerische Eleganz" der Sprache, „Tiefsinn ist gefragt". Grau, man weiß es, ist alle Theorie – genauso grau bleibt durchweg auch der sachlich-unpersönliche Wissenschaftsstil, jedenfalls im Vergleich mit dem goldenen Flitter popularisierender Attraktivität.

Strenggenommen geht es gar nicht so sehr um die mangelnde Verständlichkeit der Wissenschaftssprache, die ihr zum Vorwurf gemacht wird. Im Blickpunkt steht vielmehr hintergründig die nichts weniger als publikumswirksame Präsentation wissenschaftlicher Erkenntnisse und Forschungsergebnisse. In deren *objektiver Fundiertheit, methodischer Exaktheit, terminologischer Präzision* usw. reiht sich, nicht nur sprachlich, eine Todsünde wider die problemlose Gefälligkeit schriftstellerisch-journalistischer Schreibart an die andere. Hätte ich statt dessen besser von der „sachlichen Begründetheit, durchdachten Sorgfalt und fachwörtlichen Genauigkeit“ sprechen sollen, um mich allgemeinverständlicher auszudrücken? Womit unübersehbar der dritte Punkt angesprochen ist, der einer fachspezifischen, fremdwortreichen *Terminologie*, das heißt „Gesamtheit der Fachausdrücke eines Wissensgebietes“, wie es sich mit einiger Umständlichkeit ohne Fremdwort ausdrücken ließe. Die Frage nach dem wissenschaftlichen Stil spitzt sich zusehends auf das offenbar zentrale Fremdwort-Problem zu, das anschließend seine gesonderte Behandlung erfährt. Immerhin stellte Eduard Engel fest, und dies durch gesperrten Druck als Kernaussage hervorgehoben: „Das Unwissenschaftliche, das Unredliche an unsrer Wissenschaft ist ihre Fremdwörterei.“

„Wissenschaftsdeutsch“ durch die Brille des Stilkritikers

Fachsimpelei, um das Stichwort des letzten Abschnitts aufzugreifen, wird es immer geben, solange es eben auch Fachleute gibt – und man hat auch immer schon gefachsimpelt. Der Freiherr Joseph von Laßberg beispielsweise, in der Germanistik bekannt als Sammler und Herausgeber altdeutscher Handschriften, pflegte auf Schloß Meersburg am Bodensee Gesprächsrunden zu veranstalten, an denen gelegentlich auch große Gelehrte wie Jacob Grimm oder Ludwig Uhland teilnahmen. „Lauter Nibelungenreuter, die viel zu gelehrt sprachen, als daß ich sie verstanden hätte“, bemerkte die Dichterin Annette von Droste-Hülshoff dazu. Hans Sommer kommentiert: „Germanistenjargon also damals schon!“

Und das läßt sich verallgemeinern. Greifen wir aber zunächst in die große Beispielkiste, um zu sehen, wie Sprachkritiker und Stillehrer sich die Sprache der Wissenschaft vorstellen: „Die Superiorität einer totalen Weltanschauung über jede in einem speziellen Gebiet unsicher fundierte partielle Weltbild-Konstruktion bedarf in ihrer Evidenz kaum mehr eines Kommentars. Keine noch so profunde Analyse könnte das Fazit einer so vitalen Empirie weder negieren ... noch gar falsifizieren, nachdem sich seine absolute Apodiktizität nicht nur temporär, sondern säkular demonstriert hat." Was für eine brillante Suade! lobt Oskar Jancke ironisch diesen Text, den er eigenhändig unter der Überschrift ›Sprache und Technik‹ formuliert hat. Die Selbsterfindung ist die sicherste Art, seine eigenen Vorstellungen in aller und jedem augenfälliger Deutlichkeit darzulegen. Daß dabei eine gute Portion Übertreibung einfließt, wird niemanden überraschen. In dieser Hinsicht kaum zu überbieten jene angebliche „Kritik", die Hans Weigel am Schluß seines Buches ›Die Leiden der jungen Wörter‹ abgedruckt hat (hier nur ein Ausschnitt): „Der Produzent des Textes regrediert im Wirkfeld permissiver Modellmuster zur repressiven Statusdiskrepanzenveruneinheitlichung, thematisiert die denkautonome Semantiklosigkeit wertneutraler Denkanstöße, klammert die formalisierbaren Strukturen postmanieristischer Bewußtseinskategorien aus und verteufelt die soziopsychischen Dominanzen reversibler Wortgewohnheiten" usw. – eine *maliziöse Persiflage* sondergleichen!

Eine andere Möglichkeit bildet die Umformulierung bekannter Texte in einer bestimmten Art und Absicht, hier also „auf wissenschaftlich". Kaum zu glauben, aber der folgende Satz stammt von unserem großen Vorklassiker Gotthold Ephraim Lessing: „Die linguistisch-psychische Form der graphischen Ideenexpression des Individuums steht in einer approximativ äquivalenten Relation zur konstitutionellen Synthese seines physischen Organismus." Dergestalt „verbessert" von Eduard Engel, dem seinerzeit rigorosesten aller Fremdwort-Feinde, und damit zur Karikatur geworden; denn Lessings Satz lautet etwas anders: *Jeder Mensch hat seinen eigenen Stil, so wie seine eigene Nase*. Meister dieser Technik wurde dann unstreitig Ludwig Reiners, dessen Beispiele viel Nachahmung gefunden haben: „Das Volumen der Solaneen ist reziprok proportional der cerebralen Kapazität des Agronomen" (S. 53). Heute gehören solche Umformungen, und wahrlich nicht wie dort zur Abschreckung gedacht, sondern mit reinem Unterhaltungswert, zum stilkritischen Repertoire. Auch in diesem Fall sollte klar sein, daß es sich um Sprachparodie handelt, wieder also ausgeklügelte Verfremdungen: „Der Geruchskoeffizient finanzieller Fonds ist permanent gleich Null" – *Geld stinkt nicht*, schon die alten Römer wußten das.

Die seriöseste Art, Beispiele wissenschaftlicher Schreibweise zu bieten, ist natürlich das authentische Zitieren, wie es ja die Wissenschaft selber extensiv pflegt. Dies tut denn auch, als moderner Erfolgsautor auf der Höhe der Zeit, Wolf Schneider: „Theorien sind Ordnungsschemata, die wir in einem syntaktisch verbindlichen Rahmen beliebig konstruieren" (Jürgen Habermas), mit der trivialisierenden Wiedergabe Karl Poppers: „Theorien sollten nicht ungrammatisch formuliert werden; ansonsten kannst Du sagen, was Du willst" – sagt diese „Übersetzung" dasselbe oder was sie will? Das Zitat stammt aus einer fachinternen Theoriediskussion unter Soziologen; es war wie das nächste Beispiel, das einer kommunikationstheoretischen Doktorarbeit entnommen ist, für die Fachwelt bestimmt, nicht für Laien. Beide Texte haben darüber hinaus, wie alle in dieser Weise zitierten, als „ausgewählte", das heißt ihrem Zweck besonders dienliche Exempel zu gelten. Also: „Das Abstraktionsniveau ist ein dynamischer Prozeß, der in bedeutendem Umfang reizinduziert ist. Als modifizierende Kriterien fungieren kognitive und affektive Diskrepanzen zwischen Reiz- und Verarbeitungspotential" usw. (ausgerechnet aus einem Werk, das im Rahmen der Verständlichkeitsforschung auch über attraktives Formulieren handelt). Noch ein letztes Beispiel medizinischer Art: „Die Autopsie konstatierte die Existenz eines sanguinolent tingierten Serums im Pericardium" – bei der Öffnung der Leiche zeigte sich, daß der Herzbeutel blutig gefärbte Flüssigkeit enthielt. Lauter Schaustücke „aus der großen Horror-Parade" des wissenschaftlichen Stils, um ein Wort von Hans Weigel abzuwandeln?

Wie der Bauer nicht ohne sein Ackergerät oder Vertreter anderer Berufe nicht ohne ihr spezielles Handwerkszeug, so kommen Wissenschaftler wie Techniker und überhaupt Fachleute aller Disziplinen nicht ohne eine genau definierte Begrifflichkeit aus: eben ihre von Fach zu Fach verschiedene Terminologie. Mediziner, Juristen, Physiker oder Ingenieure verfügen ebenso wie innerhalb der Geisteswissenschaften die Soziologen, Psychologen, Pädagogen usw. über solche Spezialwortschätze, und sie sind es im wesentlichen, die den einzelnen Fachsprachen ihr Gepräge verleihen. Jedenfalls dienen sie der klaren, sachgerechten und umweglosen Verständigung unter den „Professoren und Experten", wie Wolf Schneider seinerseits fremdwörtelt, um die finstere Vermutung anzuschließen: „Bestehen sie nicht großenteils aus einer raffinierten Technik, einfache Zusammenhänge mit komplizierten Begriffen zu überwölben?" Ja, an einige Geisteswissenschaften gerichtet: „*Bedienen* sie sich einer Fachsprache wie die Naturwissenschaften – oder *sind* sie eine Fachsprache, ein bloßes Wortkunstwerk?" Daß die wissenschaftlichen „Kunstsprachen" sich zum Teil weit von der Gemeinsprache entfernt hätten und von ihr aus als exklusiv erschienen, beklagt auch der Sprachwissenschaftler Uwe Pörksen; immerhin sei eine breite Literatur, vor allem die des Sachbuchs, damit beschäftigt, den Laien die Erkenntnisse der Wissenschaft zu „übersetzen".

Was dem wissenschaftlichen „Jargon" hauptsächlich zum Vorwurf gemacht wird, das ist, wie die angeführten Beispiele deutlich gezeigt haben, seine überdurchschnittliche Fremdwortverwendung. In der Tat sind, da alle Wissenschaften heute in weltweitem Kontakt stehen, die Fachbegriffe zu einem hohen Prozentsatz ihrer Herkunft oder Bildeweise nach fremdsprachig. Nicht etwa, daß es keine deutschen Begriffe von gleichem Schwierigkeitsgrad gäbe, aber den eigentlichen Stein des Anstoßes bilden doch diese Fremdwörter. Der Deutsch- und Fremdsprachen-Kenner Harald Weinrich meint, mit der einfachen handwerklichen Empfehlung „Meide Fremdwörter!" sei es nicht getan: „Die von der Sprachkritik viel diskutierten Fremdwörter stellen ja nicht deshalb ein Kommunikationsproblem dar, weil sie fremd sind, sondern ihr Gebrauch ist deshalb problematisch, weil sie oft Fachwörter irgendeiner Terminologie sind. Aber längst nicht alle Fremdwörter sind Fachwörter, und bei weitem nicht alle Fachwörter sind Fremdwörter."

Wie steht es mit der Übersetzbarkeit solcher Fremdwörter, die behauptet, und Übersetzung, die gefordert wird? Der Verzicht auf die definierten, meist international üblichen Fachbegriffe – Stichwort „Internationalismen" – bedeutete vielleicht eine bessere Verstehbarkeit für Laien. Erkauft würde diese jedoch mit terminologischer Ungenauigkeit bis Mißverständlichkeit des wissenschaftlichen Sprachgebrauchs: Die Wissenschaftler redeten oft aneinander vorbei. Würde man unter „Festlegung" eine *Definition* verstehen, ist eine *Hypothese* eine „Unterstellung" oder decken sich *Argument* und „Beweisgrund"?

Nicht jedes Fremdwort läßt sich so verdeutschen, daß durch die Ersetzung am Sinn nicht viel geändert würde. Mechtilde Lichnowsky, als Sprachkritikerin eine unverfängliche Zeugin, bringt das lehrreiche Beispiel: Aus dem Wasser wurde „die Leiche eines Ertrunkenen gezogen, dessen Wesensgleichheit nicht festgestellt werden konnte" – Wesensgleichheit? Gemeint ist *Identität*! Nehmen wir als hochaktuelles Beispiel die Akzeptanz: ein wohlfeiles Fabrikat der Werbesprache, eher noch Übernahme des englischen *acceptance*, das seit den siebziger Jahren in Erscheinung tritt, Mitte der achtziger erstmals als Modewort kritisiert wird und mittlerweile zum Renommiervokabular unserer Zeit gehört. Ob wir das Wort überhaupt brauchen, wird gefragt. „Was könnten wir sonst sagen: 'Aufnahmebereitschaft', sechssilbig und amtlich? Hier zeigt sich, wie ein Begriff auch für seinen Bedarf sorgt." Oder was wäre, um fortzufahren, von einer Wiedergabe des Wortes *Echo* als „Nachruf" oder *Radioaktivität* als „Rundfunktätigkeit" zu halten? Doch im Ernst, auch Rudolf Walter Leonhardt ist der Meinung, und dies ein sehr instruktiver Fall, „wenn nun jemand meint, was er meint mit 'clever', das könne auf deutsch weder mit 'gescheit' noch mit 'gerissen' wiedergegeben werden, dann hat er vielleicht sogar recht". Fremdwörter sind eben oft „nützliche Fremdlinge", wie der Anglist Theo Stemmler sie lobt. „Auf *Know-how* sollten wir nicht verzichten", rät er beispielsweise. „Oder wollen Sie statt seiner einen Satz verwenden: ‘Wissen um die praktische Verwirklichung einer Sache’ (Duden)?“

Kehren wir zum heutigen Wissenschaftsdeutsch zurück. Es ist, wage ich zu behaupten, im guten Durchschnitt besser als sein populärer Ruf. So wie dagegen polemisiert wird, scheint noch ein weiterer Hinter-Grund mitzuschwingen: „Wer mit exotischen Begriffen klirrt oder pompöse Silben zu einem Kullerpfirsich rundet, hat deutlich Vorteile davon“, rügt Wolf Schneider. Oder noch einen Deut schärfer: der Zunftjargon erlaube es, „das Dürftige, das Selbstverständliche, das Halbgedachte als neu und bedeutend zu verkaufen, indem es mit gespreizter Syntax in exotische Abstrakta gegossen wird“. Wer Ohren hat zu hören, der hört den Vorwurf akademischen Imponiergehabes.

Tatsächlich kann auch die Wissenschaftssprache in Extreme ausarten: in unverdauliche Materialhuberei und pedantische Detailkrämerei (Ergebnis beim Leser: Langeweile), schlimmer noch in Übertreibung des Fachjargons und dunkle Abstraktion (Unverständnis), am schlimmsten: in extravagante Verfremdungsmethoden und imposant erscheinende Theoriegebäude (Verblüffung bis zu schierer Ratlosigkeit). „Pseudolinguistische“ Auswüchse, wie der Germanist Werner Betz das genannt hat, und sie werden nicht zuletzt auch von der ernsthaften Fachwissenschaft mißbilligt. Hans Hörmann, Psycholinguist von Rang, hat in solchen Fällen übertriebenen Abstrahierens und Theoretisierens von einem Kompliziertheitsniveau gesprochen, „auf welchem das Bewundernswürdige nur noch durch einen schmalen Grat vom Lächerlichen getrennt ist“. Da gähnt also ein scheinlinguistischer Abgrund – und auch der Leser.

Runden wir das derzeitige Wissenschaftsbild noch ein wenig ab (wenn auch nicht zu einem „Kullerpfirsich“). Eine treffliche Einleitung bietet kein Geringerer als Theodor Fontane, der seinem wackeren Dubslav von Stechlin anläßlich einer Versammlung von Naturforschern die Worte in den Mund gelegt hat: „Immer hieß es: ‘es steht wissenschaftlich fest’. Und das ist jetzt das Höchste! Früher sagte man: ‘es steht in den Akten’. Ich lasse dabei dahingestellt sein, wovor man sich tiefer verbeugen muß.“ Mit feinem Gespür hat hier Fontane, der manche erstaunlich scharfe Sprachbeobachtung in seine Werke einfließen läßt, eine sozial- und zugleich sprachgeschichtliche Wandlung mit ein paar treffsicheren Sätzen nachgezeichnet: den Weg vom Kanzlei- zum Gelehrtenstil, vom Amts- zum Wissenschaftsdeutsch. Tatsächlich ist, ganz im Sinne der Fontaneschen Äußerung, seit dem Ende des letzten Jahrhunderts die hohe Wertschätzung des (vormals preußischen) Beamtentums einer auch bereits wieder rückläufigen Wissenschaftsgläubigkeit gewichen.

Was charakterisiert den „Zeitstil“ unserer Gegenwartssprache? Vieles von dem, was für den heutigen Sprachgebrauch als typisch gilt, vor allem gewisse Grundzüge wie sprachökonomische Kürze und nüchterne, zweckrationale Sachlichkeit, entspricht wissenschaftlich-technischer Ausdrucksweise. Ihre Eigenart hat Hans Eggers auf eine griffige Formel gebracht: „Möglichst viel Information in möglichst wenig Worten.“ Dieser moderne Sprachgebrauch, von Wissenschaft und Technik geprägt, von Presse, Funk und Fernsehen mass(enkommunikat)iv verbreitet, gewinnt in unserer hochtechnisierten Lebenswelt auch immer stärkeren Einfluß auf die Gemeinsprache. Gerhard Storz spricht vom „Air des Exquisiten“, das vor allem manche der „nach Wissenschaft klingenden“ Wörter umschwebe: „Denn viele Zeitgenossen verlangt es danach, ihre eigene Zugehörigkeit zum ‘wissenschaftlichen Zeitalter’ in Wort und Schrift hörbar und sichtbar zu machen.“ Die Rede von der Verwissenschaftlichung der Gegenwartssprache geht um.

Sprachkritiker und Stillehrer führen denn auch beredte Klage, daß so viele Menschen es den Professoren nachtun wollten, „eine nichtdeutschkönnende Mehrheit, die redet und spricht wie die Professoren“, oder daß die Universitäten nur „der Einübung in den akademischen Schwulst“ dienten und „der hermetische Hochmut der Professoren und Experten meist auch noch mit gutem Gewissen einhergeht, ja von manchen Laien bewundert wird“. Die Weigelsche „Inflation der Halbbildung“? – auch solche Klagen sind, wie der Sprachverfalls-Topos, uralt. Aber wenn weder Hegels abstrakteste Abstraktheit noch Heideggers tiefschürfende Wortmystifikationen das allgemeine Denken und Sprechen der Deutschen stark beeindruckt oder gar beeinflußt haben, warum dann der im Vergleich dazu, jedenfalls wenn er sich an Laien richtet, sehr gemäßigte Sprachstil heutiger Wissenschaft?

Überlassen wir das Schlußwort dieses Abschnitts einem sachkundigen Gelehrten, dessen wissenschaftliche Prosa zudem Auszeichnung und weite Anerkennung gefunden hat. „Wissenschaft ist sachbezogen“, schreibt Harald Weinrich. „Richtig oder falsch heißen daher ihre Kriterien und nicht gut oder schlecht oder schon gar nicht schön oder häßlich.“ Der Behauptung, die Sprache der Wissenschaft sei „ihrer Natur nach nüchtern, streng und kunstlos“, stellt auch er andere Qualitäten entgegen, von denen zuvor schon die Rede war (S. 85): „Qualitäten wie Klarheit, Widerspruchsfreiheit und Folgerichtigkeit, die ... ohne weiteres auch als ästhetische Werte eines wissenschaftlichen Stils anerkannt werden können.“

3. Das stilkritische Ei des Kolumbus: Fremdwörter-ei?

„Denn eben, wo Begriffe fehlen, / Da stellt ein *Fremd*wort zur rechten Zeit sich ein“, läßt Goethe seinen Mephisto sprechen – ein teuflischer Rat? (daß Goethe ihn, in der Schülerszene des ›Faust‹, nicht ganz genau so sprechen läßt, merkt man natürlich sofort am strauchelnden Versfuß). In diesem Zusammenhang als amüsantes Exempel Schopenhauerscher Sprachkritik seine mißbilligende Annotation, die Menschen gingen in ihrem Drang zur Kürze sogar so weit, „daß sie dem Teufel den Schwanz abschneiden und statt Mephistopheles schreiben Mephisto“.

Trotzdem enthält jener Ausspruch, so wie er da steht, mehr als nur ein Körnchen faustischer Wahrheit. Wie oft greifen wir, wenn uns ein passender deutscher Ausdruck fehlt, zum rettenden Fremdwort oder schlimmer: benutzen wir das Fremdwort, wo es nicht unbedingt nötig wäre, als Vokabel eitlen Bildungsdünkels. Seien wir ehrlich, in den Augen vieler Sprach-Zeitgenossen gilt es als ein nicht zu unterschätzender Vorzug, fremdwörtlich brillieren zu können – und eben das ist der Punkt, an dem sich die Stil-Geister scheiden. Nach sprachlogischen Spitzfindigkeiten und modischen Sprachtorheiten nun also auf dem Prüfstand der Kritik: unsere viel geschmähten und noch mehr benutzten Fremdwörter.

Von Homers Achillesversen zu Goethes Marienbader ›Allergie‹

„Sprachpurismus“ hätte früher als Stichwort über diesem Abschnitt gestanden. Aber die Zeiten sind vorbei, da ein erbitterter, sprachpuristischer Kampf gegen die „Verwelschung“ der deutschen Sprache geführt wurde (vor allem im 18. und 19. Jahrhundert). Damals wurde regelrecht Jagd auf Fremdausdrücke gemacht, die man reihenweise eindeutschte. Viele dieser Ersatzwörter stehen heute, wie selbstverständlich, in allgemeinem Gebrauch. Aber es gibt auch jene mißglückten Neuschöpfungen, die allenthalben der Lächerlichkeit preisgegeben werden: zum Beispiel Philipp von Zesens berühmter *Gesichtserker* für „Nase“ oder *Zitterweh* für „Fieber“, Hoffmann von Fallerslebens leicht belustigender *Freiheitsniederschmetterling* (was für ein *Schmetterling*?) für „Reaktionär“, ferner *Dörrleiche* für „Mumie“, *Zerknallgas-Treibling* für „Explosionsmotor“ oder, um im Fach Deutsch zu bleiben, *Blumenkohl* für „Katachrese“, die rhetorische Figur der Bildvermischung – so allen Ernstes von Eduard Engel gutgeheißen, der selber an Stelle von „Konversationslexikon“ den Titel *Fragmichwas* vorschlug. „In solchen Fällen“, urteilte schon Oskar Jancke, „ist das Fremdwort durchaus das lebendige, das Ersatzwort aber das papierene Wort."

Die Fremdwort-Frage sei heute kein *Problem* (keine „Schwierigkeit"?) mehr, kann man in einer neueren Stillehre lesen. Selbst wenn einzelne fremde Wörter und Wendungen nach wie vor problematisch erscheinen, hat sich immerhin *grundsätzlich* ein Wandel vollzogen: in unserer Einstellung zu ihnen, *prinzipiell* also (Sie kennen den Unterschied? Auf einem *Prinzip* kann man reiten, auf einem *Grundsatz* nicht). Wir bekämpfen heute Fremdwörter nicht mehr, nur weil sie eben fremder Herkunft sind, sondern prüfen vorurteilslos von Fall zu Fall, ob sie eine sinnvolle Sprachaufgabe im Deutschen erfüllen. Wo immer sich ein Sachverhalt mit ihrer Hilfe besser ausdrücken läßt als mit einem einheimischen Wort, da verwenden wir sie ohne Bedenken. Oder würden Sie – nach der Analogie von *Ichsucht* für „Egoismus" – statt „Egoist", nur weil das ein Fremdwort ist, lieber *Ichling* sagen (oder statt „Eremiten" entsprechend *Wüstlinge*)? Obwohl Sprachkritiker und Stillehrer notorische, soll heißen „allbekannte" Fremdwort-Feinde sind, finden sich auch unter ihnen Stimmen, die besonnen eine Lanze für das fremde Wortgut brechen: „Die Fremdwortjäger sollten wie gute Weidleute ihr Wild auch manchmal schonen."

In der Fremdwort-Diskussion hat sich demgemäß eine durchaus differenzierte Unterscheidung „herauskristallisiert" in solche Fremdwörter, die unvermeidlich, weil nicht ohne weiteres durch deutsche Wörter ersetzbar sind, in andere, die zwar vermeidbar wären, aber sich als nützlich erweisen, und schließlich jene, die uns über-flüssig von der Zunge gehen.

Zur ersten Gruppe zählt hauptsächlich alles Fachvokabular, worin das Fremdwort seine Rolle in jener Janusköpfigkeit spielt, die ihm eigen ist: Bildet es im Rahmen der modernen Fachsprachen von Wissenschaft und Technik die auch international verbindende Brücke, die unter den Spezialisten eine sichere, geradlinige Verständigung gewährleistet, so baut dasselbe Fremdwort im Sprachalltag oft Mauern auf zwischen Menschen mit ungleichen Bildungsvoraussetzungen. Aber das gilt nicht allein für Fremdwörter, sondern auch für entsprechend „schwere Wörter" des Deutschen und damit allgemein: ›Sprache – Brücke und Hindernis‹ lautete der aussagekräftige Titel einer Sammlung von Hörfunkvorträgen der siebziger Jahre.

Der zweiten Gruppe gehören solche Fremdwörter an, die nur eine „krampfhafte deutsche Entsprechung" hätten: zum Beispiel „Gegenfüßler" für *Antipode* oder „Mann von Lebensart und Charakter" für *Gentleman*? Andere, die echtes Lokalkolorit vermitteln, vielzitiert die russische *Datscha* und die japanische *Geisha*; oder die eine eigene Stilebene vertreten: „Der Chic einer raffinierten femme fatale ist eben doch etwas anderes als der Reiz einer mit allen Wassern gewaschenen Schicksalsfrau", überspitzt Rudolf Walter Leonhardt. Auch mit Fremdwörtern muß man stilistisch immer *up to date* sein – „immer auf dem Datum", übersetzt Tucholsky: Früher hat man einfach nachgedacht, heute wird *reflektiert.*

Und damit sind wir bei der dritten Gruppe, die jene modischen Vokabeln des Imponierstils enthält, wohlgemerkt in ihrer Alltagsverwendung, wie etwa *Faktor, Element, Struktur, Volumen* usw.; „ein schönes Blähwort", höhnt Alfred Gleiss: „Es treibt das Volumen des hohlen Bauches auf, aus dem man redet." Stark vermehrt hat sich die Zahl neuerer Verben auf *-ieren*: sich, andere oder etwas *artikulieren, motivieren, verbalisieren, thematisieren* usw., deren Qualität wir lieber nicht *problematisieren* wollen: „Es *-iert* der Mensch, solang er strebt" – Goethes Faust würde sich ballen, wenn er das läse. Ähnlich wuchern die Adjektive auf *-ant* oder *-ent.* „Interessant" war immer schon alles, ein „Allerweltswort" (S. 47), aber heutzutage ist es auch noch *frappant, signifikant,* ja *exorbitant.* Für sie alle kennt das Deutsche genug eigene Bezeichnungen, wenn sie uns – eben, das ist es – nur genauso *relevant* vorkämen. Was letztgenanntes Eigenschaftswort bedeutet, hat uns Eike Christian Hirsch in seiner unnachahmlichen Art klarzumachen versucht: „Ein relevantes Ereignis muß in sich evident und zugleich eminent sein. Evident heißt dabei so viel wie transparent, und eminent könnte man mit signifikant verdeutschen. So erklärt sich alles von selbst." Man rede von *relevant* oder gar „von enormer Relevanz", kritisiert Hans Sommer, und der Hörer staune, sei beeindruckt: „wer denkt schon immer daran, daß relevant nichts anderes als erheblich bedeutet!"

Fremdwörter seien mitunter ein Segen, meinte der alte Fontane. Sie können Stilträger von beachtlicher Treffsicherheit, hohem Bildungswert und sprachlicher Eleganz sein. Man versuche doch einmal *Genie* oder *Banause, abstrakt* oder *fair* mit einem treffenden deutschen Wort wiederzugeben; und wenn man das tut, drücken dann zum Beispiel „Verstellung" oder „Einbildungskraft" dasselbe aus wie *Ironie* und *Phantasie,* sagen *elegant* oder *pedantisch* nicht doch mehr als nur „fein" und „umständlich"? ›Perfektion ist nicht Vollendung‹, so hat Rudolf Ibel eine seiner Sprachglossen überschrieben, in der er zahlreiche Beispiele für die Nichtübersetzbarkeit mancher Fremdbegriffe beibringt. Abgesehen davon sind viele von ihnen wie *Streß, Foto, Telefon, clever, fit* usw. aber auch viel populärer als ihre deutschen Entsprechungen. „Die Gewalt einer Sprache ist nicht, daß sie das Fremde abweist, sondern daß sie es verschlingt", wird Goethe immer wieder zitiert – wie im Falle von *Atten-*

tat (französisch *attentat* 'Anschlag'), das den gut deutsch klingenden *Attentäter* nach sich zog.

Trifft es denn wenigstens zu, daß je höher die Stilebene, desto sparsamer mit Fremdwörtern umzugehen sei? Vor allem die Lyrik soll sie gar nicht kennen; folglich sind gute Wörter nach Wolf Schneider solche, die „allesamt in Gedichten stehen könnten", und wo das anders ist, da folgt dem schlechten Poeten die Strafe auf den Versen. Keineswegs, sagt Rudolf Walter Leonhardt, man brauche nur ein Gedicht von Erich Kästner zu lesen, um diese Meinung widerlegt zu finden: „Andere Zeiten, andere Lyrik." Und für die Prosa gilt das ohnehin: *Allusionen*, *Somnolenz*, *illiterat*, *ubiquitär*, *ridikülisieren* usw. – Hans Reimann hat augenzwinkernd eine lange Liste solcher exquisiten Bildungsvokabeln allein aus dem ›Doktor Faustus‹ Thomas Manns zusammengestellt, den er einen „vexatorischen Narrator" nennt.

Was übrigbleibt, ist die schlichte Regel: Man setze sich durch Fremdwortgebrauch nicht der Gefahr von Mißverständnissen oder gar offenkundiger Fehlerhaftigkeit aus. Erstgenanntes täte, wer beispielsweise Homers ›Ilias‹, das Lied vom Zorn des Achill, als „Achillesverse" bezeichnen würde; das wäre gewissermaßen (auch in der genannten Liste) „enigmatisch". Wer aber Goethes bekannte, an Ulrike von Levetzow gerichtete Alterslyrik als „Marienbader Allergie" zitierte, dem ist nicht mehr zu helfen – oder abermals in der Manier Thomas Manns: einfach „kalamitös"! Um indes aus diesen literarischen Höhen wieder auf den Boden des Alltags zurückzukehren, soll zum Schluß noch jene biedere Bauersfrau zu Wort kommen, die ihre Hennen einteilte „in solche von hervorragender Legalität und solche von erstklassiger Brutalität".

„Ex oriente lux, ex occidente luxus" – auch verbal

Heute wie früher ist unser Sprachgebrauch stark durchsetzt von Fremdwörtern, keine Frage. Waren es in den vergangenen Jahrhunderten zunächst vor allem die lateinische und dann die französische Sprache, die uns als Hauptfremdwortlieferanten dienten, so erfolgt in jüngster Zeit der Wort- wie auch der sonstige Kultur-Import vornehmlich aus Amerika. Und zwar in einem solchen Ausmaß, daß Theo Stemmler neuerdings einen „Anglokokkus" wittert, der besonders in der Werbung grassiere: „eine mit dem bloßen Auge wahrnehmbare Bakterie, die ganze Teile des deutschen Sprachzentrums lahmlegen kann ... Im Auto, im Büro, zu Hause, während der Arbeit oder in der Freizeit befällt er den ahnungslosen Sprachbenutzer."

Zum Beispiel gibt sich *Aktivitäten* in dieser modischen Pluralform als Anglizismus zu erkennen (englisch *activities*). Gemeint sind wohl Aktionen, deutsch Tätigkeiten, deren Summe eigentlich die Aktivität im Singular ist. Um es voll zu integrieren, wäre vielleicht eine stärkere Eindeutschung ratsam (*Aktivitätlichkeiten*?) oder – ähnlich wie die *Rückerinnerungen* nach *Vorerinnerungen* schreien – die Ergänzung des „antipodischen“ Begriffs *Passivitäten*? Kurzum, der bekannte polnische Aphoristiker Stanislaw Jerzy Lec hat die generelle Schlußfolgerung gezogen: „Ex oriente lux, ex occidente luxus.“ Und dieser Luxus ist im verbalen Bereich durchaus wörtlich zu nehmen; stellt Dieter E. Zimmer doch begründend fest, daß solchen „Importen aus Amerika automatisch ... die Markierung ‘jung, modern, schwungvoll’“ anhafte.

Jedenfalls überschwemmt uns eine Flut von Fremdwörtern, hauptsächlich Anglizismen, und die Sprachkritik waltet in bekannter Strenge ihres Amtes. Theodor W. Adorno, der in blumiger Verharmlosung von „Wörtern aus der Fremde“ spricht, kennt auch die psychologischen Beweggründe: „Kurz, der Zorn über die Fremdwörter erklärt sich zunächst aus dem Seelenzustand der Zornigen, denen irgendwelche Trauben zu hoch hängen.“ Nun besteht die Meute der Kritiker allerdings aus viel zu gerissenen Sprach-Füchsen, als daß ihnen die Fremdwort-Trauben zu hoch hängen könnten. Vielmehr richtet sich die Kritik vor allem gegen die Häufigkeit der Fremdwörter (Schätzungen beziffern sie auf rund 50 000, was mehr als zehn Prozent unseres Gesamtwortschatzes ausmachen würde) und ihre Allgegenwart im täglichen Sprachumgang: Kein Buch, das wir lesen, ohne Fremdwörter, die Zeitungen sind voll davon, und viele gehören schon halbwegs zum Alltagsdeutsch.

Entsprechend selbstverständlich gehen uns Wörter dieser Provenienz über die Lippen: *Job, Star, Sex,* sogar *Swimmingpool, fair, fit, joggen* oder – besonders aktuell – *ausflippen* (englisch *to flip out*). Die Anziehungskraft anglophoner Fremdbezeichnungen hat bemerkenswerte, weil im Englischen gar nicht existierende Eigenkreationen gezeitigt wie *Twen, Smoking, jobben, jetten* oder den *Showmaster*, die ein staunendes Amerika nun wieder als vermeintliche „Rückemigranten“ aufnehmen könnte. Wie weit die Einbürgerung bei uns in manchen Fällen schon gediehen ist, zeigt ein Beispiel von Hans Lobentanzer: „Früher *kämpfte* der Boxer verbissen, heute *fightet* er. Wie berichten wir das in der ersten Vergangenheit? Er *fightete*. Das heißt aber englisch: *he fought*.“ Und Wiard Raveling, der Geschichtsschreiber der Ostfriesenwitze, hat in einem Vortrag Michail Gorbatschows berühmten Ausspruch (*Wer zu spät kommt, den bestraft das Leben*) in perfektes Neudeutsch umformuliert: „Wer kein Feeling für das richtige Timing hat, der ist out.“

Noch schlimmer sind die verkappten Fremdwendungen, die man auf den ersten Blick gar nicht als solche erkennt – Wölfe im modischen Stil-Schafspelz? „Einmal mehr" haben die schlechten Übersetzer schuld: dieses *einmal mehr* im Sinne von 'noch einmal, wieder', ein seit geraumer Zeit eingeführter Anglizismus (englisch *once more*), vielgebraucht und noch mehr kritisiert, hat mittlerweile trotz stilistischen Vorbehalts immerhin Aufnahme in den Duden gefunden. Oder nehmen wir die beliebte Redeeinleitung: „Ich würde sagen ...", auf deutsch meist ebenso viel- wie nichtssagend, „allenfalls zur Denkpausenfüllung geeignete Verlegenheitsfloskel", jedenfalls aber verwendet nach dem Muster von *I should say*, würde ich sagen. Doch was soll's: „Vergiß es" (*forget it*)! Und wenn Sie dergleichen immer schon geahnt haben, sagen Sie einfach: „Genau!" – womit Sie „genau" das englische *exactly* kopieren. „Macht" das alles Sinn (*to make sense*)?

Es macht: Thema aktueller Sprach- und Stilkritik ist nicht mehr wie früher die Verwelschung, das sich vom Ausdruck her stets auf romanische Sprachen bezieht, sondern die Gefahr einer anglizistischen Überfremdung des Deutschen: „Der Geist (oder Ungeist?) der Zeit bevorzugt das Geschwätzige, das Englische und das Akademische", so hat Wolf Schneider die Hauptsünden heutigen Sprachgebrauchs aufgelistet, wobei man diese natürlich auch zu einem einzigen Sündenpfuhl verrühren kann. Jedenfalls nicht so sehr die alten griechisch-lateinischen Begriffe unserer abendländischen Bildungstradition, auch nicht mehr französische Wörter und Wendungen, wie sie einmal höchst *à la mode* waren – heute sind es vielmehr „die gedankenlosen Übernahmen aus dem Englischen und die papageienhaften Nachahmungen englischer Sprachgewohnheiten, ... die zu einem scheußlichen Kauderwelsch führen". Andere Zeiten, andere *-ismen*: die Anglizismen stehen derzeit im Kreuzfeuer moderner sprachpuristischer Kritik und Polemik.

Rein – Reiners – Reinsterhaltung der Sprache

Sprachpurismus bedeutet „Sprachreinigung". Hinter diesem Ausdruck wird die anschauliche Vorstellung einer durch Fremdeinflüsse verunreinigten, beschmutzten Sprache sichtbar, die es „mit Lauge und Sand" (so in den ›Xenien‹, 1797) zu säubern gelte – daß in diesem Sinne Joachim Heinrich Campe, der erfolgreichste Sprachreiniger des Deutschen, von den Klassikern als „Waschfrau" verspottet wird, hat unterdessen nur noch anekdotischen Wert. Reinerhaltung und Reinheit unserer Sprache sind zumindest auch heute noch Grundsätze, die den meisten Stillehrern und Sprachkritikern die Feder führen. Man darf wohl sagen, daß nächst dem Sprachmodischen die Fremdwörter – aber auch sie, zumindest die gängigen, treten ja meist als Modewörter in Erscheinung – eines ihrer ergiebigsten Betätigungsfelder bilden. Wahrscheinlich sogar das mit Abstand ergiebigste, summiert man die auf ihre Behandlung verwendeten Seitenzahlen in den Stillehren und zählt man die ihnen gewidmeten Sprachglossen zusammen.

Wenn Sprachverfallsklage und Wissenschaftsschelte – einschließlich deren hauptsächlich fremdwortbedingter „Unverständlichkeit“ – den düster gefärbten Hintergrund bilden, der das Wirken von Stillehre und Sprachkritik eher theoretisch legitimieren soll, dient ihnen der „Fremdwortgebrauch (Mißbrauch müßte es heißen)“ als nicht unwillkommener, sprachpraktischer Aufhänger für ihre Kritik: Er ist nicht nur Eduard Engels „Hauptstilfrage“, sondern die größte Gefahr für die Reinheit unserer Sprache überhaupt. Um es in klassischen Metaphern auszudrücken: Die Fremdwörter als „Danaergeschenk“, auf dessen Pferdefüße man nicht genug hinweisen kann? Vielleicht auch Fremdwörtlichkeit als das Damoklesschwert, das am seidenen Stilfaden hängend unser Sprachleben tödlich bedroht? Oder umgekehrt die „Fremdwörterei“, wie sie despektierlich genannt wird, als die einfachste Lösung aller Legitimationsprobleme: Weil es Fremdwörter gibt, ist Sprach- und Stilkritik unbedingt vonnöten – solchermaßen also, um metaphorisch zu bleiben, das stilkritische Ei des Kolumbus.

Schon Gustav Wustmann hat sich über die damals noch neue, „widerwärtige“ Überschüttung „mit englischen Sprachbrocken“ ereifert: Eine deutsche Mutter solle sich schämen, ihr kleines Kind *Baby* zu nennen. Verwunderung bekundet er über „die Männer der Wissenschaft, bei denen man doch die größte Einsicht voraussetzen sollte“ – aber: „Auf den Universitätskathedern und in der fachwissenschaftlichen Literatur, da steht die Fremdwörterei noch in voller Blüte.“ Kurze Zeit, nachdem Hermann Dunger, der Begründer des Allgemeinen Deutschen Sprachvereins, eine Schrift über die ›Engländerei in der deutschen Sprache‹ (1909) herausgegeben hatte, führt auch Eduard Engel, einer der entschiedensten Verfechter der Sprachreinheit, Klage über die gleiche Erscheinung wie über die Fremdwörterei im allgemeinen, und zwar um einige Dissonanzen gröber als Wustmann: Unter Welsch versteht er „Küchenlatein, Apothekergriechisch, Kellnerfranzösisch, Stallknechtsenglisch, Leierkastenitalienisch“. Die Sprachreiniger tituliert er rühmlich als „deutsche Sprachschöpfer“ und vermißt „Männer der strengen Wissenschaft so gut wie ganz“; im Gegenteil: „die meisten wissenschaftlichen Schreiber des heutigen Deutschlands sind mehr oder minder Sprachverderber oder gar

Verteidiger, Vorkämpfer, Herolde, Lobsinger der Sprachverschmutzung." Das bedrohliche Ausmaß dieser Sprachverschmutzung macht uns dann Ludwig Reiners dramatisch klar: „So ist die Schlammflut der Fremdwörter immer höher angeschwollen und steht uns jetzt bis zum Hals." Da sieht man sich, wie einst Herkules am Scheideweg, vor der Alternative: *Intoleranz* (gleich „Unduldsamkeit"?) der Stilkritik oder *Indifferenz* („Gleichgültigkeit"?) der Sprachwissenschaft?

Berühmt ist Jacob Grimms Meinungsäußerung in seiner Akademierede ›Über das Pedantische in der deutschen Sprache‹ (1847): „Deutschland pflegt einen schwarm von puristen zu erzeugen, die sich gleich fliegen an den rand unserer sprache setzen und mit dünnen fühlhörnern sie betasten. Ginge es nach ihnen ..., so würde unsere rede bald von schauderhaften zusammensetzungen für einfache und natürliche fremde wörter wimmeln." Damit spricht er die Kehrseite des puristischen Vorgehens an, nämlich die Künstlichkeit und Häßlichkeit vieler Ersatzwörter, die Karl Kraus später zu seinem Aphorismus veranlaßt haben könnte: „Dem Kampf gegen das Welsche scheint eine heimliche Sympathie für das Kauderwelsche zugrunde zu liegen." Lassen wir aber noch Friedrich Kluge zu Wort kommen, den Altmeister deutscher Etymologie und Sprachgeschichte, der zumal in der historischen Entwicklung unseres Wortschatzes beschlagen wie kein zweiter war. „Fremdworte, die dem deutschen Sprachcharakter widersprechen, sind kurzlebend", stellte er ebenso knapp wie klar fest, im Vertrauen auf die selbstreinigende Kraft der Sprache, die das ihr nicht gemäße Fremde abstößt – oder es „verschlingt", wie Goethe den Vorgang der eingliedernden Übernahme genannt hat (S. 96). Noch einmal Jacob Grimm: „Fällt von ungefähr ein fremdes wort in den brunnen einer sprache, so wird es solange darin rumgetrieben, bis es ihre farbe annimmt und seiner fremden art zum trotze wie ein heimisches aussieht."

Fremdwörter machen in der Tat keine anderen „Karrieren" als deutsche Neuwörter: Sie kommen auf, wenn ein Wortbedarf besteht, und verschwinden schnell wieder, wenn sie nicht treffen. Ist ihnen aber Erfolg beschieden, erstrahlen sie im Wörteruniversum wie Kometen, von denen man ja weiß, daß sie mit der Zeit allmählich wieder verblassen. „Nimm's nicht *tragisch*", heißt es dann im biedersten Alltagsdeutsch, „Ist doch kein *Problem*" oder „ist *praktisch* ein Ding der Unmöglichkeit". Wie an solchen Beispielen unmittelbar deutlich wird, besteht nicht der geringste Unterschied, ob es sich um Fremd- oder Eigenwörter des Deutschen handelt: Zwischen der *Tragik* einer klassischen Tragödie und dem *tragisch* umgangssprachlicher Verwendung liegen dieselben Welten wie zwischen Kants philosophischem „Ding an sich" und dem Allerweltswort *Ding*.

Ob die große Zahl unserer Fremdwörter dem Geist des Deutschen geschadet oder genutzt habe, fragt sich Oskar Jancke: „Man beachte, daß sie die Reinheit der deutschen Sprache niemals gefährden.“ Nur wenige Jahre zuvor antwortete Kurt Tucholsky einer Leserbriefschreiberin, die sich über ›Die hochtrabenden Fremdwörter‹ (so der Titel seiner Antwort) beklagt hatte: „Etwa die gute Hälfte aller Fremdwörter kann man vermeiden; man solls auch tun – und daß du keine ‘Puristin’ bist, keine Sprachreinigerin, keine von denen, die so lange an der Sprache herumreinigen, bis keine Flecke mehr, sondern bloß noch Löcher da sind, das weiß ich schon“; beim Gebrauch von Fremdwörtern gelte es zu trennen zwischen „den Bildungsprotzen, die sich damit dicke tun wollen, und den Schriftstellern, die zwischen ‘induktiv’ und ‘deduktiv’ unterscheiden wollen und diesen Denkvorgang mit Worten beschreiben, die geschichtlich stets dieser Bezeichnung gedient haben“. Doch nicht alle Sprachkritiker denken gleich liberal („großzügig“?), sie erwägen wohl gar praktische Maßnahmen der Sprachreinigung. „Im Französischen sind die überflüssigen Anglizismen von Gesetzes wegen verboten, denn dort befaßt man sich ernsthaft mit der Sprachkultur“, lobt Ursula von Wiese die Académie Française, deren vierzig „Unsterbliche“ bekanntermaßen streng über das Wohl und Wehe der französischen Sprache wachen. Immerhin bestehe „die Hoffnung, daß auch der deutschen Sprache zu ihrem Recht verholfen“ werde – ein Sprachverbot für Fremdwörter? Nun gut denn, Werner Raith hält schon die passende Formulierung bereit: „Der extreme Usus exterritorialer Vokabeln in der germanistischen Linguistik ist mit insuperabler Vehemenz zu eliminieren.“

Nach der Sprachlogik und der Sprachschönheit, die in den ersten Kapiteln näher ins Auge gefaßt worden sind, kann die Sprachreinheit als ein weiteres Hauptkriterium heutiger Stilkritik gelten. Aber was heißt „Sprachreinheit“? Strenggenommen müßte dieser Idealzustand eine von allen fremdsprachigen Elementen befreite deutsche Sprache sein, konsequenterweise also auch von denjenigen, die längst voll integriert sind: *Käse*, *Telefon*, *Attentat*, *Streik* usw. Das wäre Sprachpurismus – „Ablehnung des Fremden, nur weil es fremd ist“ – in höchster Potenz, ein Purismus, der so auch gar nicht den Absichten heutiger Fremdwortkritik entspricht. Was übrigbleibt, ist eine sehr verwässerte Sprachreinheit, die ohne feste Maßstäbe von Fall zu Fall ins Feld geführt wird; und so vage sie selbst bleibt, so gefühlsam auch ihre Legitimation: „Ich verliebte mich in die deutsche Sprache, und wie jeder Verliebte kann ich es nicht ertragen, wenn man ihr etwas Arges antut“, bekennt nochmals Ursula von Wiese. „So gesellte ich mich der Schar der Sprachreiniger zu, die es schon seit Jahrhunderten gibt und deren Feldzug gegen die Sprachverhunzung von manchen als Donquichotterie belächelt wird.“

Hans-Martin Gauger, einer der wenigen Sprachwissenschaftler mit sprachkritischen Ambitionen, hat auch dem Begriff der sprachlichen „Reinheit" seine Aufmerksamkeit geschenkt. Fern allem Sprachpurismus teilt er die verbreitete „Erregung über das Eindringen des Englischen" weniger, wie übrigens auch andere seines Metiers, und versteht unter Sprachreinheit sehr allgemein „ein – durchaus moralisch getöntes – Gefühl der Verpflichtung, das wir unserer Sprache gegenüber empfinden". Zusammenfassend eingeschätzt: „Ich will diesem sprachkritischen Gesichtspunkt, der möglich und faktisch verbreitet ist, sein beschränktes Recht nicht absprechen; vor allem nicht, wenn es um die Verständlichkeit des Sprechens und Schreibens geht." Das bedeutet indes nicht nur eine Reduzierung, sondern auch Relativierung des Prinzips: Sprachreinheit hieße Verzicht auf Fremdwörter, die schwer verständlich sind – aber für wen? Das relativ einfache Wort *Kompetenz* wird für Menschen ohne allgemeine Fremdsprachen- oder spezielle Fremdwortkenntnis unverständlich sein, der relativ schwierige Fachbegriff *Elektrokardiogramm* aber nicht nur für Fachleute und „Bildungsbürger" mehr als leichtverständlich, weil er im Alltagswissen eine große Rolle spielt.

Vor allem sollte man nicht übersehen, daß auch die „Reinheit" der Sprache eine Metapher ist. Sie setzt als Gegen-Bild deren „Verschmutzung" voraus (wie das ja in der stilkritischen Literatur häufig genug ausdrücklich formuliert wird). Nun existieren gewiß häßlich klingende, unförmige, vom Sinn her schiefe Wörter und Wendungen, sowohl solche der deutschen wie fremder Sprachen – doch warum und mit welcher Berechtigung sollte man diese „schmutzig" nennen? Es gibt sogenannte Tabuwörter, vor allem Vokabeln des Anal- und Sexualbereichs, oder grobe Beschimpfungen, die so bezeichnet werden. Aber einfache Wörter des Deutschen, auch Fremdwörter, deren Übernahme wir uns ja schließlich selbst zuzuschreiben haben? Im vollen Bewußtsein, mich damit dem Gaugerschen Vorwurf auszusetzen, der Sprachwissenschaft sei „ohnehin alles rein" – wenn das aus dem Lateinischen stammende *Argument* etymologisch auch nur einen Hauch mit „Scharfsinn" zu tun hat, halte ich die 'Sprachreinheit' für kein legitimes und falls doch rechtmäßiges, so nur ein recht mäßiges Kriterium sprachkritischer Argumentationen.

Umgekehrt – und damit soll zum Schluß noch die Titel-Formulierung dieses Kapitels nach Fontanes bekanntem Roman zu ihrem Recht kommen: Wenn Sprachkritiker und populäre Stillehrer die Reinhaltung unserer Sprache, ob in puristischer oder allgemein sprachpflegerischer Form, auf ihr Panier geschrieben haben, dann können angesichts der Verbreitung ihrer Schriften in weiteren Bevölkerungskreisen die von ihnen autoritativ ausgesprochenen Verdikte eine nicht zu unterschätzende Wirkung haben: Stilkritische „Irrungen“ führen unter Umständen im Publikum zu nicht mehr gutzumachenden sprachlichen Ver-„Wirrungen“!

4. Der Technologie-Transfer

Sie werden das übliche Demonstrationsstück schon erwartet haben: Allerdings geht es nicht um den ganzen, zusammengesetzten Ausdruck, der gleichwohl auch geläufig ist. Vielmehr steht im Vordergrund nur sein erster Teil *Technologie* (dazu das Adjektiv *technologisch*) – eine Vokabel modernsten Deutschs und erst jüngst aus dem Englischen „transferiert“, also zu uns übertragen. Obwohl 1980 als „Wort des Jahrzehnts“ gefeiert, gehört es zu den meistkritisierten Fremdwörtern der siebziger und achtziger Jahre: Eigentlich paradox, aber in Abwandlung eines bekannten Bonmots doch erklärbar: „Je preiser ein Wort gekrönt wird, desto durcher fällt es“, sprachkritisch.

Indes der Reihe nach. Die Wörter *Technik* (dazu wieder *technisch*, auch *Techniker*) und – man lese und staune – *Technologie* (*Technologe*) kamen bereits im Deutschen des 18. Jahrhunderts auf: Johannes Beckmanns Buch ›Anleitung zur Technologie oder zur Kenntnis der Handwerke, Fabriken und Manufakturen‹ usw., erschienen Göttingen 1777, wird als früheste Quelle genannt. Der Begriff *Technik* (nach dem griechischen *téchnè*, das soviel wie ‘Kunstfertigkeit, Handwerk’ bedeutete) bezieht sich hauptsächlich auf die praktischen Verfahrensweisen, Methoden und Arbeitsmittel in Anwendung naturwissenschaftlicher Erkenntnisse. *Technologie* unterscheidet sich davon, seiner Bildeweise gemäß, als die Lehre von den technisch angewendeten Arbeits- und Produktionsverfahren: *Technologie* ist mithin, kurzgefaßt, die Wissenschaft von der Technik, und so steht es auch in den Wörterbüchern.

Der Begriff ordnet sich damit ein in die lange Reihe jener zweckmäßigen, zudem meist international gebräuchlichen Fach- und Wissenschaftsbezeichnungen auf *-logie* (*-logisch*), sogar mit ähnlichen Paarbildungen wie *Methodik – Methodologie*, *Poetik – Poetologie* usw. Das mag mit ein Grund für die derzeit starke, teilweise auch fälschliche Verwendung von *Technologie* in dem Sinne sein, der eigentlich dem Wort *Technik* zukäme. Dies wiederum läßt sich mit dessen Ausweitung vom Fachbegriff zum allgemein verwendeten, abgeblaßten Allerweltswort erklären, das infolgedessen auch für eine „Blutauffrischung“ aus dem Anglo-Amerikanischen besonders anfällig sein mußte. Aber so argumentieren hieße nicht stilkritisch, sondern philologisch zu begründen versuchen, und da überschreibt einer der Kritiker seine diesbezügliche Sprachglosse vielsagend: „Nicht alles ist logisch.“

Wie harmlos liest sich, was Oskar Jancke 1936 über das Thema ›Sprache und Technik‹ räsonnierte, noch ganz ohne jegliche Technologie. Mit dem technischen (technologischen?) Fortschritt der folgenden Jahrzehnte, der „goldenen“ fünfziger und sechziger, kamen alsdann die neuen Technologien verschiedenster Art innerhalb nur weniger Jahre, wie man festgestellt hat, auch im Deutschen zum Durchbruch. Nicht als Renaissance des alten, griechisch-lateinischen Fachbegriffs, sondern nun als klarer Anglizismus, nämlich Übernahme von *technology* (*technological*), das in der englischen Sprache weitgefaßt für alle technischen Prozesse, Verfahren, Arbeiten usw. steht. „Wieder einmal sind die Übersetzer schuld, daß eine falsche Bezeichnung in die Umgangssprache Eingang gefunden hat“, tadelt Ursula von Wiese.

Einig geht sie mit allen Kritikern in dem Ergebnis, „daß *Technologie* heute unter englischem Einfluß häufig verwendet wird, wenn eigentlich *Technik* gemeint ist“. Wer genauer wissen will, wie häufig, der erfährt von dem Anglisten Broder Carstensen mit runder Zahlangabe: „allüberall die ‘Technologie’ (*technology*), wo – in wenigstens neunzig Prozent der Fälle – die Technik gemeint ist.“ Angesichts einer derart hohen Schätzung der „Technologiehaltigkeit“ unserer Fomulierungen eigentlich kein Wunder, wenn diese ganze Entwicklung Walter Heuer in seiner Glosse ›Untergang der Technik?‹ nicht mehr geheuer vorkommt und er folgerichtig in den Ruf ausbricht: „Die Technik ist tot – es lebe die Technologie!“

Nicht völlig klar wird der eigentliche und tiefinnerste Kritikpunkt. Ist es doch primär der Anglizismus, die Neuübernahme als Fremdwort (obwohl es in gleicher Form ja schon lange existierte)? Immerhin rät Rudolf Walter Leonhardt, sich hier „keiner sprachlichen Fremdherrschaft“ zu unterwerfen; „wenn wir dann gar alles, was die Technik betrifft, ‘technologisch’ nennen, dann zeigen wir einen derart armseligen Umgang mit Fremdwörtern, daß wir schon lieber gleich deutsch reden sollten“. Auch Wolf Schneider ist neuerdings dieser Meinung: „in Wahrheit äffen wir das englische Original in deutschen Silben nach“, wenn wir für *technology* „Technologie“ schreiben, obwohl es „Technik“ heißen müßte.

Oder ist es die hier wiederum angesprochene und überall kritisierte semantische Ungenauigkeit, die *Technik* mit *Technologie* verquickt? „*Technologie* dürfen Sie ruhig sagen, aber seltener, als Sie *Technologie* zu sagen pflegen“, orakelt Hans Weigel: „Fragen Sie sich, bitte, ob Sie nicht *Technik* statt *Technologie*, *technisch* statt *technologisch* sagen sollten, und Sie werden staunen, wie oft Sie sollten.“ Vielleicht hat auch einfach die Gebrauchshäufigkeit des Wortes in diesen Jahren dazu geführt, daß es in die verpönte Rubrik „Modewort“ geraten ist? Für Carstensen jedenfalls ist es „eines der ‘Zauberworte’ und ein Schlüsselbegriff unserer modernen Zeit“. Was sich freilich auch als Anerkennung verstehen ließe.

Schließlich, haftet dem Begriff wohl gar ein gewisser Snobismus an? Vielleicht sind es vor allem Wichtigtuer, die heute gern von *Technologie* oder noch lieber pluralisch *Technologien* reden – Plurale sind der Stilkritik ohnehin ein Dorn im Auge (S. 135) – statt schlicht von *Technik*. Eike Christian Hirsch vermutet dies stirnrunzelnd, mit der Begründung, „daß die Endung ‘-logisch’ unserer Wortwahl immer so etwas wie Adel verleiht“, und er nutzt diese seine Einsicht gleich für die zugkräftige Schlußpointe: „Techniker aller Länder, adelt euch zu Technologen.“

Wahrscheinlich liegt der *Technologie*-Kritik eine verschwommene, besser gesagt im Prozeß der Sprach„reinigung“ verwaschene Mischung all dieser Gesichtspunkte zugrunde, letztlich also eine unbestimmte, gefühlsmäßige Aversion gegen das erfolgreiche Neuwort, das so neu ja gar nicht ist. Überlassen wir in diesem Sinne Wolf Schneider die bündige Zusammenfassung: „Ein griechisches oder lateinisches Wort in seiner deutschen Form wird durch ein antikes Wort in seiner englischen Form ersetzt (kein sehr dringlicher Vorgang, sollte man meinen): ‘Technik’ heißt englisch *technology* – woraus deutsche Mitbürger scharfsinnig gefolgert haben, *technology* müsse auf deutsch *Technologie* heißen. Wunder der Rückübersetzung! Chance der geschwätzigen Silbenvermehrung! Wer noch gewährt uns die Erfrischung, die ausgeleierten *Zukunftstechnologien* in ‘die Technik von morgen’ zu verwandeln?“

Dem hat der Sprachtechnologe nichts mehr hinzuzufügen.

Viertes Kapitel

Kritiker-Standpunkt: Gesichtskreis mit Radius Null?

Eine Glosse macht noch keine Stilnorm

> Ein Facit ist: der moderne Deutsche ist ein Bildungs-Großsprecher bis -Größtsprecher ... Der Engländer freut sich am understatement, das er bis zum Skurrilen pflegt, von Kindesbeinen an. Wir kennen nur gerade eben das Wort 'Untertreibung', aber es sagt uns nicht viel, wenn wir es überhaupt gebrauchen ... Wir pflegen das overstatement, die Texaner Europas. Wenn es das Wort 'overstaters' gäbe, *das* träfe uns Deutsche in unserer Sprache!
>
> Alfred Gleiss

Das Wort sei seinem Wesen nach eine Übertreibung, schreibt auch Wolf Schneider und weitet so den nur deutschen Sprach-Übertreibungstrieb ins Allgemeinmenschliche: „Je extremer der Zustand, desto leichter das passende Wort für ihn zu finden." Wie äußert sich sprachliche Übertreibung? Durchaus in Kleinigkeiten, die man großzügig übersehen könnte – wenn man nicht sprachkritisch wäre.

Zum Beispiel hat Friedrich Schillers „Milch der frommen *Denkart*", dem heiligen Zorn aller vereinigten Kritiker zum Trotz, allmählich ihre Metamorphose in eine solche der *Denkungsart* vollzogen, und dies, obwohl die deutsche Sprache zugegebenermaßen keine *Denkung* kennt. Daß in Büchmanns ›Geflügelten Worten‹ auf jeder zweiten Seite Zitierweisen zu lesen sind, die nicht buchstabengetreu im Sinne ihrer Autoren, sondern in volksläufiger, sozusagen gebrauchsgerechter Umformung verwendet werden, und daß außerhalb des zwischen *Denk-* und *Denkung* schillernden Zitats das Kompositum *Denkungsart* durchaus vorkommt, von Lessing bis Sternberger, um nur einige namhafte Vertreter deutscher Sprachkultur zu nennen, das geht in der allgemeinen Entrüstung unter.

Aber es kommt noch schlimmer in unseren modernen Zeiten: Setzen wir einmal voraus, jedermann wisse, was eine „Metamorphose" ist, von der eben die Rede war. Dieser klassische Bildungsbegriff ließe sich im vorliegenden Zusammenhang etwa wiedergeben – ich las dieses Wort, das zweifellos auf der Höhe aktueller Formulierungskunst steht, neulich in einem wissenschaftlichen Werk – als *Umdenkungsprozeß*. In einfacherem Deutsch wäre das ein „Prozeß des Umdenkens".

Dieser zufällige Wortfund erschiene kaum weiter bemerkenswert, wenn heutzutage derartige Raffbildungen nicht geradezu überhand nähmen – „Raffbildungen" deshalb, weil sie mehrere selbständige Ausdrücke in einem Wort zusammenfassen. Das Besondere im vorliegenden Fall ist, daß sich an der Gesamtbedeutung nicht viel ändert: Zwischen dem volltönenden *Umdenkungsprozeß* und schlichtem *Umdenken* besteht sinngemäß kein großer Unterschied. Da einfache Wörter stets treffender sind als Erweiterungen, zumal „Aufblähungen", so die Stilkritik, sieht sie in Doppelbegriffen dieses Typs (wie *Problembewußtsein*, *Gefahrensituation*, *Alibifunktion*, *Lärmentwicklung*, *Modellcharakter* usw.) reine „Imponiervokabeln", also Wörter zum Angeben, und gehäuft führen diese tatsächlich zur Bildungs-Großsprecherei. Bündeln wir, um das zu beweisen, einige weitere wirkungsvoll zum Satz: Wörter dieses *Bildungsniveaus* zeigen ausgesprochene *Aufstiegstendenz*, solange sie dem *Erwartungshorizont* der Menschen entsprechen und nicht die *Toleranzschwelle* zum *Imponiergehabe* überschreiten – kurz, zum *Übertreibungsphänomen* geraten (das später in diesem Kapitel noch ausführlicher erörtert wird).

Daß es sich dabei um junge Bildungen handelt, die sowohl ihre Ausdrucksvorzüge haben können wie auch Nachteile, vor allem wenn sie übertrieben und gedankenlos gebraucht werden, hat Otto Nüssler in einer seiner gehaltvollen Glossen klarzumachen versucht: „In meinem nicht mehr ganz neuen Wörterbuch fehlt das *Problembewußtsein*. Das ist eine sprachliche und begriffliche Nachkriegspflanze, deren Gift jedem injiziert wird, der nicht bereit ist, aus der erstbesten simplen Fragestellung ... ein grundstürzendes Problem zu machen." Hinter dem Problembewußtsein stecke freilich mehr als ein bißchen Kritik: „Es spiegelt auch die Fähigkeit, eine ungelöste Frage überhaupt als solche zu erkennen, also nicht am Wesentlichen vorbeizurennen. Dennoch – wie oft gebrauchen wir *Problembewußtsein* als dummes Schlagwort, als scheinbar todsichere Waffe gegen Andersdenkende? Lassen Sie sich von solchen Erschlagwörtern nicht mundtot machen!"

1. Dilettalentiert angerichteter Stilsalat

Ohne jeden Zweifel sind Stillehrer und Sprachkritiker kluge, gebildete und hochgradig sprachsensible, meist auch „studierte" Leute. Wir lesen bei ihnen viel unbestreitbar Richtiges, das dem Buchstaben der Grammatik bis aufs i-Tüpfelchen gerecht wird, auch sonst in Einzelheiten viel Vernünftiges, das dem „gesunden Menschenverstand" ohne weiteres einleuchtet, und darüber hinaus sehr viel allgemein Beherzigenswertes in Sprachbelehrung und Stilratschlägen. Schade nur, daß sich dieses uneingeschränkt Positive „in unbrauchbarer und oft unerträglicher Weise mit Subjektivem, Falschem, Törichtem und Arrogantem mischt", wie Heinz Rupp kritisch festgestellt hat. Nicht zu übersehen ist dabei die Gefahr, da sich in Sprachglossen und Stillehren zur vordergründigen Plausibilität noch die Überzeugungskraft der glänzenden Formulierung gesellt, daß nicht einmal nur vertrauensselige Gemüter allzu leicht geneigt sein werden, so auch das gut verpackte Negative als sprachstilistische Wahrheit zu akzeptieren.

Warum jedoch dieses unsichere Schwanken, diese unheilvolle Mischung von Gut und Schlecht, dieser gleichwohl geschickt präsentierte „Wirrwarr"? Oder sollten wir lieber, da Johann Christoph Adelung, hierin ein früher Sprachkritiker noch des 18. Jahrhunderts, von diesem Lessingschen Ausdruck nichts wissen wollte, an seiner Stelle zum wahrlich nicht besser klingenden „Mischmasch" greifen? Bleiben wir also am besten bei dem zugrundeliegenden Fremdwort: warum dieses *Chaos* aus wissenswerten Ein- und Ansichten, Halbwahrheiten und schlichter Ignoranz?

Kurioses vom „Baum der sprachlichen Erkenntnis"

Man ist versucht, in Anlehnung an Eike Christian Hirsch, der eine seiner Glossensammlungen ›Kopfsalat‹ betitelt hat, von einem nichtsdestoweniger appetitlich bis delikat angerichteten „Stilsalat" zu sprechen. Eine Erklärung für die nicht übersehbare Unausgeglichenheit stilkritischer Urteile wird sein, daß es ohne gründliche, vielseitige Fachkenntnisse auch im Bereich von Sprache und Stil nicht geht. Vielleicht rührt die ausgesprochene Wissenschaftsfeindlichkeit der meisten Stillehrer und Sprachkritiker aus dem Selbstgefühl eigener „Unwissenschaftlichkeit" her, eines nur unterschwellig eingestandenen Dilettantismus, der mit findigem Talent (beide Begriffe verbindet Christian Morgensterns Wortspiel *Dilettalent*) und forscher Formulierungskunst geschickt kaschiert wird?

Unwissenschaftlichkeit hin, Formulierungskunst her – Fachwissen ist auf alle Fälle vonnöten. Es gibt eben Sprachtatsachen, die so und nicht anders sind, die man nicht beliebig interpretieren kann, wie gern man sie auch anders sehen möchte, und deren Unkenntnis oder Nichtbeachtung Folgen hat. Hans Reimann, über den Thomas Mann voll des Lobes war: „Die Deutschen haben nie einen so lustigen (und heimlich strengen) Deutschlehrer gehabt", liefert in seinen sprachlichen „Kreuzungen" Beispiele, die jedem halbwegs sprachgebildeten Leser, erst recht aber dem

Sprachwissenschaftler die Haare zu Berge treiben müssen, ähnlich wie neuerdings manche von Klaus Mampells Etymologien, Onomatopöien, Reduplikationen usw. Wortgeschichtliche Darlegungen sind eben gefährlich; sie haben fatalerweise die Eigenschaft, daß Irrtümer sich meist exakt nachweisen lassen: Anders als im Falle stilistischer Probleme, bei denen diese oder jene Meinung immerhin vertretbar scheinen mag, kommen „Etymogeleien“ gleich ans Licht. Und Fragen nach Art und Herkunft der Wörter finden nun einmal ein großes Publikumsinteresse, so daß viele Sprachkritiker auch das etymologische Pferd reiten – oft genug zu Tode.

Decken wir den Mantel nachsichtigen Vergessens über den schlichten Unsinn *in etymologicis*, den uns Ludwig Reiners an verschiedenen Stellen bietet. Aber andere machen es nicht einen Deut besser, so Rudolf Flesch: „Zum Beispiel haben wir das einfache Wort *Deut*, etwa in der Bedeutung: eine Kleinigkeit. Hängen Sie eine Endung an, erhalten Sie *deuten* – etwas erklären. Dann kommt noch ein Präfix hinzu, und wir haben *bedeuten* – etwas meinen oder sein; ein weiteres Affix, und man ist *bedeutend* – gleichbedeutend mit wichtig. Nun fügen Sie zur Abwechslung noch das Präfix *un* an, und Sie haben *unbedeutend*, um das Gegenteil auszudrücken“ usw. Soll hier vielleicht auch lediglich die Variationsbreite deutscher Wortbildungsmöglichkeiten aufgezeigt werden, so sei doch in aller Deutlichkeit klargestellt: Unser Wort *Deut* hat nicht das geringste, also wirklich „keinen Deut“ mit dem nur klanglich gleichen *(be)deuten* zu tun. Ursprünglich war es Bezeichnung einer kleinen, geringwertigen Kupfermünze, so schon im alten Nordischen bezeugt, und gelangte aus dem älteren Niederländischen (*duit*) erst seit dem 17. Jahrhundert redensartlich ins Hochdeutsche.

Nach Annette Trabold erliegt Wolf Schneider „in diesem etymologischen Bereich einem Irrtum. Er wirft diachrone und synchrone Sprachbetrachtung durcheinander und zieht dann falsche Schlüsse bei Wörtern“, die wir heute „fälschlich“ als neutral empfänden: „Das scheinbar bürokratisch trockene ‘sehr’ hieß einmal schmerzlich und verletzt, wie die Kriegsversehrten bezeugen: Es als Verstärkung einzusetzen, hat das Niveau des englischen ‘bloody’ oder des amerikanischen ‘damn’ und der ‘sehr geehrte Herr’ ist sprachlich ein verdammt geehrter“ – vor langen, langen Jahrhunderten (also diachron) bedeutete *sehr* in der Tat ‘schmerzlich’, aber nicht anders als auch wir noch gelegentlich etwas „schmerzlich“ vermissen können, und heute (synchron) hat es längst den Rang eines schlichten Steigerungsadverbs.

Mitunter bekunden Sprachkritiker nicht nur Mühe hinsichtlich der größeren Sprachzusammenhänge, sondern auch was die bloße Begrifflichkeit angeht. Derart ringt Hans Weigel in rührender Hilflosigkeit, weil es am terminologischen Rüstzeug fehlt, um die Benennung eines stilistischen Phänomens – als Beispiele *noch einmal wiederholen*, das *angebliche Gerücht*, die *Möglichkeit zu können* usw.: ein Phänomen, das seiner Meinung nach keinen Namen hat. Er schlägt dafür das gänzlich ungeeignete, weil bereits in seinem Verständnis anders festgelegte „Dualismus" vor. Und worum geht es? Um die altehrwürdige, seit der griechischen Antike bekannte und damals schon benannte 'Tautologie', vom Begriff her eine Verbindung mehrerer Ausdrücke, die dasselbe sagen. Wie heißt es doch schon in einem antiken, diesmal lateinisch „geflügelten" Wort: *O si-lenter tacuisses* ... wenn du doch *still geschwiegen* hättest!

Mechtilde Lichnowsky, schon gerühmt als erste, beste deutsche Sprachkritikerin (das Komma ist wichtig), ereifert sich über einen „preziösen Autor", der ständig *gehn*, *sehn*, *stehn* schreibe. „Was für eine Frechheit dazu gehört, schöne unschuldige Worte so zu verstümmeln, sie um ihre weich klingende Zweisilbigkeit zu betrügen." Allerdings, beachtenswert: „In seinen Schriften pflegte der große Jakob Grimm Verben wie 'gehen', 'sehen', 'stehen' ohne das zweite 'e' zu schreiben, und er wird seine Gründe gehabt haben." Wahrhaftig, er hatte sie! Denn mit Ausnahme des nur angeglichenen *sehen* handelt es sich um sogenannte Wurzelverben, die in älterer Zeit *gēn, stēn* lauteten; erst nachdem zur Bezeichnung solcher Vokallängen das *h* als Dehnungszeichen im Deutschen üblich geworden war, konnte sich analog zu anderen Verben wie *sehen, geschehen, wehen* usw. ein zweisilbiges *gehen*, *stehen* einbürgern. Auch wenn, „was für Jakob Grimm recht sein mag, noch lange nicht für Herrn X. billig sein müsse", so der streitbare Schluß – im Unrecht war Herr X., sprachwissenschaftlich gesehen, nicht.

Ein letztes Beispiel, das einen Bogen zurück zur Etymologie schlägt: Wenn dieselbe Schriftstellerin an anderer Stelle von den Wörtern *Brunst* und *Inbrunst* annimmt, sie seien durch „Verwechslung" von *s* (früher gab es ein „langes"*ſ*) mit *f* aus *Brunft* entstanden, dann hilft auch nicht viel, daß ihr Lessing dafür als Kronzeuge einsteht. Der Sprachwissenschaft fällt es leicht nachzuweisen, daß *Brunst*, so deutlich sichtbar in der „Feuersbrunst", zu *brennen* gehört (wie *Gunst* zu *gönnen*, *Kunst* zu *können*), *Brunft* aber, im „Brunftschrei" geradezu hörbar, zu *brummen* (wie *An-kunft* zu *kommen*, *Vernunft* zu *vernehmen*, *Zunft* zu *ziemen* usw.). Also nichts mit Lessing.

Alles in allem: eher harmlose und daher verzeihliche Mißgriffe, die sicherlich auch keinen gutgläubigen Menschen an den Rand des Analphabetismus bringen werden. Da liest man verblüfft, als allerletztes, in kurioser Verquickung eines gut deutschen Wortes mit einem zufällig lautgleich beginnenden Fremdwort: „Qualität kommt von Qual" – falsche

Etymologie, Irreführung eines „unwissenden“ Publikums oder reines Wortspiel? Wie auch immer, hier gilt Rudolf Walter Leonhardts herzerfrischende Quintessenz: „aber Quatsch ist es trotzdem.“ Übrigens, wer Tucholsky gelesen hat, wußte längst, daß wir allenthalben von Quatsch umgeben sind.

Wenig greifbar in der Sache – griffig in der Sprache

Es muß nicht immer Lessing sein. Obwohl natürlich, wie vorher zu lesen war, eine Berufung auf die klangvollen Namen unserer Geistesgeschichte sich in hervorragender Weise dazu eignet, jeden Widerspruch oder auch nur den Anflug eines Zweifels von vornherein zu unterbinden. In jenem Zusammenhang haben wir einige der „Scheinstrategien“ erörtert, mit denen Sprachkritiker und Stillehrer sich über ihre sachlichen Schwierigkeiten mehr oder minder elegant hinwegzuretten suchen: wenig greifbar in der Sache, aber um so griffiger in der Sprache!

Zu diesen Kunstmitteln gehören etwa die bekannten „abschreckenden“ Beispiele, die in ihrer unendlich tölpelhaften Spracheinfalt allen stildidaktischen Absichten hohnlachen (falls sie allerdings nur als „Schmunzeleinlagen“ gedacht sind, wäre die derart betriebene Verdummung der Leser fast noch schlimmer als die kritisierten Fehler). Eine beliebte Technik ist ferner die auflockernde Gesprächsform, wie sie vor allem in vielen Sprachglossen und ebenso kunstgerecht in den berüchtigten Lehrer/Schüler-Gesprächen der Reinersschen ›Stilfibel‹ genutzt wird; letzter Sproß dieses didaktischen Konzepts sind Karl-Dieter Büntings, des Sprachwissenschaftlers, Dialoge zwischen *Pfiffikus* und *Sprachdoktor* (›Auf gut deutsch‹, 1989) – sogar mit possierlichen Karikaturen. Nimmt man noch die persönliche Ansprache der Leser, die auch der Fachler Theo Stemmler exzessiv übt, ferner eingestreute Fragen, einfallsreiche Vergleiche, Bilder und andere Aufwertungsmittel hinzu, erkennen wir unschwer den ganzen Katalog der auch stillehrerseits empfohlenen „Attraktivmacher“ (S. 52 ff.). Dahinter steht gewissermaßen als Credo der Satz Schopenhauers: „Wie behauptet wird, ein guter Koch könne sogar eine harte Schuhsohle genießbar herrichten, so kann ein guter Schriftsteller den trockensten Gegenstand unterhaltsam machen.“

Dies entspricht haargenau der Technik des modernen Sachbuchs. Die Verfasser überschütten ihre Leser längst nicht mehr mit weitläufigem, einschläferndem Fachwissen. Vielmehr binden sie bevorzugt mit dem Kunstgriff der „Personalisierung“, das heißt einer betonten Herausstellung der menschlichen Seiten, ihren eigentlichen, belehrenden Stoff an

Forschergestalten und deren Schicksale, an den konkreten Hergang von Entdeckungen, Forschungsarbeiten oder Erfindungen, an interessante Begleitumstände und dergleichen. Philipp Vandenberg etwa, erfolgreicher Archäologie-Autor, beginnt sein Buch über das ›Geheimnis der antiken Orakel‹ so: „Als der steinreiche Lyderkönig Krösus endlich einmal wissen wollte, welches der zahlreichen Orakel, die er seit Jahren für teures Geld um Rat fragte, wohl das beste sei, da schickte er sieben Delegationen zu den sieben bekanntesten Orakelstätten seiner Zeit und stellte siebenmal dieselbe Frage. Das war um das Jahr 550 vor Christus und sollte ein Test sein. – 2525 Jahre später machte ich mich auf den Weg, um dieses wohl bestgehütete Geheimnis der Antike zu ergründen" usw. Wenn das kein fesselnder, Neugier weckender Anfang ist! Und noch spannender, zumal das spätere Schicksal des Königs Krösus ja historisch bekannt ist, daß man erst 200 Seiten danach von dem Ergebnis dieser Erkundungen erfährt. Eine geradezu detektivische Entschlüsselung der Orakelgeheimnisse, lebhafte Schilderungen ihrer archäologischen Erforschung, dazu natürlich illustrative Abbildungen – Archäologie, die sich wie eine Abenteuergeschichte liest!

Ähnlich sind auch stilkritische Werke in hohem Maße unterhaltend-rhetorisch aufgeputzt. Dafür fehlt es ihnen an genauen Informationen, wie sie etwa wissenschaftliche Arbeiten bieten: kaum Zitatnachweise, Anmerkungen, Literaturangaben – „unverdauliches, störendes Beiwerk", würden Sprachkritiker und Stillehrer geringschätzig abwinken. Sie nennen denn auch nur höchst selten die von ihnen benutzten Werke oder zitierten Autoren (wenn aber doch, dann meist in sehr allgemeiner und eher beiläufiger Form). Als Modellfall wieder einmal – mit dem vorschnell auf der Zunge liegenden „einmal mehr" hätte ich mich arg in die sprachkritischen Nesseln gesetzt (S. 99) – Ludwig Reiners. Seine ›Stilfibel‹ enthält nicht den allermindesten Hinweis, wer was wo an Gedanken, Lehrsätzen, Beispielen usw. beigesteuert hat. Die große, hochgradig kompilierte ›Stilkunst‹ desselben Verfassers bietet, auch in der Neubearbeitung von 1991, nicht mehr als drei Dutzend willkürlich zusammengestellter Titel, denen einige „Beispiele, namentlich für mißglückte Sätze" entnommen seien. Interessanter aber noch, wohlgemerkt im Textzusammenhang, wo es um Zitate, Anmerkungen, Belege usw. geht, die allgemeine Salvierung: „Hätte ich in diesem Buch für jedes Zitat den Fundort aufgeführt, so würde der Leser das als pedantische Belästigung empfinden." Eine ebenso einfache wie verblüffende Schlußfolgerung, die augenscheinlich sogar in Kreisen der Sprachwissenschaft überzeugt hat: ›Stemmlers kleine Stil-Lehre‹ verzichtet nicht nur gänzlich auf Fußnoten und Nachweise, sondern beschränkt sich in den Literaturangaben einschlägig auf eine höchst selektive Fünfzahl „wohlmeinender Stilratgeber“ – ein Schelm, wer dabei Schlechtes denkt.

Fast regelmäßig verzichten Sprachglossen-Sammlungen, was mit dem primären Abdruck dieser Glossen in der Zeitung zu tun haben mag, auf nähere Hinweise: Was an übernommenen Themen, Beispielen, oft sogar Formulierungen geboten wird, präsentiert sich gleichsam als geistiges Allgemeineigentum. Allerdings bestehen, wie die sachliche Korrektheit festzustellen gebietet, von Verfasser zu Verfasser große Unterschiede; einige von ihnen offerieren sogar mehr oder weniger umfangreiche Anmerkungen, etwa Alfred Gleiss oder Broder Carstensen – da haben beide, als Sprachkritiker, offenbar doch nicht über ihren Professoren-Schatten springen können. Namentlich in Büchern finden sich auch wohl Literaturverzeichnisse: geradezu rührend Ursula von Wiese, die am Schluß drei „Empfehlenswerte Lehrbücher“ nominiert, von denen zwei ausdrücklich als „vergriffen“ gekennzeichnet sind und das dritte es mittlerweile auch ist. Durchweg jedoch muß man sich einfachste Informationen sehr lückenhaft und nicht weniger mühsam aus den jeweiligen Vor- oder Nachworten zusammensuchen, soweit nicht auch diese fehlen: Wolf Schneider beispielsweise, ohne das eine wie das andere, ziert die letzten leeren Seiten seiner Stilbücher wenn nicht mit einem feschen Foto, so wenigstens mit den Titeln seiner auflagenträchtigen Werke. Oder Hans Weigel schließt mit der witzigen, wenn auch nicht so ergiebigen Notiz, beendet habe er das Manuskript seines „Wörterbuchs – wie könnte es anders sein – am Wörthersee“.

Derartiges könnte man als wenig belangreiche Äußerlichkeiten abtun, sofern nur die „Innerlichkeiten“ stimmten. Stimmen sie? Die kurzen, jeweils für sich lesbaren Sprachglossen lassen es noch natürlich erscheinen, daß zumal angesichts ihrer subjektiven Konzeption und feuilletonistischen Themenentfaltung eine völlige Freiheit der individuellen Gestaltung herrscht, die nur gewissen Gesetzlichkeiten der Textart verpflichtet ist. Stillehren hingegen beanspruchen Lehrbücher zu sein; das heißt, von ihnen sollte ein sinnvoller, sachorientierter Aufbau erwartet werden. In der älteren Tradition gibt fast durchgängig das grammatische Schema von Wörtern und Sätzen den Darstellungsrahmen ab, der als solcher heute nicht mehr genügen kann. Wenn es um Stil geht, muß im Vordergrund das Ganze des Textes stehen; denn daß Gesamttext und Einzelformulierungen sich gegenseitig bedingen, gehört zu den textlinguistischen Binsenwahrheiten: Der Text ist die sprachgestalterische Grundeinheit, und seine Qualität im ganzen entscheidet letztlich über jedes stilistische Gut oder Schlecht der Einzelheiten. Demgegenüber verharrt die populäre Stillehre, wie gesagt, durchweg in den Denkbahnen einer veralteten

Wort- und Satzstilistik, oder sie improvisiert mit Erfindungsgabe und Geistreichtum – woraus indes mit nur einem „Beinchen" weniger leicht ein Geistreichtun wird!

Zur Veranschaulichung wieder, exemplarisch herausgegriffen, einige Beispielfälle – also doch: „exemplarische Beispiele"? (S. 51). Geradezu als Musterstück straffer, durchdachter Anordnung des Lehrstoffes gilt die Reinerssche ›Stilfibel‹. Und wie ist sie gestaltet? Nach einer ausgeklügelten Gliederungsarithmetik mit der 20 als heiliger Zahl des Stils: 20 Verbote, 20 Stilregeln, 20 Stilratschläge. Ähnlich hat Wolf Schneider, als magistraler Nachfolger, neuerdings in ›Deutsch fürs Leben‹ seine stilistischen Einsichten in Regelform gekleidet, und es sind natürlich exakt 50! Sonst baut Schneider, der unter ausdrücklicher Kritik an der fehlenden Systematik von Sprachlehren und Sprachglossen die eigene besonders hervorhebt, seine Erfolgsbücher journalistisch perfekt in assoziativ gereihten Kurzkapiteln, die von schmissigen Überschriften leben und sich durch eine zuweilen leicht reißerische, sagen wir „journalistige" Schreibweise auszeichnen. Deutschlehrer wie Hans Lobentanzer oder Lehrerinnen wie Antje Kelle trachten es ihm in ihren neuen Stilkunden (beide 1986) vielleicht nicht nach-, doch immerhin gleichzutun.

Ein spezieller Fall ist Hans Sommers ›Treffend schreiben‹ (1979), ein „stilistisches ABC" (so der Untertitel), fortgesetzt als ›Lexikon des treffenden Schreibens: Rat in Zweifelsfällen von A–Z‹ (1985, in Neuauflage 1994). Hier sind die Sprach- und Stillehrstücke wirklich nach dem Alphabet gruppiert, aber das geschieht mit einer gewissen Berechtigung, weil die Werke ohnehin aus einem nicht ungeschickt „systematisierten" Sprachglossen-Mosaik bestehen. Alphabetisch angeordnet sind jedoch auch die sprachkritischen Bücher von Hans Weigel und Alfred Gleiss, das eine als „Antiwörterbuch" untertitelt (1974), das andere als ›Unwörterbuch‹ neu auf den Markt gekommen (1981); dort wird ausdrücklich „das Alphabet die einzig brauchbare Leitlinie für die Anordnung des Stoffes" genannt. Offenbar ist das ein genehmes und bequemes, seinerzeit schon von Hans Reimann (›Vergnügliches Handbuch der deutschen Sprache A–Z‹, 1976) wie von Karl Hirschbold (›Besseres Deutsch von A bis Z‹, 1976), Ursula von Wiese (›Kleine Fibel für gutes Deutsch‹, 1984) und anderen praktiziertes Muster, stilistische Fehler in alphabetischer Reihung aufzulisten. Der Vorteil einer solchen Gliederung nach der einfachen Buchstabenfolge: wie sie nachher den Lesern die praktische Handhabung erleichtert, erspart sie vorher den Verfassern einen größeren gedanklichen Aufwand. Wissenschaftlich gesehen bedeutet Alphabetisierung, mit Ausnahme eigentlicher Nachschlagewerke, allemal eine

Notlösung, die anzeigt, daß es an einer übergeordneten, zugleich ordnenden Perspektive fehlt.

Und wer noch das unsystematischste all dieser Bücher kennenlernen will: W. E. Süskinds ›Dagegen hab' ich was‹ (1969) mit dem alles sagenden Zusatz „Sprachstolpereien“: Über 214 Seiten hin, und das ohne die geringste Kapitel- oder Abschnittsunterteilung, „stolpert“ der arme Leser tatsächlich von einem Sprachthema zum anderen, die in lockerer Gedankenverbindung wie Kraut und Rüben („Stielmus“ nennt man im Norddeutschen ein Gemüse solcher Mischung) aneinandergereiht sind: also Stilmus? Der Kenner wundert sich freilich kaum. In seinem älteren Erfolgsbuch ›Vom ABC zum Sprachkunstwerk‹, das sich „nach Schema F“ in Wortlehre – Satzlehre – Stilkunde gliedert, hat derselbe Autor, den Stier dräuender Unmethodik furchtlos bei den Hörnern packend, die „Methodenlosigkeit“ zu seiner persönlichen Methodik erklärt: „Deshalb ist die Methode dieses Buches, wenn man überhaupt von einer solchen sprechen kann, durch und durch persönlich und nur geeignet anzuregen, nicht aber Dinge zu beweisen, die nicht bewiesen werden können. Auch eine gewisse Sprunghaftigkeit wird zu den Eigenschaften dieses Buchs gehören.“ Kurzum, methodisch gehüpft wie gesprungen.

Selbst die „irgendwie“ sinnvoll erscheinende Kapitelfolge anderer Autoren und Werke hilft nicht hinweg über die allgemeine und grundsätzliche Feststellung methodenloser, unsystematischer Stoffpräsentation: Assoziation und Improvisation werden statt dessen zu maßgebenden Darstellungskriterien erhoben, wie das ja ähnlich für die lockere Gestaltungskunst der Sprachglossen gilt. Unkenntnis oder Unvermögen? – nein, Sprachkritiker und Stillehrer sind ja Kenner, Könner, oft Künstler, und sie verfahren so in voller Absicht und bewußter Kalkulation. Aus welchem Grund dann aber diese darstellerischen Auflockerungsübungen, diese Techniken rhetorischer Überspielung der Schwierigkeiten, diese Strategien des „schönen Scheins“, wie ich sie einmal nennen möchte? Um der formalen Strenge des Lehrbuchs, überhaupt der steifen Sachlichkeit aller Sprachbelehrung ein Schnippchen zu schlagen.

Der harte, rhetorisch weichgeklopfte Kern

Zugegeben, gewisse didaktische Kunstgriffe können gerade schwierige Lehrgegenstände nicht nur im Verständnis einfacher, sondern auch zur Erleichterung des Lernens besser faßlich machen. Bedingung dafür ist sachliche Klarheit, und hier gilt der Grundsatz: Was dem Verfasser selber nicht klar ist, wird er auch anderen schwerlich einleuchtend erklären können. Außer der unerläßlichen Sachkenntnis bedarf es zu dieser eigenen Klarheit noch eines weiteren, nämlich eines sicheren Orientierungspunktes – so wie der Lotse seinen Leuchtturm hat, den er ansteuert, oder der moderne Jetkapitän seinen Tower, der ihn „flugleitet". In allen Lebensbereichen brauchen wir derartige Orientierungspunkte, die landläufig „Normen" genannt werden, als die konventionellen Leitlinien menschlichen Handelns und Verhaltens.

Keine Frage, daß man auch im Bereich der Sprache nicht auf einen solchen festen Orientierungspunkt verzichten kann, und wir brauchen nicht nur diesen Orientierungspunkt, sondern auch Instanzen, die ihn vorgeben. „Wer bestimmt eigentlich über die Sprache – eine Akademie, der Duden, die besten Schriftsteller, die Werbeleute, die Medien?" wird in einem sprachkritischen Artikel gefragt. „Zu allem kommt, daß es zwar Sprachexperten gibt, Wissenschaftler mit besonderen Kenntnissen, daß wir andererseits aber alle, die wir sprechen und schreiben, mitreden wollen (und dürfen). Wir könnten alle auf die Straße gehen und rufen: 'Wir sind die Sprache!' So sieht sie denn auch aus."

Wenn es um die sprachlich normgebende Instanz geht, wird niemand lange zögern, als diese den DUDEN zu benennen, der als öffentliche, ja fast halbamtliche Autorität in allen Sprachfragen höchstes Ansehen genießt. „Duden" ist längst kein Name mehr – wer denkt dabei überhaupt noch an Dr. Konrad Duden, den bebrillten, streng blickenden Gymnasialdirektor, der 1880 sein epochales ›Orthographisches Wörterbuch der deutschen Sprache‹ herausgab? Duden steht heute als Markenzeichen korrekter Sprache stellvertretend für Sprachnorm oder Sprachnormen, wie sie meist angesichts ihrer Variabilität in ebenso respektgebietender wie verwirrender Mehrzahlform auftreten. Der ›Große Duden‹ jedenfalls regelt in seinen verschiedenen Bänden unseren Sprachgebrauch, was die richtige Schreibung (Orthographie), die richtige Formenbildung und den richtigen Satzbau angeht (Grammatik); er erläutert darüber hinaus im Dienste der Sprachrichtigkeit sprachliche „Zweifelsfälle", die Bedeutung der Wörter, ihre stilistische Verwendung usw. Und so weiter?

Bei aller Richtigkeit kann unsere Ausdrucksweise gleichwohl – bildlich gesprochen – wie ein schwerfällig-hilfloses Geholper und Gestolper wirken, wo wir uns eigentlich einen stolzen Sprachgalopp oder zumindest flotten Sprachtrab gewünscht hätten: kein ausgesprochen falsches, wohl aber schiefes, unbeholfenes, stilistisch schlechtes Deutsch. Da hilft auch kein Duden. Theoretisch sollte dies eine Instanz bedingen, die über den Zuständigkeitsbereich der Sprachnorm(en) hinaus sich auf das treffende, gekonnte, stilistisch gute Deutsch bezieht – eben eine „Stilnorm" oder pluralisch „Stilnormen". Wenn der Duden unsere grammatischen

Sprachnormen mehr oder weniger verbindlich vorschreibt, wer dann solche Stilnormen?

Genau das ist es, was Sprachkritik und populäre Stillehre anstreben. Auf ihre Art natürlich und, wie sich herausgestellt hat, ohne eine ihre Wertungen hinlänglich begründende Sachkenntnis, ohne die für jederlei Normierung notwendige Einheitlichkeit und Systematik, schließlich auch ohne über die Autorität des Duden zu verfügen: So wie sprichwörtlich eine Schwalbe noch keinen Sommer macht, vermag auch die bestgeschriebene Sprachglosse noch lange nicht eine Stilnorm durchzusetzen – das leidige Kapitel (unser fünftes) sprachkritischer „Wirkung".

Schlimmer ist aber die Verkennung des grundsätzlichen Problems, daß nämlich wie auch immer geartete Stilnormen ihrem Wesen nach überhaupt keinen „Stil-Duden" zuließen. Denn was sich dort ›Stilwörterbuch der deutschen Sprache‹ nennt – laut Untertitel „Grundlegend für gutes Deutsch" –, erstreckt sich nur auf die „Verwendung der Wörter im Satz und die Ausdrucksmöglichkeiten der deutschen Sprache" (Vorwort), denen bestenfalls stilistische Markierungen und Nuancierungen der Art „dichterisch-gehoben, Amts- oder Papierdeutsch, umgangssprachlich, scherzhaft, abwertend, ironisch" usw. zugeschrieben werden. Von stilistischen Vorschriften oder gar Regeln im Sinne eigentlicher Stillehre also keine Spur: Stilgrundsätze sind eben nicht in gleicher Weise objektivierbar und verbindlich festzulegen wie orthographische oder grammatische Regularitäten. Und sie können es auch gar nicht sein.

Im Gegensatz zur dudenstrengen Grammatik als dem „Reich der Regeln", wo Richtig oder Falsch meist eindeutig festliegt, gilt für den Stil der markante Satz Hans Jürgen Heringers: „Die Stilistik ist das Reich der Freiheit." Dieser Unterschied hat seinen Grund: Stil existiert nicht einfach wie Sprache, sondern bildet sich erst von Fall zu Fall heraus durch die charakteristische Art, wie etwas zum Ausdruck gebracht wird oder ist. Diese buchstäbliche Eigen-Art kommt zustande durch individuelle Sprachauswahl: Jeder Mensch trifft beim Sprechen und Schreiben mehr oder weniger bewußt eine solche Wahl aus den vielfältigen, ihm von der Sprache angebotenen Ausdrucksmöglichkeiten, und diese stilistischen Präferenzen, die weithin dem Urteil seines persönlichen Stilgefühls unterliegen, entziehen sich einer klaren Bewertung durch die Duden-Brille des Richtig oder Falsch, die nur auf grammatische Korrektheit sieht.

Weil das so ist, läßt Stil sich nur äußerst schwer in praktische Lehren fassen. Dem widerspricht neuerdings Theo ›Stemmlers kleine Stil-Lehre‹, die im Untertitel paradoxerweise „vom richtigen und vom falschen Sprachgebrauch", also über Grammatik zu handeln angibt: „Zu Recht verweisen die Sprachwissenschaftler darauf, daß der Stil einer jeden sprachlichen Äußerung auf einer Auswahl beruht, die der Autor aus einer Vielzahl sprachlicher Möglichkeiten trifft. Zu Unrecht folgern die Linguisten aus dieser Variabilität die Unmöglichkeit, feste Stilregeln aufzustellen." Kurz, die verdächtig nach einer *Petitio principii* (Voraussetzung des erst zu Beweisenden) klingende Quintessenz: „Es gibt mehr verifizierbare Stilnormen, als unsere Linguisten sich träumen lassen. Diese feste Basis macht guten Stil lehr- und lernbar." Die Botschaft hört man wohl, allein darf man ihr glauben?

Die Faszination zumal eines anspruchsvollen Stils liegt nicht zuletzt im freien Spiel mit den tausend Möglichkeiten guten Sprachgebrauchs, deren Mannigfaltigkeit sich nicht einmal prospektiv beschreiben, geschweige denn in Regeln fassen läßt. Zwar bieten die Stillehren solche „Regeln" in Fülle, aber selbst wenn diese – alle zweifellos gutgemeint und zuweilen auch hilfreich – im Kern richtig sind, so gilt diese Richtigkeit doch nie absolut: Dieselbe Regel kann in ihrer aktuellen Anwendung, wo es die besonderen Bedingungen des jeweiligen Sprech- oder Schreibakts zu berücksichtigen gilt, einmal voll treffen, das andere Mal ein vernichtender Fehlgriff sein. Da ergeht es einem wie jenem „Menschen" Eugen Roths, der sich als Liebhaber eine Vielzahl in bester Absicht erteilter Ratschläge eingeholt hatte: „Zwar stimmte jeder Rat genau, / Doch jeweils nicht für jede Frau." Es macht geradezu das Wesen stilistischer Vorschriften aus, daß sie sich einer strikten Festlegung entziehen, weil immer auch etwas anderes, oft sogar das Gegenteil genausogut oder besser sein kann: „Sicher ist, daß nichts sicher ist. Selbst das nicht", so hat Joachim Ringelnatz seine persönliche, doch auch die stilistische Relativitätstheorie formuliert.

Aus diesem Grund sieht die Sprachwissenschaft sich außerstande, Stilprinzipien von klarer Gesetzmäßigkeit und regelhafter Verbindlichkeit zu formulieren. Mit einleuchtender Begründung? „Einen Satz richtig zu schreiben, gibt es nur eine Möglichkeit, einen Satz grammatisch korrekt zu bauen, schon mehrere, aber einen Gedanken stilgerecht in die ihm gemäße Form zu bringen, Hunderte von Möglichkeiten" – womit verglichen die vorhin genannten tausend Möglichkeiten sich als eine jener sprachlichen Übertreibungen entpuppt, die ja im Mittelpunkt dieses Kapitels stehen. Jedenfalls: „Der Stilwege, die zum Rom des guten Stils führen, sind eben viele – darin liegt der Reiz, aber auch die Schwierigkeit des Stils."

Der Sprachwissenschaftler kommt, studiert und analysiert diese hundert oder auch tausend Möglichkeiten, aber er wird keine Stillehre schreiben. Der Stillehrer kommt, sieht und schreibt – in der schwarzweißen Klarheit griffiger Lehrformeln und schmissig formulierter Regeln.

Und warum kann er dies? Weil er, wie der Sprachkritiker, einen festen Standpunkt hat: sein „normatives“ Stilverständnis. Nicht von ungefähr bezeichnet ja auch die Fachwissenschaft diesen Bereich der Stillehre – der stilistischen Präskription also, nicht Deskription – als Normative Stilistik, die ausdrucksgemäß „normgebend, vorschreibend, regelsetzend“ sein soll. So verschieden die Sprachkritiker und Stillehrer in ihren Zielen, Darstellungsformen oder Ansprüchen sind und welch unterschiedlicher Wege, Mittel und Wirkmöglicheiten sie sich auch bedienen, eines ist ihnen gemeinsam: ihre feste, von persönlichen Erfahrungen durchdrungene und überzeugt konservative Grundhaltung. Darin sind sie alle einer Meinung und normkonform, gleich *gesinnt* und gleichermaßen *gesonnen* (Sie kennen diesen feinen Unterschied?), unser Deutsch vor dem ihm drohenden Sprachverderb und allgemeinen Kulturverfall zu retten.

Um die Unwissenschaftlichkeit von Sprachkritik und Stillehre auf den wissenschaftlichen Punkt zu bringen: Auch der festeste, von sicherer Eigenüberzeugung getragene Stilstandpunkt hilft nicht über die Grundproblematik hinweg, daß die vertretene Stilnorm und daraus resultierende Stilvorschriften letzten Endes subjektiv, unverbindlich, im Ergebnis nicht-normsetzend bleiben. Es ist halt so, „daß es keinen Maßstab für gutes Deutsch schlechthin gibt. Weder kann man Stilnormen der Literatur auf Sachprosa übertragen, noch Stilnormen der Vergangenheit auf die Gegenwart“, was bekanntlich leider vielfach in eine unberechtigte Klage über Sprach- und Kulturverfall mündet. Weil das so ist, suchen Sprachkritik und Stillehre ihr Heil in einer möglichst attraktiven Textgestaltung, die diese Schwierigkeit gewissermaßen mit der linken Hand meistert – aber weiß dann die (vor)schreibende Rechte überhaupt, was die Linke getan hat? Nicht das Gewicht der im Grunde angestrebten Sprach- und Stilbelehrung ist es, wovon man sich Resonanz, einen gewissen Nachdruck, vielleicht sogar Wirkung verspricht, sondern deren darstellerisch und rhetorisch brillante Präsentation. Anders ausgedrückt: die schöne Verpackung statt Inhalt, Hülle an Stelle des wesentlichen Kerns, Form als Ersatz für fehlende Substanz.

Und dies notfalls gegen die Fachwissenschaft, die ohnehin nicht als eine auch nur halbwegs maßgebende Instanz respektiert wird – und selbst gegen den Duden: „Duden pfuscht“, heißt es da oder noch an-grif-figer: „Duden ade? Vom falschen Fummeln an der deutschen Sprache.“ Die dort zu Buche stehende moderne, linguistisch gestützte „Gebrauchsnorm“, die sich ihrem Namen entsprechend nicht an irgendwelchen idealen Normvorstellungen, sondern am herrschenden Sprachgebrauch orientiert, lehnen sie entschieden ab. Mit noch größerer Entschiedenheit vertreten sie ihrerseits jene hoch- und schriftsprachliche, ja literarischsprachästhetisch ausgerichtete „Idealnorm“ älterer Tradition, an der unbeirrt festgehalten wird. Das ist, in zum Teil rigider, normativer Verengung des eigentlich erforderlichen weiten Horizonts aller Sprachbetrachtung, der populäre Stil-Standpunkt. Es entbehrt nicht eines gehörigen Schusses ungewollter Selbstironie, wenn ausgerechnet ein Sprachkritiker das Robert Musil zugeschriebene Wort zitiert, ein Standpunkt sei „ein Gesichtskreis mit dem Radius Null“.

Aus der Sicht der Stilautoren geht die Rechnung auf: Ein klares Schreibziel, einen geraden Weg, der dorthin führt, und ein breites Lesepublikum vor Augen, können sie ihre populäre Konzeption der Stillehre zweifellos als Erfolg verbuchen; und wenn sie damit der Versuchung nachgegeben haben, Unmögliches möglich zu machen, so ist dieser Versuch scheinbar gelungen. Man braucht lediglich eine bestimmte, schwarzweiße Sicht von einem festen Standpunkt aus, dann wird sogar die Stillehre einfach. Um der realen Sprach- und Stilkomplexität ein Schnippchen zu schlagen, die alle Stilbewertung zu einem halsbrecherischen Balanceakt zwischen Gut und Schlecht, die Stillehre selbst zu einem Formulierungskunststück möglichst unscharf gehaltener „Regeln“ macht, bedarf jener feste stilistische Standpunkt dann nur noch gekonnter Schwarzweißmalerei – aber, wie sagte doch schon Ludwig Reiners: „Die Dinge sind nicht schwarz oder weiß, sondern tausendfarbig.“

2. Und der „Fachler“: Scheuklappen der Wissenschaftlichkeit?

Von Gustav Wustmann, gewissermaßen der „Vaterfigur“ der deutschen Sprachkritik, mit seinen verlegerisch höchst erfolgreichen ›Sprachdummheiten‹ (1891) war bereits die Rede. Nicht nur die sprachkritische Welt unter sich, auch die Sprachwissenschaft hat seinerzeit zu Wustmanns Werk Stellung genommen. Und zwar war es der namhafte Germanist Otto Behaghel, der 1894 in einem Vortrag über ›Sprachgebrauch und Sprachrichtigkeit‹ mit Argumenten, wie sie auch heute immer wieder von sprachwissenschaftlicher Seite zu hören sind, die Wustmannschen Sprachwertungen in Frage stellte – was übrigens den Siegeszug des Buches in keiner Weise beeinträchtigte.

Denn es ist nun einmal so, und daran hat sich seither weder etwas geändert noch wird das vermutlich jemals anders werden, wie auch Herbert Heckmann, selbst Literat und Literaturwissenschaftler, resignierend festhält: „Die Wissenschaft freilich gibt sich alle Mühe, die Komplexität unserer Welt, den Mikro- und den Makrokosmos zu fassen. Aber ihre

Erkenntnisse haben so gut wie keinen Einfluß auf das allgemeine Denken." Tatsächlich gibt es seit den siebziger Jahren, im Gefolge des damaligen Linguistik-Booms, eine Fülle von stiltheoretischen, stilanalytischen und stildidaktischen Schriften. Trotzdem sind es die Sprachglossen und populären Stillehren, die den Markt beherrschen, die gekauft und vielleicht auch gelesen werden. Ein Sieg der Popularisierung über die Wissenschaftlichkeit oder, leicht polemisch formuliert, des schönen Sprachscheins über die Sachlichkeit?

Fachwissen ist „unverzichtbar"

„Wie schöne und interessante Theorien man auch aufzustellen vermag – was sie wert sind, zeigt sich doch erst in der Praxis", kommentiert ein Wissenschaftler. Dabei mag in der Tat eine Rolle spielen, daß die akademische Stilistik es nicht recht versteht, ihre Probleme allgemeinverständlich, interessant und publikumswirksam vorzutragen. Die große ›Stilistik der deutschen Sprache‹ (1986) von Barbara Sandig, einer Verfasserin, deren wissenschaftliche und stiltheoretische Kompetenz außer Zweifel steht, breitet eine derartige Überfülle von Gelehrsamkeit aus: von Stil-Definitionen und -Intentionen, Stil-Elementen und -Prinzipien, Stil-Funktionen und -Illokutionen etc., daß letzten Endes den Lesern sämtliche Stil-Illusionen vergehen. Aber das macht nicht die Darstellung allein, vielmehr liegt es im Wesen unserer Sprache, daß ihre Komplexität sich immer mit Kompliziertheit verbindet. Es ist der Fluch der Wissenschaft, daß sie all diese hochkomplizierten Zusammenhänge kennt und sie nicht außer acht lassen zu dürfen glaubt. Es ist der Segen der populären Schriftstellerei, daß sie vereinfachen darf, ja soll – aber bis zu welchem Punkt?

Wie solch sprachwissenschaftliche Kompliziertheit von der Stilkritik kinderleicht in schwarzweiße Simplizität umgegossen wird, zeigt das folgende Beispiel. Es geht um die hochmoderne, leicht wichtigtuerisch klingende, aber nichtsdestoweniger oder gerade darum sehr beliebte Redewendung: *Ich würde meinen* ... Eine linguistische Analyse stellt für sie, „je nach Situation und nach dem Grad der Hellhörigkeit des Angesprochenen", in der Subtilität, wie sie eben für wissenschaftliche Untersuchungen kennzeichnend ist, mindestens vier mögliche Verständnisweisen fest, nämlich „als

- eine zeitgewinnende Einleitungsfloskel (bei improvisierter Rede);
- eine synonymische Floskel für 'ich meine, glaube' usw.;
- eine Begütigungs-, Ausweich- oder Täuschungsphrase (der Sprecher

deutet an: er läßt mit sich reden oder: er will sich nicht festlegen; er tut so, als könne er sich nicht festlegen, als sei die Sache noch in der Schwebe);
- eine adäquate Beschreibung der Situation: der Sprecher ist sich tatsächlich nicht sicher, setzt seine Aussage in den Konjunktiv und macht sie damit von nicht näher ausgeführten Bedingungen abhängig“ usw.

Papperlapapp, sagen Sprachkritiker und Stillehrer einstimmig: nichts als eine modische Formel, in der sich sinnleere Phrasenhaftigkeit mit einer umständlichen „Vorreiter“-Konstruktion paart! In diesem Fall also, durchaus sprach-gefühlsmäßig, mehr schwarz als weiß.

Sie haben es gelesen: Selbst einleuchtendste Vernunftgründe scheitern oft an der elementaren Einsicht, daß unsere Sprache überhaupt nicht logisch ist: „Lebendige Sprache gehorcht ungern den Gesetzen der Logik“, gesteht Rudolf Walter Leonhardt – mit welchem Recht will man diese dann im Einzelfall von ihr fordern? Sprachschönheit, ja schon allzu glatte Eloquenz wirkt heute eher verdächtig, und wenn gar die vielfach als meisterhaft betrachtete Literatur laut Harald Weinrich „an der Normbindung ihrer Sprache, zumindest aber an dem Ideal einer ‘schönen’ Sprache, irre geworden ist“, wie soll das dann ein ernstzunehmender Maßstab für Umgangs- und Alltagssprache sein können? Bleibt noch das Argument waschechter Reinheit unserer Sprache, das auch dann, wenn man es seiner antiquierten sprachpuristischen Implikationen entbindet, nichts von seinem Anachronismus verliert: In einer Zeit, da die Welt auch sprachlich gesehen immer kleiner, die Sprachkontakte stets intensiver und vielseitige Fremdsprachenkenntnisse ständig wichtiger werden, kann die alte „Fremdwörterei“, verstanden als Kampf gegen alles fremde Wortgut, kaum mehr ein sinnvolles Thema sein. Und wen stört es schon, wenn die von Alfred Gleiss zitierten „Texaner Europas“ (im Motto), als die wir Deutsche ihm gelten, dann auch englische Vokabeln im Munde führen?

Zugegeben, das Problem der Stilnormen und Kriterien für eine einigermaßen verläßliche Beurteilung stilistischer Streit- oder Zweifelsfälle bereitet auch der Sprachwissenschaft Schwierigkeiten. Einige mögliche Entscheidungsargumente sind bereits kapitelweise kritisch durchleuchtet worden; ihnen wird in diesem Kapitel als ein weiteres noch die sprachliche „Angemessenheit“ folgen. All diesen Argumenten aber ist gemeinsam, daß sie erstens von der Stilkritik wahlweise verwendet werden, je nachdem also, welches „Rezept“ gerade die beste Wirkung verspricht, und daß sie zweitens in ihrer Anwendung sogar da, wo sie zumindest plausibel erscheinen, keineswegs als zwingend verwertbar gelten können.

Nachdem vorher soviel von Gesichtspunkten, Standpunkten, auch Null-Punkten die Rede war, hier die lapidare Quintessenz, daß offenbar der archimedische Punkt des Stils noch nicht entdeckt ist.

Die Grundfrage auch der Sprachwissenschaft lautet in der Tat: Gibt es überhaupt stichhaltige Kriterien für die Beurteilung von Stilphänomenen? Wer Hans-Martin Gaugers programmatische Preisrede ›Brauchen wir Sprachkritik?‹ gehört oder gelesen hat, dem wird nicht entgangen sein, daß die vorliegende Darstellung, wenn auch in der Reihenfolge verändert, den dort genannten Gesichtspunkten der „Richtigkeit, Reinheit, Schönheit, Eigenprägung, Angemessenheit und Moral" verpflichtet ist, die er als „verschiedene denkbare und sinnvolle Kriterien" anführt. Sie bilden, bei allen Vorbehalten im einzelnen, eine nützliche Diskussionsgrundlage. Andere, aber auch wieder nicht so sehr verschiedene Argumente hat Werner Betz kurz erörtert: historische, logische, analogische und literarische sowie den Gesichtspunkt des „Sprachgebrauchs", von dem noch die Rede sein wird. Auf ähnliche Kriterien, die er als „sprachimmanent" und „sprachgerecht" wertet, verweist sein Schüler Franz Deubzer, und auch sonst finden sich gelegentlich „Kriterien bzw. Maßstäbe für die Beurteilung des jeweiligen Sprachgebrauchs".

Das hört sich alles gut an und erweckt zumindest den Eindruck, als ob wissenschaftlich kein Mangel an möglichen linguistischen Beurteilungskriterien bestände. Darin liegt aber nur die halbe Wahrheit, die andere Hälfte: keiner der genannten Wissenschaftler läßt einen Zweifel an der allenfalls beschränkten Gültigkeit der angeführten Kriterien, wie sich dies bei der genaueren Überprüfung einiger von ihnen ja auch schnell herausgestellt hat. Vermutlich ist es die Nichtbeachtung dieser halben Wahrheit, die zu den stilkritischen Halbwahrheiten führt. Hans-Martin Gaugers Skepsis kulminiert in einer gesamtheitlichen Fehlanzeige wissenschaftlicher Entscheidungsmöglichkeiten: „Der Sprachwissenschaftler kann ja auch, jedenfalls von seiner Wissenschaft her, keine Kriterien für Bewertung begründen; solche Kriterien sind wissenschaftlich nicht haltbar."

Holen wir nach diesem kategorischen Satz nicht nur tief Luft, sondern auch etwas weiter aus. Unsere Umgangssprache hat, so der bekannte englische Alltagssprach-Philosoph John L. Austin, „gewiß *nicht* das letzte Wort ... Nur, vergessen wir nicht, sie hat das *erste* Wort!". Wie auch immer das philosophisch zu verstehen sein mag, die Gebrauchssprache unseres täglichen Umgangs ist es, der allgemeine Sprachgebrauch, der weitgehend bestimmt, wie wir uns ausdrücken. Als Beispiel das sprachkritisch vieltraktierte Adjektiv *unverzichtbar*: Es ist sicher eines der meistgebrauchten „Modewörter" unserer Tage; man hört es in jeder politischen Rede, liest es auf jeder zweiten Zeitungsseite und führt es wohl auch selbst gern im Munde, vermutlich weil es so schön markig klingt (oder wäre fremdwörtliches „markant“ vorzuziehen?). Die Stilkritik wird nicht müde, immer wieder und mit Nachdruck darauf hinzuweisen, wie falsch, unlogisch und mithin unbedingt „verzichtbar“ das Wort sei. *Unverzichtbar* erscheint geradezu als „Ausfluß persönlicher Feigheit“, wie Rudolf Walter Leonhardt moralisierend urteilt, weil es niemand gewesen sein will, der auf etwas nicht verzichtet, vielmehr wird einfach „unverzichtet“.

Die grammatische Fehlerhaftigkeit besteht – und das ist *unwiderlegbar*, was ja soviel heißt wie ‘kann nicht widerlegt werden’ – in der Tatsache, daß sich Adjektive auf *-bar* zum Ausdruck, daß etwas möglich oder nötig ist, nur von transitiven Verben bilden lassen. „Nach der sprachlichen Logik von *eßbar* als dem, was du essen kannst, oder *trinkbar* als dem, was du trinken kannst, wäre *unverzichtbar* das, was du unverzichten kannst“, so nochmals Leonhardt. Genauso wie ein *unsinkbares* Schiff von der Art ist, daß es nicht untergegangen werden kann, oder das klassische „*unentrinnbare* Schicksal“ ein solches, das uns nicht entrinnt oder entronnen werden kann – auch die substantivierte *Unfehlbarkeit* des Papstes wäre sprachlich ein derartiger Sündenfall.

Diese Beispiele (und es sind nur wenige) deuten bereits an: der Sprachgebrauch folgt seinen eigenen Gesetzen, denen nicht immer mit grammatischer Korrektheit, Logik oder analogischer Konsequenz beizukommen ist. Ebensowenig wie *unvergeßlich* sich als exaktes Gegenteil zu *vergeßlich* verstehen läßt (S. 32), gilt dies für das Paar *haltbar* und *unhaltbar*: „haltbare Milch ist nicht solche, die sich halten läßt“. Obwohl *erhalten* und *bekommen* mehr oder weniger gleich in ihrer Bedeutung sind, muß nicht alles, was *erhältlich* ist, auch *bekömmlich* sein. Und selbst wenn das Ihnen vorliegende Buch auf sämtliche Beispiele verzichtet hätte, wäre es darum ein *beispielloses* Buch? Die Sprachwissenschaft kennt diese Erscheinung und benennt sie mit dem Begriff der ‘Lexikalisierung’: Wörter erstarren gewissermaßen in bestimmten Bedeutungen und Gebrauchsweisen, und sie lassen sich dann nicht mehr grammatisch, logisch oder auch analogisch aus Wortstamm und üblicher Bildung herleiten.

Die Schriftstellerin Christine Brückner etwa spielt in einem ihrer Bücher (›Wenn du geredet hättest, Desdemona‹, 1986) mit der auf solche Art oft zustande kommenden Doppeldeutigkeit, wenn sie ihm den Untertitel „Ungehaltene Reden ungehaltener Frauen“ gibt: *ungehalten* einmal im Sinne von ‘nicht gehalten’, das andermal in seiner lexikalisierten Form als ‘unwillig, verärgert’ – ein beliebtes Wortspiel übrigens, das schon zweihundert Jahre vorher bei Lichtenberg zu lesen ist und sich neuerdings in einer Überschrift von Walter Jens wiederholt. Aber so redet man, so versteht man, so entspricht es eben unserem Umgang mit der Sprache. Auch *unverzichtbar* stimmt in dieser Weise mit dem allgemeinen Sprachgebrauch überein. Verständlich, daß es so natürlich nicht gelingen wird, das Wort „wieder auszurotten", wie die Sprachkritik fordert: einer ihrer häufigen, vergeblichen Kämpfe gegen eine längst vollzogene Wortentwicklung. Um ersatzweise neuen Stoff zu liefern, hier die jüngst beobachtete offizielle Deklarierung auf einer Berner Straßenbahn: „Dienstwagen! Nicht *einsteigbar*!"

Es war von der Gebrauchsnorm des Duden die Rede, die im genannten Fall wirklich zum Zuge gekommen ist. *Unverzichtbar* wird in den neueren Auflagen offiziell verbucht: „gleich unter unverzeihlich", bemerkt Edith Hallwass nicht ohne einen Hauch spöttischer Ironie. Gebrauchsnorm bedeutet ungefähr: Wenn ein Wort in seiner öffentlichen Verwendung eine gewisse Gebrauchshäufigkeit erreicht hat, wird es „dudenreif" und damit sozusagen anerkanntes Stichwort der deutschen Sprache. Die Sprachkritiker empfinden es als in höchstem Maße unbefriedigend, um nicht zu sagen unerträglich, daß – gewissermaßen in rein statistischer Wörter-Buchführung – das quantitative Wortvorkommen, nackte Zahlen also, über seine qualitative Beurteilung als Wort oder „Unwort" entscheiden soll. Recht haben sie, aber nur zum Teil. Denn so einfach ist die Sache und machen die Duden-Sprachhüter sie sich auch nicht. Sie geben ja keine allgemeinen Werturteile ab, sondern registrieren nur, von Fall zu Fall und jeweils den sich wandelnden Sprachbedingungen angepaßt, allfällige Neuerungen, sich vor unseren Augen abspielende Sprachveränderungen und zeitgemäße Tendenzen der Sprachentwicklung.

Wort-wörtliches: Wie informiert, wie funktioniert es?

Neu aufkommende oder in Form und Sinn abgewandelte, also aktualisierte Wörter weisen immer auf sprachliche Bedürfnisse hin, decken Benennungs- oder Informationslücken auf und bieten gleichzeitig Ausdrucksmöglichkeiten dafür an. Wohlgemerkt, sie bieten sich unter bestimmten Voraussetzungen an, und dann entfaltet der Sprachgebrauch, unabhängig von aller Kritik, seine regulierende Kraft. Schon Ferdinand Kürnberger hat im letzten Jahrhundert Beispiele für „das Ohr beleidigende" Wörter genannt, etwa das von Jean Paul erfundene und von Schopenhauer bis Stemmler gerügte *Jetztzeit* für „Gegenwart". Es gilt ihm als „ein greulicher Zischlaut, einer Schlangensprache würdiger als einer Menschensprache", und er knüpft die bemerkenswerte Schlußfolgerung daran: „Solche Wörter kritisieren sich von selbst."

Nicht anders in unseren Tagen. Wenn sinnvolle, bildkräftige Neuprägungen wie seinerzeit der *Geisterfahrer*, die *fliegende Untertasse* (neben *Ufo* als „unbekanntes Flugobjekt“), der musikalische *Ohrwurm* als Bezeichnung einer eingängigen Melodie oder die *Zeitinsel* Schweiz (als dort vor Jahren, allein in Europa, nicht die Sommerzeit eingeführt wurde), auch aktuelle Begriffe der öffentlichen Diskussion wie *Waldsterben, Treibhauseffekt, Ozonkiller, Computerviren* sich auf Anhieb durchgesetzt haben, dann deshalb, weil sie offenbar einem Bedürfnis entsprachen, die Sache trafen und auch für das Ohr akzeptabel waren: Das stimmt, nebenbei bemerkt, mit einem in seiner Gültigkeit ungebrochenen Ausspruch Voltaires aus dem 18. Jahrhundert überein, neue Wörter müßten notwendig, verständlich und wohlklingend sein. Bestes und in seiner Aktualität unüberbietbares Beispiel ist der *Elchtest*, eine in den Zeitungen so bezeichnete Erprobung der Fahrtüchtigkeit von Autos: brandneu und schon wörterbuchverdächtig.

Vermutungsweise stehen dem viel mehr „Wortversuche“ gegenüber, denen kein Erfolg beschieden war, die also vom Sprachgebrauch mittels der ihm zugeschriebenen „selbstreinigenden“ Kraft zurückgewiesen worden sind. Wolfgang Beutin diskutiert daher in seinem Buch über ›Sprachkritik – Stilkritik‹ ernsthaft die Frage: „Kritisiert die Sprache sich selbst?“ Nun kann es weder in unserer noch in der Absicht der Sprachwissenschaft gemeinhin liegen, auf so simple, eben nicht fachsimpelnde Art die Grundfrage linguistischer Bewertungskriterien zur pseudowissenschaftlichen Scheinfrage zu degradieren, die sich sozusagen von selbst erledige. Es sind ja nicht nur kritisierbare Neuwörter oder sich anbahnende Sprachentwicklungen, die eine begründete, möglichst objektive Beurteilung verlangen. Auch sogenannte „modische“ Wörter und Wendungen oder zur Wahl stehende, darum aber nicht unbedingt gleichwertige Ausdrucksvarianten sind betroffen – kurz: sich qualitativ unterscheidende Sprachmöglichkeiten, die eine Wertung fordern.

Wenn jedoch Vernunftgründe (Sprachlogik), Eleganz und „Schönheit“ der Formulierung (Sprachästhetik) oder der vage Gesichtspunkt der „Sprachreinheit“ (eben kein krasser Sprachpurismus) nicht als allgemeine und verbindliche Kriterien sprachkritischer Beurteilung gelten können, was dann? Da entscheidet letztlich der „Sprachgebrauch“, dieser nicht verstanden als die Statistik reiner Prozentzahlen, sondern als unser täglicher, wie selbstverständlicher Umgang mit der Sprache. Das kann man übrigens schon bei Ernst Wasserzieher lesen, vor Jahrzehnten also, in einer seiner damals weitbekannten sprachgeschichtlichen Schriften: „Nicht Logik, nicht Geschichte, auch nicht Ästhetik entscheidet in letzter Linie, sondern der Sprachgebrauch. *Usus est tyrannus!* sagt der Lateiner und deutet dadurch an, daß der Sprachgebrauch sich um Richtigkeit und Schönheit nicht kümmert, oft wenigstens seine eigenen Wege geht."

Sprachpragmatik ist also gefragt. Als ein „Kommunikationssystem, das Information zu liefern hat, und zwar auf eine möglichst einfache, möglichst reibungslos funktionierende Weise", hat Werner Betz das Wesen unserer Sprache pragmatisch bestimmt und daraus „zwei Maßstäbe für die Effizienz von Sprache und Texten im allgemeinen herauszuarbeiten versucht": nämlich 'Informationsmenge' und 'Funktionabilität', die an anderer Stelle, etwas weniger kompliziert, als „Praktikabilität" umschrieben wird. Die Aufgabe bestehe dann darin, „die Menge der Information jeweils zu messen, die eine sprachliche Mitteilung gibt, und die Leichtigkeit oder Schwierigkeit, mit der diese Information übermittelt wird". Und wie lassen die beiden Kriterien sich sprachkritisch anwenden? „Bei differierenden Sprachformen, Sprachmöglichkeiten hat die Sprachkritik zugunsten derjenigen Formen zu entscheiden, die die größere Informationsmenge und die leichtere Funktionsweise, die größere Funktionabilität ergeben." So weit die, wie mir scheint, theoretisch einleuchtende und praktisch anwendbare Vorstellung von Betz, der deshalb ausführlicher zu Wort gekommen ist.

Mögen Sprachkritiker und Stillehrer immerhin über die Begriffe der 'Informationsmenge' und 'Funktionabilität' als typisches „Fachchinesisch", in diesem Falle der Linguistik, nörgeln oder schimpfen: der „Praktikabilität" der Sachverhalte tut das keinen Abbruch. Jede sprachliche Äußerung, vom einfachen Wort bis zum umfangreichen Text, vermittelt Information, das eine weniger, der andere mehr, und die Gesamtheit aller Informationen ist, bei dem einen wie dem anderen, eben seine Informationsmenge. Diese hängt natürlich einerseits von der Länge der Äußerung ab; in einem mehrbändigen Roman drohen wir geradezu in einer Flut von Informationen zu ertrinken. Unterschiede in der Informationsmenge können andrerseits aber auch dadurch zustande kommen, *wie* wir etwas ausdrücken – und darum geht es hier. Statt der *gebratenen Tauben*, die einem sprichwörtlich ins Maul fliegen, könnte man mit gleichem Wortaufwand auch von „garem Geflügel" reden; aber im ersten Fall liefern wir mehr, weil genauere Information. Nicht anders bei dem linguistischen Fachwort *Sprachökonomie*, dessen Prägnanz sich nur durch eine langatmige Umschreibung wie „möglichst sparsamer Einsatz sprachlicher Mittel zur Erreichung des Kommunikationszweckes" wiedergeben ließe. Verallgemeinert scheint es, daß hauptsächlich der „treffende" Ausdruck, wie ihn alle Stillehren predigen, und der Fachbegriff von ihrer Informationsdichte, dem Kriterium der Informationsmenge also, geprägt sind.

Der andere Fall: Wenn uns heute kurz und bündig *nervt*, was früheren Generationen schon immer „auf die Nerven ging“, dann spricht bei gleichem Informationsgehalt die knappere und trotzdem aussagekräftige Funktionalität für die modische Kurzform. Ähnlich in dem Ausdruck, daß ein „Mittel, welches dem Zweck der Vertilgung von Unkraut dient“ – nach der Art eines sprachlichen Baukastenprinzips –, zum *Unkrautvertilgungsmittel* komprimiert wird. Offenbar entsprechen, wenn auch hier wieder eine Verallgemeinerung gestattet ist, vor allem solche modernen „Raffbildungen“, die gewissermaßen auf einen Griff in sprachökonomisch-knapper, sachgerechter und gemeinverständlicher Form zur Verfügung stehen, dem Kriterium praktikabler Funktionsweise im Sprachgebrauch. Beachtet man die Gegenläufigkeit beider „Prinzipien der Sprachkritik“, daß nämlich *informativ* weitestgehende Differenzierung und *funktionell* weitestgehende Vereinfachung bedeutet, läßt sich daraus als fundamentale Regelhaftigkeit ableiten: So informativ wie nötig und so funktionell wie möglich.

Kein Zweifel, die Betzschen Kriterien können einen linguistisch begründbaren, objektiven Status für sich beanspruchen, dies als Kontrastposition zu den intuitiven, subjektiv gearteten Urteilen der Sprachkritik; und deren „Fehlurteile kommen durch zu einseitige, das eigentlich Sprachliche zu wenig berücksichtigende Betrachtung zustande“, diagnostiziert Betz. Daß Informationsmenge und Funktionsweise Kriterien sind, die der modernen Gebrauchsnorm entsprechen, bedarf keiner Hervorhebung, auch dies wieder in klarem Gegensatz zur stilkritischen Idealnorm. Stellt man die weitere Frage, in welcher übergeordneten Instanz sich solche linguistischen Gesichtspunkte wie Informativität, Sprachökonomie, Funktionalität, Praktikabilität usw. zusammenfinden, so ergibt sich als Zentrum dieses stiltheoretischen Horizonts die „kommunikative Adäquatheit“ dessen, was wir reden oder schreiben und wie wir dies tun: Das Ergebnis heißt, sprachwissenschaftlich, Stil.

Aber damit bewegen wir uns schon wieder einmal, umgeben von terminologischem Wolkendunst, in den Sphären hoher Wissenschaftlichkeit. Fragen wir lieber, was es mit den ja als „beschränkt gültig“ erklärten stilkritischen Gesichtspunkten der Sprachvernunft, Sprachschönheit, Sprachreinheit usw. auf sich hat. Ihnen kann im Einzelfall durchaus eine ergänzende, modifizierende, vielleicht sogar korrigierende Wirkweise zukommen. Sollten Wörter, Wendungen, ja ganze Äußerungen sowohl in ihrer Information als auch Funktion gleichwertig erscheinen, dann steht der subjektiven Entscheidungsfreiheit des einzelnen gemäß seinem eigenen, sehr persönlichen Stilgefühl nichts mehr im Wege.

Wer will, kann die Formel *letzten Endes* aus Gründen der Logik vermeiden, weil das Ende schließlich immer zuletzt kommt, weil es ja auch keinen „ersten Anfang" gebe usw. Er kann das Wort *beziehungsweise*, in Österreich *beziehentlich*, „beziehungsweise" auch in moderner „Akü-Sprache" *bzw.* – abgesehen davon, daß es häufig falsch verwendet wird, wenn nämlich keine verschiedenen Bezugsgrößen vorliegen –, nicht nur für umständlich, sondern ausgesprochen häßlich halten: „Die Sprache, bzw. die deutsche Sprache kennt, bzw. duldet ein Wort, das sehr schlecht bzw. leer klingt, bzw. nicht klingt, sondern klanglos da ist, das in seiner vollen Gestalt bzw. Mißgestalt nur gesprochen, geschrieben meist aber nur abgekürzt erscheint: das Wort beziehungsweise bzw. bzw.", spottete Oskar Jancke. Andere Sprachkritiker tun dies nicht minder gewitzt: „Sein bzw. Nichtsein, das ist hier die Frage, gestellt für das Wort bzw., und sie stellen, heißt schon sie verneinen. Denn 'beziehungsweise', das sich so gern in die Abkürzung verkriecht, als schrecke es vor seiner eigenen Kanzleigeschwollenheit zurück, ist immer zu ersetzen." Ganz einfach durch *und*, *oder*, *vielmehr*, *besser*, *genauer gesagt* usw. – nur eines sollte man nicht tun, weil das noch schlimmer wäre: ersatzweise zum fremdwörtlichen *respektive* bzw. *resp.* greifen! Kurz, klangliche, satzrhythmische, die Stilwirkung betreffende und andere im weitesten Sinne sprachästhetische Gesichtspunkte können tatsächlich dieses oder jenes Wort als ansprechender oder unpassend erscheinen lassen. Er, der Stilkritiker, mag auch, falls er Sprachpurist ist (was er natürlich negieren – Verzeihung, weit von sich weisen wird), das Fremdwort *Purismus* vermeiden und konsequent, das heißt durchgängig von der „Reinhaltung" der deutschen Sprache reden, wie S. 99ff. dargestellt.

Wir sehen, fallweise können hier all jene Gesichtspunkte zum Zuge kommen, von denen in diesen Kapiteln die Rede war. Damit aber auch, gewissermaßen spiegelbildlich, die ebenso subjektive Ablehnungshaltung, der die Sprach- und Stilkritik „letzten Endes" ihren Namen verdankt: „Jeder, der mit Sprache und mit dem, was aus ihr wird, von Berufs wegen umgeht, ob Schriftsteller, Kritiker oder Gelehrter, hat seine Reizbarkeiten", schreibt Hans-Martin Gauger. „Dies oder jenes – ein Wort, eine Wendung, ein Bild oder eine bestimmte Satzkonstruktion – irritiert, stört, ärgert den Empfindlichen am Sprachgebrauch der Zeitgenossen." Und was „irritiert, stört, ärgert" da ihn oder andere am meisten? Jetzt kommen sie, die stilkritischen Dilettantalusqualen ...

3. Sind wir sprachliche Hochstapler?

Übertreibung sei in der Sprache angelegt, war am Anfang dieses Kapitels zu lesen. Sprachkritiker und Stillehrer, selbst manche Sprachwissenschaftler attestieren uns einen Hang zur Großrednerei, wie ihn das vorangestellte Motto in wahrhaft gleißender Ironie resümiert. Sogar das eigentlich doch recht harmlos wirkende *darüber hinaus* muß es sich gefallen lassen, als „steigerungssüchtig" und großsprecherisch verdächtigt zu werden: „Mag auch sein, daß das Steigern an sich, das Bedürfnis nach immer neuer Rekordziffer das 'Darüber hinaus' erklärt", so W. E. Süskind – jedenfalls „reiner Klingklang". Auch dies eine *hochgradige* Übertreibung?

Und damit sind wir schon mitten im Thema, das übrigens bereits eine lange Geschichte hat. Ludwig Börne, der Wortführer des Jungen Deutschland, wetterte seinerzeit über das „Lumpengesindel von Zeitungsschreibern", die als Folge ihres unaufhörlichen Sprechens von hohen, höchsten und allerhöchsten Personen das Wort *hoch* nun auch bei jeder anderen Dimension verwendeten: „Sie reden von 'hoher', statt von 'großer' Wichtigkeit; sie sagen 'hochwichtig' statt 'sehr' wichtig. Sie sagen von einer Burg, sie sei 'tief' romantisch gelegen. Oh, das ist 'hoch'-dumm!" Auch heute noch ist alles *hoch*: *hochinteressant, hochberühmt, hochkarätig* usw. – oder auch *tief*: „Es kann tief und tiefer und selbst am tiefsten geschürft werden", entrüstet sich Mechtilde Lichnowsky; „was aber soll mit dem Journalisten geschehen, der den Superlativ 'tiefschürfendst' schuf?" Sprachliche Hyperbolik, stellen wir fest, also schon ein Kritikpunkt in den Gründerzeiten der Sprachkritik.

Von zwölf Sprach-Ärgernissen das schlimmste

Für Hartmut von Hentig, seines Zeichens Pädagoge mit sprachkritischer Ader, steht unter den hauptsächlichen „Unarten" des gegenwärtigen Deutsch, zwölf an der Zahl, an allererster Stelle: „Feind Nummer 1 sind die pompösen Zusammensetzungen und Blähungen, wo ein einfaches Wort genügt", zum Beispiel *Fragestellung* statt *Frage*, *Zielsetzung* statt *Ziel*, *Preisgestaltung* statt *Preis*, und diese Aufzählung ließe sich seitenlang fortführen. Denn die findigen Wortjäger der Stilkritik haben zusammengesetzte Substantive dieser Art, die sich heutzutage sichtlich einer speziellen Beliebtheit erfreuen, gleich dutzendweise aufgelistet, etwa *Problembewußtsein*, *Lernprozeß*, *Erfolgserlebnis*, *Motivationsstruktur*, *Größenordnung*, *Bildungsaspekt*, *Stellenwert*, *Aufforderungscharakter*,

Witterungsablauf, Optimierungsfunktion, Arbeitsaufwand usw. – „Wörter", um von Hentigs Argumentation abzuschließen, „die vorgeben, der Sprecher warte mit einem komplexen Gedanken, ja, mit einem ganzen Gedankensystem auf", Wörter also, die *bedeutend* klingen sollen oder besser *bedeutsam*: „Das hat einen ganz anderen 'Bedeutsamkeitsgrad'!"

Während es sich im stilkritischen Pauschalurteil um „abstrakten und geblähten Wortquark" handelt, differenzierende Zusammensetzungen, „bei denen der zweite Bestandteil so gut wie überflüssig ist, aber vorgibt, man habe Überblick und Augenmaß", gilt es aus sprachwissenschaftlicher Sicht zu unterscheiden. Die *Fragestellung* beispielsweise einer komplizierten Prüfungsaufgabe wird alles andere als eine einfache *Frage* sein und entbehrt in der Regel auch der für diese unerläßlichen Frageform. Oder das vielkritisierte *Problembewußtsein* (S. 108) ist die klare, reflektierte Einsicht in eine gegebene Schwierigkeit, also keineswegs nur ein diffuses Gefühl, sich vor einer schwierigen Aufgabe zu sehen, und schon gar nicht das Problem selbst. Solche erweiterten Begriffe können demnach, halten wir zunächst einmal fest, eine zusätzliche Sprachleistung im Vergleich mit den einfachen Wörtern erbringen. Das aber würde ihre Verwendung rechtfertigen, weil dadurch der Informationswert wächst.

Doch auch wenn dies nicht der Fall wäre, ließe sich auf ältere Sprachmuster hinweisen, die ähnlich „doppeln" und trotzdem nicht kritisiert werden: *Rat – Ratschlag, Schmuck – Schmuckstück, Mord – Mordtat* usw. Der eigentliche Kritikpunkt liegt denn auch anderswo, und zwar darin, daß bei der „überwiegenden Mehrzahl" (gibt es eine Mehrzahl, die nicht überwiegt?) solcher zusammengesetzten Bildungen die Erweiterung lediglich eine Verstärkung bezweckt. Besonders ärgerlich, wenn dies mit Hilfe gebrauchsfertiger, meist fremdwörtlicher Versatzstücke geschieht wie *-aspekt, -funktion, -prozeß* usw., die heute groß in Mode stehen. Das Resultat bilden dann jene „Imponiervokabeln", mit denen sprachemanzipatorisch denkende Zeitgenossen, in *Theoriebewußtsein* und *Praxisbezug* perfekt, nicht mehr schlicht menschlich von Sprechen und Schreiben reden, sondern von *Versprachlichungsprozessen*. Also doch Bildungs-Groß- bis -Größtsprecher – sind wir sprachliche Hochstapler?

Wenn jemand seinen *Grundprinzipien* treu bleibt, was tut er dann? Er steht auf dem doppelt sicheren Boden von „Grundgrundsätzen" (so wie ein *Einzelindividuum* ein „Einzeleinzelwesen" wäre, eine *Glasvitrine* ein „Glasglaskasten" usw.); denn das *Prinzip* ist ja schon ein Grundsatz – unser Stichwort „Tautologie". Hier nun bietet sich uns die prinzipielle und grundsätzliche Erklärung für derartige Formulierungen im allgemeinen: *Prinzip* allein kommt vielen Menschen vermutlich zu schwach vor, als Wortkörper zu kraftlos, um seiner immerhin gewichtigen Bedeutung die nötige Festigkeit zu verleihen. Wenn das Wort seine Muskeln spielen lassen soll, bedarf es der Verstärkung. Nicht von ungefähr nimmt vorangestelltes *Grund-* ja in einer ganzen Reihe deutscher Wörter dieselbe bekräftigende „Grundfunktion" wahr (*Grundbestandteil, Grundgedanke, grundfalsch* usw.). Hübsch die rein gefühlsmäßige Steigerung Effi Briests, wenn sie ihren Verlobten Baron von Instetten nicht nur für einen „Mann von Prinzipien", sondern sogar „von Grundsätzen" hält – „und das ist, glaub ich, noch etwas mehr".

Kraftentfaltung jedenfalls, wohin wir blicken: *Rücksicht* wird zur *Rücksichtnahme*, *Fehler* zur *Fehlleistung*, *Gewalt* zur *Gewalttätigkeit*, *Wesen* zur *Wesenhaftigkeit*. *Themen* runden sich zum *Themenkreis* oder verdichten sich zur *Thematik* wie *Probleme* zum *Problemkreis* oder zur *Problematik* – „der Trick mit dem *-tik*", macht Alfred Gleiss sich seinen Reim darauf. Auch die Adjektive entziehen sich diesem Hang und Drang zur Bekräftigung nicht: *hochfein, tieftraurig, vollgültig, extrastark, superreich* usw. „Immer dasselbe: Die Schreiber heute schreiben lieber ein Wort oder eine Silbe zu viel, um sicher zu gehen, und beweisen damit doch nur Unsicherheit."

An-steigende Präfixitis

Obgleich in gänzlich anderer Form, bleiben auch die Verben nicht von derselben Verstärkungstendenz verschont. Sprachkritiker führen bereits seit längerem Klage, daß wir mit auffälliger Vorliebe nicht mehr die einfachen Tätigkeitswörter verwenden, sondern diese mit früher nicht üblichen Vorsilben versehen: *an-steigen, ab-klären, auf-zeigen, über-prüfen, herab-mindern, hinter-fragen* und viele mehr. Kein Wunder, wenn Eike Christian Hirsch in den Klageruf ausbricht: „Ihr guten einfachen Wörter, wo seid ihr abgeblieben!"

Nur ein paar zusätzliche Vorsilben, wird man vielleicht sagen – eine relativ harmlose Erscheinung, zumal auch in früheren Jahrhunderten sich die Verben, oft in raschem Wechsel, mit den verschiedensten Vorsilben präsentieren. Aber selbst ein sprachkritischer Mann der Wissenschaft, Broder Carstensen, erregt sich über das derzeit geläufige, „papierdeutsche" *anschreiben* im Sinne von 'sich schriftlich an jemanden wenden': „*Anschreiben* ist für mich das schlimmste Beispiel für das, was die Fachleute auch Präfixitis nennen", also die Neigung, Verben zu *be-vorsilben*. Und mit diesem Beispiel ist zugleich die allerschlimmste Sorte genannt, das sind die Verben mit vorgesetztem *be-* (auch *ver-*), die in unserer Gegenwartssprache geradezu „wuchern“. Die Sprachkritik polemisiert heftig dagegen; sie seien geeignet, „aus Menschen willenlose Objekte zu machen“ – etwa in *ver-be-amten*? –, und in den harmlosen Fällen „nur überflüssig, Zeichen des Schwulstes einer aufgeblähten Sprache“. Bernt Engelmann hat ganze Gedichte über solche präfigierten Erweiterungen gemacht: ›Versteigerungen‹.

Auch in anderen Vorsilben scheint sich neue Lebenskraft zu regen: zum Beispiel *ent-ängstigen* ‘jemandem seine Angst nehmen’ (in einer Fernsehsendung) oder *ent-ohnigen* ‘um etwas bringen’, vielleicht als Scherzbildung eines Sprachkritikers vom verbrauchernahen, mageren Schwein: „Da steht es, seines Specks entohnigt.“ Was *vor-lesen* ist, weiß jeder seit Großmutters wohl auch nicht mehr zeitgemäßen Märchenstunden, und so liest man denn heute viel mehr *nach*: *nach-lesen* ‘einen Text nochmals lesen, vor allem um ihn in seiner Richtigkeit zu überprüfen’. Wie oft ist nicht im Wetterbericht die Rede vom Absinken der Temperaturen unter den Gefrierpunkt; Karl Hirschbold kommentiert: „Bitte besonders die Silbe *ab* in dem Worte *absinken* zu beachten. Diese Silbe hat den Zweck, den Leser oder Hörer vor einem gefährlichen Mißverständnis zu bewahren. Wie leicht könnte man nämlich, wenn der Schreiber nur *sinken* geschrieben hätte, annehmen, daß nicht mit einem *Absinken*, sondern mit einem *Aufsinken* der Temperatur zu rechnen sei!“ Und so fort.

Das Phänomen, eine deutliche Zunahme präfigierter Verben in unserem Sprachgebrauch, läßt sich nicht bestreiten. Die sprachwissenschaftliche Erklärung erkennt darin eher eine Tendenz, bestimmten Verben mit Hilfe dieser Präfixe grammatisch genauer eine Richtung, einen Zweck oder einen Adressaten zu geben. Die Stilkritik ihrerseits deutet denselben Sachverhalt als modische „Präfixitis“ (was immerhin eine krankhafte Erscheinung wäre), als verstärkende, „blähende“, großtuerische Neigung zur „Vorsilberei“. Jener bekannte Vers aus Goethes Ballade ›Der Taucher‹ müßte, wie sinnig vermerkt wird, in solch modischer Form lauten: „Das Wasser rauscht’ *auf*, das Wasser schwoll *an*.“

Ja, sogar gewisse Kleinwörter, ganz unscheinbare Sprachelemente also, geraten mit in diesen Sog der Aufblähung. Es gibt Leute, denen erscheint schlichtes, einsilbiges *nur, kaum, fast, sonst* und dergleichen als zu „schmalbrüstig“, weshalb sie lieber zu *lediglich, schwerlich, nahezu, ansonsten* oder anderen etwas „vollbusigeren“ Vokabeln greifen. So weit – so gut. Auch in diesem Buch werden gelegentlich die mehrsilbigen Formen verwendet, falls sie sich aus lautlichen oder rhythmischen Gründen anbieten: *sonst* aber ist Schlichtheit die elegantere Stil-Wahl.

Manche Sprach-Zeitgenossen ziehen es auch vor, an Stelle von *wieder* das doppelt verlängerte *hinwiederum*, anstatt *besonders* das fülligere *ins-*

besondere oder *insonderheit* zu benutzen. Statt *richtig* heißt es *richtiggehend*, statt *früh* mehrsilbig *frühzeitig*, statt *zuletzt* in vielfältiger Aufschwellung *letztlich*, *letzterdings*, *letzten Endes* und *zu guter Letzt* gar *letztendlich*; unüberbietbar die hochmodische Formel „im Endeffekt". An Stelle von harmlosem *bald* empfehlen sich zwecks wirkungsvolleren Ausdrucks dieser Zeitangabe *alsbald*, *alsbaldig*, *baldmöglichst* (nur nicht einfach *möglichst bald*), *in Bälde*, noch besser *in tunlichster Bälde*. Es ist wie bei Luftballons: Man bläst und bläst und bläst, und sie blähen sich, bis der ganze (Wort-)Zauber mit einem lauten Knall zerplatzt! Besonders gut zum Aufblasen eignet sich *natürlich* in *naturgemäß*, *natürlicherweise*, *naturgegebenermaßen*: „Inflation in der Sprache"?

Als Fälle moderner Übertreibungssucht, die diese schon nach außen hin sichtbar werden lassen, gelten neuere, hochtrabende, gewissermaßen der „Pluralitis" verdächtige Mehrzahlbildungen, die allerdings so neu, modern oder gar hochtrabend nun auch wieder nicht sind – im Gegenteil. Daß die *Ewigkeiten*, die ein Liebhaber vor dem Rendezvous warten muß, nicht die wahre *Ewigkeit* ausmachen, vermerkte schon Oskar Jancke: „O Ewigkeit, du Donnerwort!" Trotzdem sind all die heutigen *Sorgen*, *Probleme*, *Zustände*, *Sehnsüchte*, *Kräche* usw. in den Verdacht der Exzessivität geraten: „Mit dem Plural *Zwänge* hört alles auf", beschließt Hans Weigel konsequenterweise sein Buch über ›Die Leiden der jungen Wörter‹. Dabei ist längst bemerkt worden, daß solche sogar als „falsch" bezeichneten Pluralformen keineswegs verstärken: Was sind schon die vielen kleinen *Lieben*, die wir dann auch *Liebeleien* nennen, neben der einen großen *Liebe*, was episodische *Geschichten* am Rande der Welt-*Geschichte* – ganz zu schweigen von den „öffentlichen *Händen*", die in unser aller Taschen greifen. Mehr oder weniger große *Dummheiten* macht jeder einmal; aber *die Dummheit*, von der Wilhelm Busch gesagt hat, sie sei „auch eine natürliche Begabung", tut bekanntlich weh. Tausend *Nöte* bedrängen uns, auch ohne daß wir in wirklicher *Not* sind, und eine Schweizer Zeitung titelte vor einigen Jahren: ›Welt*angst* im Kopf – Privat*ängste* im Bauch‹. Man sollte es kaum glauben, aber eigentlich schwächen Plurale den Singular ab! Eine elementare Eigenschaft unseres Sprachgebrauchs, wie der Dichter Hugo von Hofmannsthal versichert: „Sprache ist voller zerriebener Eitelkeiten, falscher Titanismen, voller Schwächen, die sich für Stärken ausgeben möchten."

Wortverschleiß und ständig neue Übertreibung kennzeichnen vor allem die Werbesprache: *Leistung – Hochleistung – Höchstleistung – Extraleistung – Spitzenleistung – Superleistung – Superspitzenleistung – Mega* ... Nicht mehr *hundert-* oder *tausendfach* gelten, die runden Übertreibungszahlen der Vergangenheit, heute ist alles *millionenfach* bewährt!

Doch werfen wir einen Blick in den Sprachalltag, „übertreiben" wir nicht auch dort? Wer lobt in unseren Tagen noch etwas, in wohltuender Schlichtheit, einfach als „schön"? Je nach Alter, Zuhörern oder Gemütslage finden wir alles „*echt, toll, verrückt, irre* (vornehmer *irrsinnig*), *wahnsinnig, unheimlich, ungeheuer, schrecklich, furchtbar* usw. schön". Derartige, zugegebenermaßen ziemlich drastisch wirkende Bekräftigungen mittels krankhafter Geisteszustände oder furchteinflößender Gruselwörter herrschen hauptsächlich im mündlichen Umgang. Mittlerweile ist die Sprache aber schon wieder einen Schritt weiter (ohne daß man darin unbedingt einen Fortschritt sehen muß): *geil, fetzig, flippig, tierisch, echt ätzend* und andere Emotionalausdrücke. Schriftlich gibt man sich allerdings gemäßigter; da heißt es, immer noch übertreibend, aber doch eher moderat „*sehr, höchst, überaus, außerordentlich* usw. schön".

Wie auch immer, unser alltägliches Sprachverhalten strotzt von „Hochwertwörtern", die in Wirklichkeit sogar Höchstwertwörter sind, und das mit besonderer Vorliebe fremdwörtlich: *enorm, kolossal, grandios, imposant, monumental, exorbitant* – ein Glück, wenn wir es uns versagen, diese auch noch in die Steigerungshöchstform zu bringen. Das hieße, sprachökonomisch *optimalste* Ergebnisse mit *minimalstem* Aufwand zu erreichen. Rudolf Ibel wird wohl recht haben: „Der Hang zur intensiveren Benennung, zum stärkeren Wort, ist der Volkssprache gemäß und hat von jeher mehr oder weniger grelle Blüten gezeitigt." Das Sprichwort sagt, irren sei menschlich: Übertreiben ist es offensichtlich auch.

Der wahre Könner stapelt tief

Scylla und Charybdis – wer die eine Gefahr vermeiden will, erliegt nach einem antiken Spruch der anderen: Soll man, um übertreibender Ausdrucksweise zu entgehen, in das Gegenteil eines abschwächenden, „flauen" Stils verfallen? Selbst wenn wir *eigentlich* unserer Sache sicher sind, entsteht – *wie es scheint* – *zumindest* der Eindruck von Unsicherheit, sobald wir noch ein *wohl, ziemlich, etwa, fast, beinahe* einfließen lassen; auch ein konziliantes *immerhin, gleichwohl, allerdings* oder *freilich* wirkt *unter Umständen* Wunder, um *möglicherweise* unseren bestimmten Standpunkt *sozusagen, gewissermaßen, gleichsam* in einen Nebel vager Unbestimmtheit zu hüllen.

Verständlich, daß in modernen Kommunikationstrainings ein heftiger Kampf gegen derartige „Weichmacher" geführt wird, weil sie als Signale mangelnder Entschlossenheit und Durchsetzungskraft nicht zum Image selbstbewußter Erfolgsmenschen passen. Schon Ludwig Reiners spottete über solche Halbherzigkeit: „Kein Ding ist *groß*, es ist höchstens *nicht unbeträchtlich*. Und *der Rest muß irgendwie Schweigen sein*." Gerade dieses Shakespeare untergeschobene *irgendwie* erscheint aufschlußreich (und zeigt uns außerdem, daß es nur einer geringfügigen Umstellung des *l* bedarf, um unsere Flauheit als Faulheit zu erklären): *irgendwie* werden wir immer dann schreiben, wenn wir zu faul sind, genau zu formulieren, *wie*!

Und die Sprache macht mit. Man sollte denken, ein derart entschiedenes Wort wie *grundsätzlich* sei auch in seiner Bedeutung so fest, wie es klingt; aber weit gefehlt: Ähnlich wie „im Prinzip" entspricht es oft einem einschränkenden 'eigentlich, im Grunde', und zwar gerade in der verbindlich geregelten Rechtssprache: Wer dort seine „grundsätzliche" Bereitschaft erklärt, tut das mit allen Vorbehalten. In Verallgemeinerung dieses Falles hat Eike Christian Hirsch beobachtet, daß Bekräftigungen wie *sicher*, *bestimmt*, *wirklich* und andere uns heute „praktisch" als Einschränkungen dienen, wenn wir gerade nicht sicher sind. Hingegen wird das unverbindliche *vielleicht* zur Erhärtung gebraucht, wenn etwas mit Sicherheit so ist: „Das hat vielleicht weh getan!" Verkehrte Stil-Welt, doch auch dies in erster Linie wieder mündlich.

Wahrscheinlich werden Sie schon (bereits?) den oder die Gedanken in Ihrer Brust gewälzt haben, jene widersprüchlichen Triebe zu sprachlicher Verstärkung oder Abschwächung seien nicht nur (lediglich) um ihrer selbst willen in einigen Beispielen vorgeführt worden. Gemeinsam ist ihnen, daß zusätzliche Sprachelemente eine Rolle spielen, die zumindest aus der Sicht der Stilkritik als Symptome unnötiger Silbenvermehrung und Wortemacherei erscheinen. Dafür bietet nun Hans-Martin Gauger einen weiteren möglichen Gesichtspunkt sprachkritischer Beurteilung an: „den der Angemessenheit, ich hätte auch 'Disziplin' sagen können. Ich meine damit, daß das Sprachliche nicht überschüssig sein sollte über das Gesagte hinaus. Das wäre nämlich Rhetorik im schlechten Sinn." Wer einen Blick zurück (ohne Zorn) auf unsere zuvor behandelten Fälle stilkritischen Mißvergnügens wirft, wird dort wenig Rhetorik dieser Art feststellen, verstanden als „eine Art Verselbständigung des Sprachlichen": Zusammensetzungen und präfigierte Verben, meist in der löblichen Absicht gebildet, einer Präzisierung zu dienen; ungewohnte Plurale, die kleinere Ausdrucks*nöte* beheben sollen; vor allem gewisse Mittel der Hervorhebung oder Abmilderung, die jedoch überwiegend dem mündlichen Gebrauch vorbehalten sind.

Unnötig, darauf hinzuweisen, daß „Angemessenheit" sich weitgehend mit jenen linguistisch begründeten Kriterien deckt, die Werner Betz aufgestellt hat. Ausdrucksweisen ohne zusätzlichen Informations- oder besonderen Funktionswert können auch nicht als „angemessen“ betrachtet werden: etwa *Grundprinzip*, obwohl unbestritten voller Wohlklang, *herabmindern* trotz seiner (überflüssigen) Präzisierung, *naturgegebenermaßen* oder *in tunlichster Bälde* gerade wegen ihrer rein verbalen Aufblähung, usw. Welche Formulierung man auch immer für die Begründung wählen will, sie sind – weil ohne Informationssteigerung oder sinnvolle Funktion, damit unangemessen – in der Tat bloße Rhetorik!

Dem Kriterium der „Angemessenheit“ kommt heutzutage eine, um es so zu sagen, schlechterdings *exorbitante* Bedeutung zu, ja mit Hartmut von Hentig zu sprechen, sogar ein dementsprechender „Bedeutsamkeitsgrad“. Wie auf den letzten Seiten zu lesen war, gehört es unverkennbar zu den Grundeigenschaften menschlichen Sprechens, geradezu als Kennzeichen der Mündlichkeit, einerseits durch übertreibende Mittel verbaler Verstärkung einer Aussage mehr Nachdruck verleihen zu wollen – „ehrlich!“ –, andrerseits sich mit Hilfe abschwächender, einschränkender Sprachformeln einer gewissen Vorsicht, Zurückhaltung oder auch nur Höflichkeit zu befleißigen: „Vielleicht wäre es doch besser ...?“ Zwischen diesen wohlgemerkt sprechsprachlichen Extremen liegt jener weite, im eigentlichen Sinne maßgebende Bereich unserer modernen Gebrauchssprache, wie sie üblicherweise im öffentlichen und allgemeinen Schriftverkehr vorherrscht. Über die Massenmedien vermittelt und von wissenschaftsorientierter Sachlichkeit geprägt, spielt hier die pragmatische, das heißt der jeweiligen Situation angepaßte und in ihren Mitteln sachgerecht-angemessene Sprachäußerung die entscheidende Rolle. Nochmals die Frage (S. 93): unser „Zeitstil“?

Jede Zeit hat ihren eigenen Stil, und zum guten Stil gehört daher auch, daß man sich zeitgemäß ausdrückt. Unser moderner Sprachgebrauch wird durch Grundsätze wie Knappheit und Genauigkeit, Sachlichkeit und Zweckmäßigkeit bestimmt. Pech für alle Stilkritiker! Subjektivität und sprachliche Gefühlsseligkeit, Leckerbissen für entsprechend bissige Verrisse, sind heute weit weniger gefragt als noch vor Jahren. Man trägt sein Herz nicht mehr auf der Zunge, sondern gibt sich – in modischer Entlehnung aus dem Angelsächsischen – „cool“. Kurz, wir neigen heute eher zu sachlicher Untertreibung, die sich wiederum vornehm-englisch „Understatement“ nennt. Übertreibung, von der eben soviel die Rede war, bloße Schönrednerei und hochtrabendes Sprachpathos, Rhetorik „im schlechten Sinn“, gelten weithin als verpönt. Freuen Sie sich, liebe Leserinnen und Leser: im guten Durchschnitt sind wir sprachliche „Tiefstapler“.

4. Anscheinend oder scheinbar richtig

Die deutsche Sprache kennt eine Vielzahl subtil unterschiedener Begriffspaare, von denen uns schon einige wie *derselbe* und *der gleiche*, der Plural *Wörter* und *Worte* oder die Subtilität *gesinnt* und *gesonnen* (S. 120) begegnet sind. Aber als die folgenträchtigste all dieser oft haarscharfen Differenzierungen, geradezu als ein Musterstück stilkritischer Denkakrobatik, muß fraglos die Unterscheidung von *scheinbar* und *anscheinend* gelten: Da geht es nach einer tiefgründigen Sprachglosse von Oskar Jancke um nichts Geringeres als ›Schein und Sein‹.

Doch lassen wir uns vom konkreten Beispiel belehren, was es mit diesem Wortpaar auf sich hat. „In einiger Entfernung von uns war *anscheinend* eine Oase", berichtet Hans Weigel in der Rolle des Sprach-Wüstenwanderers, der dann beim Weitergehen feststellen muß, daß dem in Wirklichkeit nicht so ist: „Dort war nur *scheinbar* eine Oase. Eine Fata Morgana hatte uns getäuscht." Dieser Unterschied, einleuchtend exemplifiziert, läßt sich in eine Regel fassen, und wer könnte das wohl besser als Eike Christian Hirschs alter Lehrer: „Scheinbar sagt man, wenn etwas nur zum Schein geschieht, also Betrug ist; von anscheinend spricht man, wenn etwas zu Recht den Anschein hat." Eine plausibel erscheinende Regel? Ihre Pointe besteht darin, daß sie umgehend außer Kurs gesetzt wird als die „Patenterfindung eines Schulmannes", der nur vergessen habe, auch Schein und Anschein zu unterscheiden.

Der junge Schriftsteller, mit dem sich „Autor Hirsch" zum Schluß identifiziert, hat zweifellos so weit recht, daß es sich um eine „elitäre" Unterscheidung handelt, die in weiten Kreisen unseres Sprachvolks nicht eingehalten, ja nicht einmal gekannt wird: „*Anscheinend* und *scheinbar* verwechselt man oft ganz sinnlos untereinander"; und Friedrich Sieburg fügt dem an: „Es gibt bei uns Schriftsteller, die über dreißig Bücher geschrieben und immer noch nicht den Unterschied zwischen 'anscheinend' und 'scheinbar' erfaßt haben." Dies entspricht in der Tat dem sprachwissenschaftlichen Befund, der nach Meinung des Linguisten Hugo Steger nicht ohne Folgen für die künftige grammatische Entwicklung bleiben wird: „Wer seine Grammatik gelernt hat, der weiß, daß 'anscheinend' und 'scheinbar' sich unterscheiden ... Aber die Sprache kümmert sich nicht darum; in der gesprochenen Sprache ist der Gegensatz bereits verschwunden, und wenn nicht alles täuscht, werden spätere Grammatiken des Hochdeutschen registrieren müssen, daß 'scheinbar' und 'anscheinend' in der gleichen Bedeutung, nämlich in der von 'wahrscheinlich', gebraucht werden."

Leidenschaftlicher Verfechter der Nichtunterscheidung war schon vor langen Jahren Hans Reimann, der provokativ fragt: „Wo steht das geschrieben? Wer hat dieses Gesetz aufgestellt? Was soll diese Unverschämtheit?" Und weiter zur Begründung: „Kindern muß es mühsam eingetrichtert werden, und sogar alte, erwachsene Familienväter ertappen sich gelegentlich dabei, wie sie die Probe machen, ob es eine irrtümliche Annahme ist oder nicht. Sie sollten sich ausstopfen lassen – samt den Pedanten, die den Unterschied zwischen *scheinbar* und *anscheinend* ausgebrütet haben." Es gebe diesen Unterschied einfach nicht: „Der ist erst von den Sprachbürokraten an den Haaren herbeigeschleift worden. *Anscheinend* ist: Ich habe den Eindruck. *Scheinbar* ist: Ich habe den Eindruck. Die künstliche Belebung, die Galvanisierung des professoralen *anscheinend* wird auf die Dauer nichts fruchten. Wer vernünftig ist, macht den Krampf nicht mit."

Hier bedarf es nun doch der Richtigstellung, daß weder ein Schulmann noch ein – professoraler? – „Sprachbürokrat" neuerer Zeit für diese Unterscheidung verantwortlich gemacht werden kann. Sie ist vielmehr schon einige Jahrhunderte alt. In Johann Leonhard Frischs ›Teutsch-Lateinischem Wörterbuch‹ (1741) erstmals verbucht, gilt sie seit dem 19. Jahrhundert als guter Sprachgebrauch, der so in den Sprachlehren und Wörterbüchern vertreten wird. Sie ist von Anfang an auch beliebter Gegenstand der sprachkritischen Literatur ebenso wie der Stillehren, die mit einer Fülle echter oder erfundener Beispiele den semantischen Unterschied von *anscheinend* und *scheinbar* zu untermauern versuchen, immer wieder. Kein Wunder, daß sich dem Thema mittlerweile kaum noch neue Seiten abgewinnen lassen.

Interessant immerhin, wenn Bernt Engelmann als Anlaß für seine versifizierte Sprachkritik ausgerechnet seinen Deutschlehrer nennt, der außer anderen Fehlleistungen eben auch *scheinbar* und *anscheinend* verwechselt habe. Und bei Reimanns kommt es gar zum Ehestreit: „Weil ich dauernd *scheinbar* und *anscheinend* durcheinandermansche." Tatsächlich werden beide Wörter heute umgangssprachlich weithin synonym, das heißt ohne großen Bedeutungsunterschied verwendet und könnten daher Schwierigkeiten machen. Da gibt Ursula von Wiese den praktischen Tip, um sich der Gefahr möglicher Verwechslung zu entziehen, notfalls auf *augenscheinlich* auszuweichen. Wer nicht zu dieser Notlösung greifen will, dem bietet Rudolf Walter Leonhardt einen nützlichen Hinweis für die korrekte Anwendung: „'Anscheinend' steht, wo der Anschein erweckt wird, gleichviel ob zu Recht oder Unrecht. Bei 'scheinbar' hingegen trügt der Schein; Eselsbrücke: 'scheinbar' ist immer dann richtig, wenn man ein 'nur' davorsetzen kann." Wer das beachtet, kann dann auch Edith Hallwass' sprachquizähnliche Frage ohne Mühe beantworten: „Dreht sich die Sonne scheinbar oder anscheinend um die Erde?" Nämlich so: „Die Sonne dreht sich nur *scheinbar* um die Erde, in Wirklichkeit tut sie es nicht."

Grundsätzlich gilt, daß Sprachkritiker und Stillehrer fast ausnahmslos, trotz der festgestellten umgangssprachlichen Nonchalance, für die genaue semantische Unterscheidung eintreten, gewissermaßen als stilkritisches Feinmittel der Ausdrucksnuancierung. Schon Mechtilde Lichnowsky sah zu ihrer Zeit darin „einen Reichtum der deutschen Sprache, der anderen Sprachen nicht eignet". Wolf Schneider, modernster Autor, argumentiert dagegen eher sprachnormativ: „Wer anscheinend und scheinbar nicht auseinanderhalten kann, vermag nicht mehr zu trennen, ob einer dem glaubhaften Anschein nach oder nur scheinbar krank ist." Der übliche Konservativismus, das scheinbar unerschütterliche Festhalten am Althergebrachten, auch wenn es anscheinend der sprachlichen Wirklichkeit nicht mehr entspricht?

Vielleicht hilft uns weiter, in dieser Frage auch die Wissenschaft zu Rate zu ziehen. Helmut Seiffert hat der Unterscheidung von *anscheinend* und *scheinbar* eine längere Erörterung gewidmet, im Umkreis bedeutungsähnlicher Bezeichnungen wie *vermutlich, voraussichtlich, vermeintlich, angeblich* usw. Das Fazit: es bestehe „ein Bedürfnis, beide Bedeutungen zu unterscheiden, das nicht durch den (für sich richtigen) Hinweis darauf, daß es beliebig ist, welchen Wörtern wir welche Bedeutungen zusprechen, außer Kraft gesetzt werden kann". Noch deutlicher äußert sich Werner Betz, der dringend von einem Verzicht auf „die Differenzierung zwischen dem Schein der Wahrscheinlichkeit und dem falschen, vorgetäuschten Schein" abrät: „Diese Möglichkeit, so knapp zwischen echtem und falschem Anschein zu scheiden, sollte eine Sprache nicht ohne Not aufgeben. Das Gegensatzpaar 'anscheinend – scheinbar' zwingt zugleich ... zur Prüfung des Scheins und des eigenen Urteils, zur Klarheit."

Nicht aus grundsätzlichen, wohl aber „pragmatischen" Gründen scheint es nach allem geraten, den Bedeutungsunterschied der nichteineiigen Wortzwillinge *anscheinend* und *scheinbar*, der sich im allgemeinen Sprachgebrauch immer mehr zu verlieren droht, aufrechtzuerhalten, und das mit den vereinten Kräften der Sprachwissenschaft, Sprachkritik und Stillehre. Wir bewahren uns auf diese Weise die sprachliche Fähigkeit, mit dem geringstmöglichen Aufwand, nämlich mittels eines einzigen Wortes, einen Sachverhalt als offenbar glaubhaft oder als unserer Ansicht nach „vorgespiegelte falsche Tatsache" (S. 33 ff.) darzustellen – ein Kunststück, das Ersatzwörter wie *augenscheinlich*, *wahrscheinlich*, *vorgeblich* usw. nicht entsprechend fertigbringen, das heißt, was sich sonst nur auf dem Wege weitläufiger Umschreibungen erreichen ließe. Da die

Unterscheidung von *anscheinend* und *scheinbar* letzten Endes also sprachökonomisch und kommunikativ sinnvoll erscheint (der „Maßstab der Information und Funktion", auf den Betz sich im gleichen Zusammenhang auch beruft), wäre dies zweifellos ein gar nicht so aufwendiges, dafür aber um so nutzbringenderes Lehrstück der Schule.

Auf daß die Lehrer wenigstens in diesem Punkt von jedem ihrer Schüler mit Bernt Engelmann sagen könnten, wohl sei er „zwar kein Tugendengel, / doch gutes Deutsch, das kann der Bengel!".

FÜNFTES KAPITEL

Moral und linguistische Nutzanwendung

Vom Unterhaltungs- und Marktwert der Sprache

> Wenn ich das Wort Sprachkritik höre, kommt mir immer ein Bild vors Auge. Ein Mann schlummert im Löwenzahn am Bahndamm, ein Zug kommt vorbei und weckt ihn, und er springt erbost auf, schüttelt die Faust, ruft ihm etwas zu, das der Lärm verschluckt, indes der Zug schon immer kleiner wird. – Die Sprache schert sich wenig um die noch so tief empfundenen Einwürfe des Sprachkritikers. Dieter E. Zimmer

Wenn ein führender Wissenschaftsjournalist, selbst Verfasser eines sprachkritischen Buches über ›Redens Arten‹ (1986), derart spottend eine mehr als nur desillusionierende Meinung äußert, was die Wirksamkeit von Sprachkritik angeht, dann rechtfertigt das wohl die „schillernde“ Frage: Was heißt und zu welchem Ende (früher gleichbedeutend mit ‘Ziel, Absicht, Zweck’) betreibt man Stilkritik?

Wo Schillers Name fällt, darf der Goethes nicht fehlen. Glückliche Fügung also, daß der Sprachkritiker Hans Weigel seinen Titel ›Die Leiden der jungen Wörter‹ fast buchstäblich Werthers Leiden nachempfunden hat. Ja, die Titulaturen: Höchst witzig, wie Paul Stichel eine Auswahl seiner jahrelang in der ›Zürichsee-Zeitung‹ erschienenen Sprachglossen zu einem Band ›Sticheleien‹ (1973) zusammenfaßt. Das gleiche Spiel, wenn Alfred Gleiss sein sprachkritisches Werk ›Besseres Deutsch‹ (1976) in sinnfälliger Anspielung verdeutlicht: „Sprache auf dem rechten Gleis“. Sollte man da nicht Wolf Schneider, dessen beide Stilbücher (1982, 1987) innerhalb weniger Jahre mehrmals ihre Untertitel gewechselt haben, zu der abschließenden, geradezu für ihn maßgeschneiderten Formulierung raten: „Sprachlich bestens aus dem Schneider“?

Im Ernst, die Titel und Untertitel, die ja als erster Blickfang dienen, mehr noch werbewirksam konzipierte Einband- und Umschlagtexte oder gelegentliche Selbstaussagen der Autoren verraten viel von dem, was ein Buch will. Etwa Ernst Röhls wörterbuchartige Behandlung des „Neudeutschen Mindestwortschatzes“ (so der Untertitel), die wortspielerisch überschrieben ist ›Wörtliche Betäubung‹ (1987) und inhaltlich verspricht: „Stichwörter, die stechen. Schlagwörter, die uns umhauen.“ Da muß die

Frage erlaubt sein: Wenn in der stilkritischen Bücherwelt solcherart wortgespielt und titelmäßig „gestichelt“, „gleißend“ am Deutsch gebessert oder redens-artig zurechtgezimmert wird, was hat das zu bedeuten?

1. Wörterbücher sind langweilig – aber ein „Unwörterbuch“?

Wenn die vorangegangenen Seiten dieses Buches eine mehr oder weniger unterhaltsame Beschreibung der stilistischenVerhältnisse geboten haben, die hier wie bei Bertolt Brecht eben „nicht so“ sind, wird das fünfte und letzte Kapitel nun zu einer definitiven Erklärung „beziehungsweise“ publikumswirksamen Aufklärung führen, was es mit dem guten Deutsch auf sich hat, wie es die behandelten Stil- und Sprachglossen-Bücher oft schon im Titel versprechen. Immerhin, heißt es, sei der Titel doch der „Schlüssel zum Text“.

Wer die modernen Titulaturen durchmustert, stellt als erstes fest: Knapp und klar benennende Begriffe, wie sie früher zumeist im Umlauf waren, etwa *Stillehre, Stilschule, Stilkunde* oder einfach *Sprachglossen*, werden mit den Ausnahmen, die wie immer die Regel bestätigen, kaum noch als Titel gewählt; allenfalls verstecken sie sich kleinlaut im Untertitel. In ihrer sachlich-nüchternen Art entsprechen sie offenbar einer älteren, wenn nicht veralteten Tradition, ja aus heutiger Sicht gelten sie eher als abschreckende Vokabeln: Das weckt unliebsame Schulerinnerungen, klingt nach Lernenmüssen, riecht schon im Schriftbild nach Anstrengung und Schweiß. Ersatzweise kann man, wie Helmut Seiffert das als offizieller Reiners-Nachfolger getan hat, zur handlichen Kurzformulierung greifen, die den „Touch“ des Modernen hat: ›Stil heute‹ (1977). Um es aber gleich vorwegzunehmen: Wer ganz auf der Höhe sein will, für den ist „top“ der Begriff des Kommunikationstrainings (im engeren, schriftlichen Sinne), wo wir gewissermaßen schreibsportlich in Formulierungshöchstform gebracht werden; als Beispiele Klaus Birkenhauers ›Schreib Training. Klar und wirksam formulieren‹ (1974) oder Gertrud Hosters ›Top-Training. Wirksam formulieren‹ (1986). In solcher top-sportlichen Manier lassen sich heute offensichtlich auch alle Sprach- und Stilhürden am elegantesten meistern.

Belehrung in Kurzweil und Vergnügen

In jeder Hinsicht „gekonnte“ Sprachbeherrschung, besonders im schriftlichen Ausdruck, wird derzeit als ein von vielen Menschen angestrebtes Ziel betrachtet. Diesem weitverbreiteten Bedürfnis nach sprachlicher und gerade auch stilistischer Weiterbildung kommen die zahlreichen „laienlinguistischen“ Sprach- und Stilbücher entgegen, die aus ebendiesem Grund sachkundige Anleitung zu gutem oder besserem (warum nicht auch bestem?) Deutsch versprechen, und das in nichtfachlicher, jedermann zugänglicher und allgemeinverständlicher Form. Schon Ludwig Reiners hatte für seine so erfolgreiche ›Stilfibel‹ in den ersten fünf Auflagen den späteren Untertitel verwendet: ›Der sichere Weg zum guten Deutsch‹ (1951) – ein gängiges Muster, das in mancherlei Abwandlung bis heute zugkräftig geblieben ist: Hermann Villigers ›Gutes Deutsch‹ (1970), Lutz Mackensens ›Gutes Deutsch in Schrift und Rede‹ (1979), Hans Rycheners ›Gutes Deutsch, guter Stil‹ (1982), Heinz Hartwigs ›Besseres Deutsch, bessere Chancen‹ (1984) usw. – auch ich bekenne mich schuldig: ›Gutes Deutsch – besseres Deutsch‹ (1986). Da die Sprachkritik im Grunde das gleiche Anliegen hat, verwundert es nicht, dort entsprechende Titel zu finden, etwa Ursula von Wieses ›Kleine Fibel für gutes Deutsch‹ (1983), Rudolf Walter Leonhardts ›Auf gut deutsch gesagt‹ (1983) oder Alfred Gleiss' eben erwähntes ›Besseres Deutsch‹ (1976).

Bildet folglich ein wie auch immer konkret aussehendes „gutes Deutsch“ in jeder Hinsicht den Hauptaspekt, so scheint sich diese Titelmode, wenn nicht alles täuscht, allmählich zu überleben. Vielleicht einfach deshalb, weil ihr kaum noch neue Formulierungsmöglichkeiten abzuringen sind? Da in vielen Berufsgruppen – dies erklärt auch die speziellen Schreiblehren für Behörden, Geschäftsleute, Büroangestellte usw. – vor allem die gewandte Erledigung des Schriftverkehrs, Korrespondenz genannt, einer beruflichen Karriere förderlich ist, bietet sich als Variante allenfalls eine Erfolgsprognose an: ›Mehr Erfolg mit gutem Deutsch‹, so Edith Hallwass (1979), nochmals Hartwigs ›Besseres Deutsch, größere Chancen‹ (1984) oder Antje Kelles ›Gutes Deutsch – der Schlüssel zum Erfolg‹ (1986). Und der Erfolg solcher Schreiblehren bleibt dann auch wirklich nicht aus.

Jede Lehre unterliegt nun aber – und das trifft auch für diese Stilbücher zu – dem nicht immer mühelosen Zwang des Lernens. Gilt schon Sprache an sich als trockener Stoff, so eilt zumal der deutschen Sprache der Ruf besonderer Schwierigkeit voraus. Man kennt ja Mark Twains sarkastisch übertreibendes Urteil: „Meine philologischen Studien haben mich davon überzeugt, daß ein begabter Mann Englisch (ausgenommen

Rechtschreibung und Aussprache) in dreißig Stunden lernen kann, Französisch in dreißig Tagen und Deutsch in dreißig Jahren." Demgemäß klingt Bernt Engelmanns Titel ›So deutsch wie möglich – möglichst deutsch‹ (1984) eher zaghaft, und Oskar Janckes postumes „Sprachbrevier" ist geradezu schuldbewußt überschrieben: ›Deutsche Sprache – schwere Sprache‹ (1969). Durchaus ungeschickt, muß man aus moderner leserpsychologischer Sicht feststellen. Bei anderen Autoren liest sich derselbe Sachverhalt denn auch sozusagen spiegelverkehrt – womit nicht auf ein bekanntes Nachrichtenmagazin angespielt wird, das 1984 titelte, Deutsch sei eine „unsäglich scheußliche Sprache": Sagen wir also lieber „umgekehrt", andersherum formuliert, wie Hans Lobentanzer es getan hat: ›Deutsch muß nicht schwer sein‹ (1986).

Im Untertitel verspricht Lobentanzer sogar eine „vergnügliche Sprach- und Stilkunde"; der rückseitige Klappentext erläutert dies: „Ein vergnüglicher Nachhilfeunterricht für richtiges und gutes Deutsch, mit dem man sein Stilgefühl verbessern und den Blick schärfen kann für all die Klippen und Fallstricke der deutschen Sprache." Ähnlichen Optimismus verbreiten weitere Haupt- und Untertitel: Hans Rycheners „Freude am Wort" (1982) oder Gerhard Storz mit seinem ›Deutsch als Aufgabe und Vergnügen‹ (1984), so wie schon Hans Reimanns seit den dreißiger Jahren vielgelesenes Sprachwerk natürlich ein ›Vergnügliches Handbuch der deutschen Sprache‹ (1964) ist. Neuerdings untertitelt Wolf Schneider sein ›Deutsch für Kenner‹ (1987) als „Stilkunde, Fundgrube, vergnügliche Sprachlehre". Ähnlich beteuert Ursula von Wiese auf der Rückseite des Einbandes: „Es ist kein schulmeisterliches Lehrbuch, sondern eine vergnügliche Lektüre, die wie von selbst das Sprachgefühl weckt." Helmut Ludwigs ›Gepflegtes Deutsch‹ (1983) verheißt im Untertitel „Unterhaltsame Sprach- und Stillektionen für die Alltagspraxis"; im Vorwort wird angekündigt, „Sprachwissen auf vergnügliche Art zu vermitteln und die heiteren Seiten des Sprachgebrauchs zu entdecken". Denn, so lautet durchaus verallgemeinerbar die didaktische Maxime: „Man kann mit Vergnügen ernsthaft lernen" – ich erspare mit eine „vergnügliche" Nachbemerkung.

Rudolf Ibel, der sein erstes Sprachbuch ›Im Spiegel der Sprache‹ (1962) als „Kurzweilige und besinnliche Glossen zur deutschen Sprache" umschrieben hatte, nennt sein zweites gleich von vornherein ›Kurzweiliges Glossarium zur deutschen Sprache‹ (1965). ›Das liebe Deutsch‹ (1961) Walter Kirkams wird aus seiner eigenen Sicht „Von einem Spötter heiter betrachtet", so der Untertitel. Ernst Ehehalt und Axel M. Krempin lehren ›Deutsch auf fröhliche Art‹, und das scheint genau die richtige Art zu sein, wenn man den Bucherfolg sieht (in 65. Auflage 1988). Karl Hirschbold, der in seinem ›Sprachpolizei‹-Band (1956) ein „Lachkabinett für jedermann“ geschaffen hatte, treibt nun ›Spiel und Spaß mit der Sprache‹ (1988). So könnte man fortfahren, bis sich endlich jemand zu der Frage durchringt: Und wie steht's mit der Sprachbelehrung? Da sind die Stillehrer keineswegs mit ihrem Latein am Ende, vielmehr hilft ihnen ausgerechnet der römische Dichter Horaz aus der Klemme: „das *delectare* des Plauderns wird von selbst zum *docere.*“ Einfach so, oder so einfach – wobei die wissenschaftliche Genauigkeit immerhin anzumerken zwingt, daß jenes Horazische *delectare aut prodesse* den Unterhaltungs- oder Nutzwert von Dichtung betrifft: Vom *docere* des Sachschrifttums ist bei Horaz ebensowenig die Rede, wie das bei Stilkritikern von echter Belehrung sein kann. In einem sinnreichen Wortspiel zusammengefaßt: kurzweilig-vergnügliche „Le$^{h}_{e}$re“!

Lustige Lehrbücher, die „auf fröhliche Art“ Kurzweil und Vergnügen bereiten sollen? – der Sprachwissenschaftler liest es mit Staunen, wiewohl er sich des Goethe-Wortes erinnert: „Lehrbücher sollen anlockend sein; das werden sie nur, wenn sie die heiterste, zugänglichste Seite der Wissenschaft darbieten.“ Vielleicht Nietzsches ›Fröhliche Wissenschaft‹? – hat dieser doch Stilregeln formuliert, deren achte einschlägig lautet: „Je abstrakter die Wahrheit ist, die man lehren will, um so mehr muß man erst die *Sinne* zu ihr führen.“ Wie die Sprachkritik ihre Kurzweiligkeit versteht, und zwar „im doppelten Sinne des Wortes“, hat Rudolf Ibel im Vorwort zu seinen Glossen erläutert: „Sie sind so kurz, daß, wer die eine oder andere liest, nicht lange dabei zu verweilen braucht; doch wenn er verweilen will, soll er wenigstens eine gute Weile ohne Langeweile haben.“ Nach Ibel erheben sie wenigstens den Anspruch, besinnlich zu sein, also zum Denken und Nachdenken über die deutsche Sprache anzuregen. Auch dort tritt also die Belehrung dezent in den Hintergrund, weil die Form der Glosse natürlich ganz ungeeignet sei, „ein Thema auf gründlich deutsche Art unanfechtbar von den Uranfängen bis zum süßen oder bitteren Ende zu verfolgen“, begründet Rudolf Walter Leonhardt: „Das Ergebnis einer Glosse ist nicht eine Lösung, sondern eine Pointe. Manche akademischen Linguisten halten das für unseriös.“

Unseriös wäre dieses Verfahren nur, wenn die Glossen wirklich ernsthaft belehren wollten. Denn von einer Sprachbelehrung, und so ist das ja auch in wissenschaftlichen Erörterungen, darf man füglich ein Ergebnis erwarten, und zwar die Lösung des strittigen Problems. Aber Sprachglossen wollen nicht in erster Linie belehren, sie wollen vorrangig unterhalten. Daher die feuilletonartige Gestaltung des Textes im ganzen, daher auch – und mithin gerechtfertigt – die Pointentechnik. In diesem Sinne karikiert Eike Christian Hirsch deutschtümelnde Sprachreiniger, die er „Altdeutsche“ nennt, mit dem frech und frei erfundenen Beispiel, eigentlich sollten wir „uns zum Frühstück Kunstbutter und Fruchtwerk aufs Röstbrot streichen – wir nehmen jedoch lieber Margarine und Marmelade zum Toast". Der Sprachkritiker ist eben ein Mensch, der (um im kulinarischen Bilde zu verbleiben) ein wohlschmeckendes Sprachmenü nicht für sich allein zubereitet, sondern mit dem nach draußen dringenden Duft zugleich seine Mitmenschen animieren will, ihre Nasen in die Stil-Luft zu stecken, genießerisch zu schnuppern und vielleicht das gleiche Gericht gut zu finden. Dies ist ihre indirekte Art der Sprachbelehrung.

›Weil, es geht doch‹, so die zunächst verblüffende Überschrift einer Glosse wiederum von Hirsch, der ein besonderer Liebhaber und auch Meister pointierter, geradezu „geballter" Zusammenfassungen ist: „Trotzdem, man tut es. Das ist ein hochmoderner Satz, so spricht man heute. Zwar, die alte Grammatik erlaubte es nicht. Dennoch, wir haben uns alle daran gewöhnt." Diese Technik hat übrigens ihre Tradition. ›Der Gedanke ist ein greulicher‹ überschrieb seinerzeit Walter Kirkam eine Glosse, um das in dieser sogenannten prädikativen Stellung entgegen der grammatischen Regel deklinierte Adjektiv aufs Korn zu nehmen: „Wer seinen gesunden Menschenverstand noch hat, sagt es nicht. Die Sprachkranken sind es, die chronischen. Ihr Fieber ist 'ein ständiges leichtes' und ihr Blutdruck ist 'ein zu hoher'. Die Aussicht auf Besserung ist 'eine sehr trübe'. Da helfen keine Pillen. Diese Erkenntnis ist 'eine sehr beklagenswerte'."

Am effektvollsten erweist sich jene Form der Pointe, die am Schluß in einem gleichsam gebündelten Feuerwerk noch einmal alle Einzelthemen der Glosse fulminant aufblitzen läßt. Schon Kurt Tucholsky, auf dessen sprachkritischer Abschußliste bei der „Jagd auf Modewörter" unter anderem *Einstellung, Problem, irgendwie, persönlich, hundertprozentig* (S. 60) und die *Angelegenheit* standen, hat diese Technik geübt: „Meine Einstellung zu diesem Problem ist irgendwie eine komische Angelegenheit." Ähnlich listet Rudolf Walter Leonhardt in seinem „Neusprech-Wörterbuch" eine Reihe Modewörter der achtziger Jahre auf, wie *davon ausgehen, Lernprozeß, draußen im Lande, irre, Erfolgserlebnis, echt* usw., als „neue Sterne am Himmel deutscher Beredsamkeit". Und wie lautet sein letzter Satz? „Ich gehe davon aus, daß durch den Lernprozeß der Sensibilisierung draußen im Lande Neusprech ein irres Erfolgserlebnis ist – echt!"

Nochmals Eike Christian Hirsch. Einer, der mit dem Sprachglossen-Schreiben in vergleichsweise jugendfrischem Alter begonnen hat, der auch durchaus nicht immer dem genreüblichen Konservativismus huldigt. Von seinem Kollegen Leonhardt als ein „kundiger und geistreicher Sprachlehrer" gewürdigt, ist ihm eine eigene „Nachbemerkung" Helmut

Seifferts gewidmet, die sein damals gerade erschienenes ›Deutsch für Besserwisser‹ als „eines der besten sprachkritischen Bücher, die in der langen Tradition ihrer Gattung in Deutschland jemals erschienen sind“, feiert. Recht hat er: Hirschs Glossen in den beiden ›Besserwisser‹-Bänden (1976, 1979) lesen sich nicht bloß amüsant; sie enthalten nicht einmal nur „eine überquellende Fülle von Beispielen“, sondern immer auch eine subtile Kritik – oft so subtil, daß sie lediglich zwischen den Zeilen zu lesen ist, und sie bedient sich mit Vorliebe der Mittel ironischer Verzerrung. Während die Themen der späteren Bände ›Den Leuten aufs Maul‹ (1982), mit allgemeinen „Ein- und Ausfällen des Besserwissers“, und erst recht ›Kopfsalat‹ (1988) immer weiter von der Sprache zur Kritik menschlicher Verhaltensweisen, unserer Gesellschaftszu- und Lebensumstände, nicht zuletzt „globaler“ Zeitkritik übergehen, wandelt sich die zunächst lockere Glossenform zunehmend in ironisch-karikierende, zuweilen sarkastische Satire.

Und da ist der Punkt, nicht der „springende“, auch nicht der gehüpft wie gesprungene, sondern vielleicht der entscheidende, der uns fragen läßt: Haben wir unser „Thema verfehlt“ (mit allen Schulerinnerungen dieser Formulierung)? Die Satire ist bekannt als alte literarische Gattung. Wir hatten die Sprachglosse, ihrer Herkunft nach, als journalistische Kleinform bestimmt. Betrachtet man nun jedoch ihren dominierenden Unterhaltungscharakter und zugleich die geschliffene, kunstvolle Form, die ihr die meisten Autoren geben, so rückt sie bedenklich nahe an die Nahtstelle von Literatur und Publizistik. Oder ist sie gar der Trivialliteratur zuzuschlagen als Gattung, die nur Sprachliches zum Thema hat? Harald Weinrich nennt sie in diesem Sinne zumindest eine „quasi-literarische Gattung“. Wäre also eher der Literatur- als der Sprachwissenschaftler zuständig?

Das Sprach-Thema verfehlt: Unterhaltungsliteratur?

Die Einordnung der Sprachglosse in die Schubladen-Technik der Wissenschaft hat offensichtlich ihre Schwierigkeiten. In einer ersten Charakterisierung der Textart wurde sie als „Sprach-Essay im Taschenformat“ bezeichnet (S. 18). Tatsächlich hat Joachim Stave, der regelmäßig Glossen im ›Sprachdienst‹ der Gesellschaft für deutsche Sprache veröffentlichte, nach eigener Angabe seine Aufgabe darin gesehen, „die Sprachglosse als Kunstform zu entwickeln, die an die des Essays angelehnt“ sei; sie enthalte eine schriftstellerisch künstlerische, eine pädagogisch didaktische und eine wissenschaftlich analytische Komponente, die untereinander so abgewogen werden müßten, daß eine „Plauderei mit lehrhaftem Einschlag“ entstehe. So beschrieben, scheint mir der Vergleich mit dem Sprachessay zu hoch gegriffen: Man lese einmal Wolfgang Schadewaldts ›Von der Mündlichkeit des Wortes‹, um nur ein ebenso zufälliges wie glänzendes Beispiel zu nennen.

Vielmehr kann die Sprachglosse, worauf schon hingewiesen worden ist, ihre Herkunft vom und Nähe zum Feuilleton nicht verleugnen. Eine neuere Beschreibung dieser „literarischen Gebrauchsform“ trifft fast Wort für Wort auf die Glossen zu, wie wir sie in allen Einzelheiten kennengelernt haben, und auch, was den Darstellungsstil betrifft, auf viele Passagen der populären Stillehren: „Um den Leser zu fesseln, schreibt der Feuilletonist spielerisch-geistreich, witzig, mitunter humoristisch-satirisch, stets anschaulich, impressionistisch, seinen subjektiven Assoziationen folgend. Sein Einfallsreichtum tendiert zum Wortspiel, zum Bonmot, zum Neologismus, zur überraschenden, suggestiven Formulierung, zur Pointe. Oft animiert er den Leser bereits durch die paradoxe Formulierung der Überschrift. Der Feuilletonist wirbt durch einen dialogisch-plaudernden Ton um den Leser, sucht vertraulichen Kontakt zu ihm und will ihn durch Aktualität und Kürze locken. Der Feuilletonist meidet Abstraktionen, Pathos, gelehrte Tiefgründigkeit.“ Und das angestrebte Ziel all dieser Kunstfertigkeiten des Feuilletonisten? „Er will nicht nur den Leser unterhalten, sondern ihn auch belehren, er will kritisieren, aufklären im weiteren Sinne und ihn unauffällig für seine Ansichten gewinnen.“ Kann man sich eine treffendere Beschreibung der Sprachglosse, eben als „literarischer Gebrauchsform“, vorstellen?

Daß Sprachkritiker und Stillehrer in perfekter Form „feuilletonistisch“ schreiben, bedarf keiner Bestätigung; wohl aber fragt sich, in welchem Selbstverständnis sie dies tun. Sprachverfallsklage und Wissenschaftsschelte hatten wir als die beiden wesentlichen Motive genannt (Kapitel 3), mit denen sie ihre Sprachbelehrung zu legitimieren suchen. Das eine Motiv sieht sie vornehmlich in der Rolle des Spracharztes, verbunden mit der Metaphorik der „kranken Sprache“, das andere in der des Sprachrichters, der über strafwürdige Sprachvergehen, wenn nicht gar „Verbrechen“ sein strenges Urteil ergehen läßt.

„Krankheiten der Sprache“ kommen vor allem in den Stillehren häufig zur Sprache. Eduard Engel handelt über „Allerlei Sprach- und Stilgebrechen“, unternimmt auch speziell eine „stilärztliche Untersuchung von Sätzen mit Rückgratverkrümmungen, Kröpfen, Buckeln, Elephantiasis, Fettsucht, X- oder O-Beinen“. Ludwig Reiners unterscheidet solche „kleinen Stilgebrechen“ von den eigentlichen „Stilkrankheiten“, denen er in seiner ›Stilkunst‹ ein ganzes Kapitel reserviert: Weitschweifigkeit zum

Beispiel gilt ihm als eine „Stilkrankheit, die für den Durchschnittsautor tödlich zu verlaufen pflegt“. Man stelle ihn sich vor, den Doktor Reiners, im (puristisch reinen) weißen Kittel mit Stil-Stethoskop und Rezeptblock. Damit verglichen unternimmt Wolf Schneider, der gleich zu Anfang „verwertbare Rezepte“ verspricht, den eher harmlosen therapeutischen „Versuch, die dicke Muse des deutschen Satzes einer Schlankheitskur zu unterziehen“. Von den allgemein grassierenden „Seuchen“ wie der verbreiteten *Substantivitis*, die als gefährliche „Dingwortkrankheit“ ersten, zweiten und dritten Grades auftreten kann, *Adjektivitis*, *Präfixitis* und *Pluralitis* war schon mehr oder weniger ausführlich die Rede; aber darüber hinaus gibt es auch noch die *Partizipitis*, *Passivitis*, *Superlativitis*, ja eine *Dessenitis* („Dessen-Krankheit“) und sogar eine „Binde-Strichitis“.

Im Zusammenhang mit „neudeutschen“ Wort(miß)bildungen schreibt Rudolf Ibel, man werde gut daran tun, bei solchen „Wucherungen deutscher Sprachkrankheiten ... rechtzeitig die Diagnose zu stellen und die Krankheit zu bekämpfen“. Originell wie immer Mechtilde Lichnowsky, die das Bild der „kranken“ Sprache in vielen Variationen durchspielt: Sie sucht nach den „Krankheitserregern“ sprachlicher Mißgriffe, spricht vom „Infizieren“ und der „Brutstätte“, wo man sich „einen, die Sprache gefährdenden Bazillus nach dem anderen holen“ könne; sie „diagnostiziert“ die sogenannten Funktionsverbgefüge (*unter Beweis stellen*): „Es ist den Forschern noch nicht gelungen, den Krebserreger zu finden, falls es einen solchen gibt; auch läßt sich nicht feststellen, wie und durch wessen Schuld lebensgefährdende Gewächse in der Sprache entstehen.“ Nach Walter Heuer „scheint der Bazillus der Substantivitis ... immer weitere Kreise anzustecken, wenn er einmal im Blut liegt.“ Fast alle gefährlichen Worte, konstatiert der Schriftsteller Sigismund von Radecki, seien epidemisch; doch hätten manche „ihre einstige Virulenz verloren – wie ja ebenfalls die Bazillen mancher Krankheiten nach einer Seuchenfrist zu altern beginnen und auch nicht mehr das sind, was sie früher waren“. Derselben Bildlichkeit huldigt Dolf Sternberger: „Wie ein Virus hat sich ... das ‘Ausgehen von’ ausgebreitet“ – *gehen* wir getrost davon *aus*, daß Sprachkrankheiten eben ansteckend sind. Und wo steckt man sich an? „Ihr Bazillus steckt in der Druckerschwärze, im Mikrophon und im Rednerpult“, lautet die Antwort. Insbesondere auch die Fremdwörter gelten als Krankheit, namentlich Anglizismen: „Hier liegt ein Fall akuter Englischer (Sprach-)Krankheit vor. Hoffnungsloser Fall!“ – und dergleichen stilmorbidoider Fälle mehr.

Die sprachwissenschaftliche Gegen-Diagnose liefert, knapp und sachlich, Hans Jürgen Heringer: „Wie dem Arzt ist dem Sprachkritiker das

Kranke interessanter als das Gesunde, ja man könnte von der Sprachkritik beinahe als von einer Sprachpathologie reden."

Schwerer tun sich Sprachkritiker und Stillehrer mit der „Pose des allwissenden Richters", der nicht Sprachgebrechen zu heilen, sondern Sprachverbrechen zu verurteilen hätte. So wie man es vorzieht, gemäßigter von „Sprachsitten und -unsitten unserer Zeit" zu handeln, dies an Stelle der doch etwas grobklotzigen ›Sprachdummheiten‹ Wustmannschen Gepräges, wird auch die Rolle des apodiktischen Sprachrichters relativiert: „Wenn Klagen und Kritik reinigen, dann soll man sie vorbringen", meint Hartmut von Hentig. „Aber mit dem Sprachgericht auch Weltgericht halten oder spielen, sollte man nicht." Gleichwohl wäre es auch zwecklos, „nach dem Staatsanwalt zu rufen, denn es gibt im Strafgesetzbuch keinen Paragraphen gegen ... Leute, die groben Unfug mit der Sprache treiben" – der ominöse „grobe Unfugparagraph", wir kennen ihn schon.

Allenfalls betätigt man sich als „geheimer Sprachpolizist", der Jagd auf „Sprach(verkehrs)sünder" macht. Ihr bekanntester war in den fünfziger Jahren der Wiener Dozent Karl Hirschbold mit seiner äußerst erfolgreichen Rundfunkreihe ›Achtung! Sprachpolizei!‹ (als Buch 1956), so wird er denn als „Sprachpolizist" in die Geschichte der Sprachkritik eingehen: ein letztlich doch recht martialischer Titel. Eher stünde dem Sprachkritiker, da seine Tätigkeit ja auch keineswegs „öffentlich-rechtlich" sanktioniert ist, die gewiß nicht unbedeutende Rolle eines „Sprachdetektivs" gut an. Insofern er, verglichen mit der Sprachwissenschaft, sein Ohr weit näher am Volksmund hat, könnte er frühzeitig auf die einschlägigen Fälle aufmerksam machen. Denn diese „Fälle", nun in kriminalistischem Verständnis, sind ja zunächst einmal Verdachtsumstände, die erst noch näherer Untersuchung bedürfen – ohne jedes Vor-Urteil.

Ob es notwendig sei, „Fehler, Entgleisungen, Ungenauigkeiten, Übertreibungen und allerhand Lächerlichkeiten im Sprachgebrauch zu bekämpfen", fragt sich Oskar Jancke und gibt in einem seiner anderen Bücher gewissermaßen die Antwort: „Was für Sprachsünder sind wir doch alle – ganz gleich, ob gelehrt oder ungelehrt, ob Kaufmann oder Literat, ob im Beruf oder daheim! Hier ist zum erstenmal einer, der mit Geist, Witz und Ironie uns den künstlerisch geschliffenen Sündenspiegel vorhält." Und da haben wir das moderne Bild, das in den meisten Werken das Stichwort abgibt: nicht unbedingt als „himmelschreiende", sondern eher als läßliche Sprach- und Stilsünden – „läßlich", weil man sie besser läßt. Aus dem Rahmen fällt da, obwohl sonst immer im Bilde, Theo Stemmler, der „mit läßlichen Sünden" beginnt, um sich dann „einigen der beliebtesten Todsünden wider den guten Stil" zu widmen – als

Stilwissenschaftler braucht er sich ja auch nicht in einfühlsamer Rücksicht zu üben. Sonst gibt man sich jedenfalls weit gemäßigter, eben „unauffällig", wie es vom Feuilletonisten hieß.

Noch einmal Jancke: „Solange die Sprache lebendig sich entwickelt, solange Menschen die Sprache gebrauchen, wird es Sünden gegen ihren Geist geben, große und kleine, grobe und feine." Rudolf Ibel schließt sich ihm an: Nicht der grammatische Pedant und Rechthaber bestimme in seinem Buch den Ton, sondern ein Schreibender, „der weiß, wie leicht jeder von uns zum Sprachsünder werden kann, wenn ihn die Sprachnot der Zeit überkommt". So auch Walter Kirkam in seinem Vorwort: „Der Leser findet hier kein Lehrbuch mit Regeln und Ausnahmen, sondern eine heitere Betrachtung unserer Sprachsünden, wobei es hier und da allerdings auch etwas bissig zugeht"; und im Schlußwort, er lasse es „genug sein des grausamen Spiels", das er mit den Sprachsünden getrieben habe. Zu den Umwelt-, Steuer-, Verkehrs- und vielen anderen Sündern gesellt sich also der Sprachsünder, und da sich keiner von Schuld freisprechen kann, seien wir in dieser Hinsicht „ein Volk von Sündern in Sack und Asche", folgert Otto Nüssler. Ausdrücklich „an die 'Sprachsünder' und an jene, die es nicht werden wollen", wendet sich Helmut Ludwig. Ganz auf der neuen Linie liegt auch Alfred Gleiss mit seinem taufrischen Untertitel: „Sprachsünden und wie man sie vermeidet" (1981) – Sprachkritik, so die Überschrift des Hauptteils, als immerhin konziliant-moderates „Sprachsündenregister".

Noch ein zweites Kennzeichen gilt es hervorzuheben: jenen gleichfalls vom Feuilletonisten entlehnten „dialogisch-plaudernden Ton". Als gefälliger Plauderton ist er in den Sprachglossen allgegenwärtig und auch den neueren Stillehren nicht fremd. Bisweilen tritt er ausdrücklich in Titulatur oder Vorwort auf, beispielsweise bei Walter Kirkam: „Plaudereien über modische Sprachtorheiten", ebenso bei Hans Reimann. Wolf Schneiders regelmäßige Sprachglossen in der NZZ, veröffentlicht als ›Der vierstöckige Hausbesitzer‹ (1994), deklarieren sich im Untertitel als „Plauderstunde Deutsch". Zur Methode erhoben wird das Plaudern von Joachim Stave: „Was mir vorgeschwebt hat, ist die Sprachplauderei, in der weniger geurteilt als beschrieben wird und die dennoch lesbar bleibt." Sieht man sich diesen Plauderton, unser zweites Stichwort, näher an, zeigt er folgende charakteristischen Züge: Er ist individuell geprägt, ein sehr persönlich „gestimmter" Ton also, der es Kennern ermöglicht, den Autor zu identifizieren. Er ist leserfreundlich bis jovial, pflegt jedenfalls mit Anrede und Einbeziehung der Leserschaft einen dialogischen Stil, der einerseits Vertraulichkeit bewirken, andrerseits die Glaubwürdigkeit des Verfassers unterstützen soll. Er ist meist heiter bis witzig, zuweilen leicht satirisch, immer aber geistreich unterhaltend, wobei alle Belehrung oder auch nur lehrhaft Erscheinendes wenn nicht vermieden, so geschickt überspielt wird. Auf jeden Fall soll er gescheit erscheinen, soll Wissen, Klugheit und Bildung des Verfassers deutlich werden lassen – in aller Unauffälligkeit, versteht sich.

Beispiele? Wenn die Kunst darin besteht, die eigene Kennerschaft nur gleichsam aufblitzen zu lassen, muß das geeignete Kunstmittel die Anspielung sein, weil diese nur andeutet, nicht ausspricht: „Heute sind zwar alle Menschen vor dem Gesetz gleich, doch einige sind gleicher – nämlich diejenigen, die es verstehen." Welcher literaturkundige Leser wird bei dieser Formulierung nicht an George Orwells berühmtes *more equal* denken, das alle Grundsätze der Steigerung mißachtet (›Animal Farm‹, 1945)? Zu vorsichtigem Umgang mit Fremdwörtern, besonders in gehobenem Stil, rät Wolf Schneider: „Nicht zufällig sucht Iphigenie das Land der Griechen mit der Seele und nicht mit der Psyche" – Goethe, die antike Sage und das Wort *Psyche* für „Seele", griechischer Provenienz, alles mit lockerer Selbstverständlichkeit in einem beiläufigen Satz. Die Sprache doch als „Meßlatte für Kultur und Intelligenz", wie man bei Rudolf Walter Leonhardt lesen kann? Ja, liegt dem „leichthinnigen" Plauderton und seiner gewollten Unaufdringlichkeit dennoch ein verkappter, anspruchsvoller Bildungsjargon zugrunde, wie wir das einmal vorsichtig nennen wollen? „Es wächst der Mensch mit seinen größern Zwecken, / und seine Sprache wächst mit ihm." Sie dürfen sich „einmal mehr" den Kopf zerbrechen.

Sind wir nun gerüstet, unser Gattungsproblem zu lösen? Sprachglossen und Stillehren können ungeachtet ihres vordergründig unterhaltenden Charakters nicht als Literatur gelten, auch nicht als „triviale"; und zwar deshalb nicht, weil die Glossen in ihrem primären Zeitungsumfeld journalistisch, die populären Stillehren als Quasi-Lehrbücher didaktisch ausgerichtet sind. Wenn Hans Sommer – übrigens ein sehr gewandter „Plauderer" –, der sowohl zwei Stillehren (1979, 1985) als auch mehrere Sprachglossen-Bände verfaßt hat, eine „Unmittelbarkeit des Ausdrucks" anstrebt, „die auf trockene Gelehrsamkeit verzichtet und das Ziel in einer einfachen, leicht lesbaren Darstellung sucht", so ist das nichts anderes als eine Umschreibung für die Popularisierung wissenschaftlicher Kenntnisse und Erkenntnisse. Solange die meisten Wissenschaftler es nicht verstehen (oder das auch gar nicht erst wollen), in gemeinverständlicher und interessanter, das heißt allseitiges Interesse findender Form für ein weiteres Publikum darzustellen, was sie wissen oder erforscht haben, bedarf es in der Tat einer Zwischenschaltung des sogenannten Wissenschaftsjournalismus, der genau das tut, was die Wissenschaft selbst versäumt. Allerdings, in der Qualität dieser Vermittlung bestehen riesige Unterschiede: vom anspruchsvollen Wissenschaftsreport bis zur billigsten Populärsimplifizierung.

Ein Wissenschaftsjournalist, der stets fundiertes Wissen weitergibt und dies, wie man das freilich erwarten darf, in einer Darstellungsweise, die auch „normale“ Menschen anspricht, ist Dieter E. Zimmer (der das Motto dieses Kapitels beigesteuert hat). Mag auch er dem „Bemerkenswerten“ und „Hintergründlichen“, wie bei anderen namhaften Autoren die sprachkritischen Neuralgismen umschrieben werden, „im neudeutschen Sprachgebrauch“ nachgehen, so distanziert er sich doch von der herkömmlichen Sprachkritik: „Überhaupt liegt mir fern, was in Deutschland unter der Bezeichnung 'Sprachkritik' oder 'Sprachpflege' geläufig ist und in Ehren gehalten wird. Jene gärtnerische Sprachbetrachtung, die hier eine edle und altehrwürdige Konjunktivform sorgsam begießt, dort ein böses Wort, womöglich ein Fremdwort oder einen Neologismus, wie ein Unkraut auszurotten trachtet, ist nicht meine Sache.“ Kritisch äußert sich auch Harald Weinrich über diese „intellektuelle und häufig in feuilletonistischer Form vorgebrachte Sprachkritik“.

Wissenschaftsjournalismus genügt also für sich noch nicht, um die spezielle „Phänomenologie“ von Sprachkritik und populärer Stillehre terminologisch zu fassen: „Bildungsjournalismus“ haben neuerdings Helmut Glück und Wolfgang Werner Sauer diese Art „gediegenen Umgangs mit Sprache“ getauft, um die es hier in einem weiteren Sinne geht. Sie verstehen darunter „kulturell wertvolle Artikel in den Feuilletonteilen besserer Zeitungen“, belebende Leitartikel, Kommentare usw. „Der Sprachgestus der Autoren ist das unübersehbare Merkmal der entsprechenden Texte. Die Verfasser bleiben dabei nicht anonym, ihre Namen heben ihre Produkte gerade hervor, vermitteln den Schein der Exklusivität. Die Muster für die sprachlichen Formen maskieren sich als persönlicher Stil.“ Nicht nur in der Presse, sondern auch in Rundfunk und Fernsehen seien es „nicht allzu viele Namen, die dieses Feld beherrschen, das aber dafür um so gründlicher tun“. Neben Kapazitäten des Kultur- und Literaturbetriebs wie die Gräfin Dönhoff, Fritz J. Raddatz, Marcel Reich-Ranicki und anderen tauchen auch Namen auf, die wir von der Sprachkritik her bereits bestens kennen, zum Beispiel Rudolf Walter Leonhardt. Oder andere, nicht minder bekannte: „Karl Korn amüsierte die Leser seiner FAZ-Kommentare, die einen klugen Kopf hatten, über Jahrzehnte. Wolf Schneider schreibt nicht nur ›Deutsch für Profis‹, er fühlt sich auch als Profi für sprachliche Fragen, meint, Kenner des Deutschen zu sein in ›Deutsch für Kenner‹“ usw. Die Sprache des Bildungsjournalismus, mit dem die Autoren hart ins Gericht gehen, wird als ein Thema bezeichnet, dem die Sprachwissenschaft ausweiche.

Wichtig erscheint in unserem Zusammenhang: Was dort unter „Bildungsjournalismus“ verstanden wird, ist kaum etwas anderes als das Phänomen, das hier in verschiedenen Formen der Popularisierung beschrieben worden ist. Läßt es sich unter jenen neu vorgeschlagenen Fachbegriff des 'Bildungsjournalismus' fassen? Sicherlich wäre es aufschlußreich, die festgestellten sprachkritischen und stildidaktischen „Scheinstrategien“ bildungsjournalistisch zu interpretieren. Und der echte Wissenschaftsjournalismus? Dieter E. Zimmer, der selbst kritisch zur „Sprache im Kulturbetrieb“ Stellung genommen hat, bedauert, daß bei uns eine „semipopuläre Tradition“ weitgehend fehle. Wenn es sie gäbe, wie sähe sie aus – eine geradezu alchimistisch anmutende Amalgamierung von Stilkritik und Sprachwissenschaft? Bereiten wir uns auf dieses Thema zunächst aber noch ma-thema-tisch vor.

2. Die Null als vollendetste aller Ziffern: 100 000er Auflagen

Sind Sprachkritiker und Stillehrer, stellen wir diese Ausgangsfrage kurz vor Schluß noch einmal, von tiefem Verantwortungsbewußtsein für unsere Sprache durchdrungene Idealisten? Nach allem, was in den vorangehenden Kapiteln zur Sprache gekommen ist, muß ich gestehen: Meine Phantasie reicht nicht aus, diesen sprach- und urteilsgewandten „professionellen Schöngeistern“, wie Glück und Sauer sie apostrophieren, als alleinige Motivation einen leidenschaftlichen, geradezu missionarischen Sprachverbesserungsdrang zuzuerkennen. Wie steht es also um ihre Stilkritik, Geisteskultivierung, vor allem Sprachbelehrung?

Nehmen wir als prominenten Vertreter Eike Christian Hirsch. Seine Glossen, ideenreich und spritzig formuliert, sind mit allen Qualitäten ausgestattet, die gute Sprachglossen kennzeichnen. Zudem stehen sie auf hohem Niveau, zeigen sich durchaus nicht konservativ verknöchert und bieten mancherlei verblüffende Beobachtungen zum heutigen Sprachgebrauch, die sogar dem Linguisten zu denken geben. Zweifellos haben schriftstellerischer Ehrgeiz und eine Freude an, aber auch Begabung zu pointiert-witziger Stilisierung dem Autor bei der Formulierung dieser kurzen Sprachtexte die Feder geführt, und das ist sicher der Grund, weshalb sie dem sachverständigen Leser mit vergnüglichem Genuß sozusagen auf der Zunge zergehen. Mit ebensolcher Wahrscheinlichkeit darf andrerseits bezweifelt werden, daß derselbe Leser zumal angesichts der oft satirisch überzeichneten Form dieser Glossen eine sprachliche Nutzanwendung daraus ableiten könnte. Oder, was lernen wir beispielsweise aus der folgenden, wie immer pointenhaft zugespitzten Zusammenfassung: „Ja, jener oben erwähnte, besagte, betreffende Lehrer war eben ein Mann mit hoher Bildung, welchselbiger mehr im Lateinischen als im Deutschen zu Hause war (obgleich doch dasselbe seine Muttersprache war) und daher ersteres dem letzteren vorzog; denn wenn auch dieses jenem an Modernität über-, so ist doch dieses jenem in der Genauigkeit unterlegen." Dreimal dürfen Sie raten, worüber diese Sprachglosse handelt.

Nächst ebenso spektakulären wie spekulativen Sprachursprungstheorien, die im Gefolge des modernen Sachbuch-Booms gleichfalls ganz groß auf dem Buchmarkt gehandelt werden, sind es augenscheinlich – „scheinbar" oder „anscheinend"? – Sprachglossen, die sich en gros (in Buchform) und en détail (appetithäppchenweise in Zeitungen) am besten verkaufen. Konkret ausgedrückt, es geht vielen Glossenschreibern nicht so sehr um Sprachkritik als ideelles Herzensbedürfnis, sondern um ihren sehr realen Auftrag, soundsoviele Zeilen in einer wöchentlichen Zeitungsrubrik zu füllen: Leser, kommst du zu dieser Sparte, so laß dir verkünden, du habest uns schreiben gesehn, wie es die Zeitung befahl – die sprachkritischen Thermopylen also.

Sprachglossen sind, in meisterhafter Manier dargeboten, kleine Kunstwerke. Zwar keine hohe Literatur, doch immerhin eine Art „leichtfüßigen" Prosaschrifttums; oder drücken wir es fachlich korrekter aus: die spezielle Form einer feuilletonistischen Textart mit einem nicht geringzuschätzenden Unterhaltungswert. Dies der Grund, weshalb ich dazu neige, das ganze Kapitel auf einen merkantilen Nenner zu bringen: Vermarktung der Sprache.

Die Jagd nach Themen, Titeln, Tantiemen

Ich weiß, Stabreim, und kenne auch Wolf Schneiders strenges Verdikt: „mit gutem Deutsch hat dies ungefähr seit der Edda nicht mehr viel zu tun" – aber sei's drum! Perfiderweise handelt es sich ja um lauter Fremdwörter, und eine beliebte rhetorische Figur bleibt der alliterierende Dreiertitel allemal.

Jeder Sprachkritiker entwickelt zunächst, Sprachliebhaber, der er längst schon war, eigene Sprachideen und verarbeitet eigenes Sprachmaterial, das er als eifriger Sammler und Jäger von sprachlich interessanten Lesefrüchten aus Zeitungen, Schulaufsätzen, Büchern usw. zusammengetragen hat. Otto Nüssler gibt darüber bereitwillig Auskunft: „Wie kommt ein Sprachkritiker, ein Glossenschreiberling, eigentlich zu seinen Beispielen? Ganz einfach. Er hat den Blick geschärft für das Blabla, für den Unsinn, der täglich gedruckt wird, für das Stelzendeutsch, die schiefen Vergleiche, das Fremdwortgequake ohne Geist und Seele, die Kapriolen der Wörterartisten, die ihre Leser vor der Frage verstummen lassen: Ratet mal, was ich meine!" Aber mit der Zeit, vor allem unter dem Zwang regelmäßiger Glossenproduktion, gelangt der eine früher, der andere später an den Punkt, wo sein eigener Beispielvorrat erschöpft ist. Dann erfolgt der Rückgriff auf die stilkritische Tradition: Der Glossenverfasser wird zum wiederkäuenden Nachschreiber – wohl dem, der sich da wenigstens noch seine persönliche Note bewahrt!

Die Szene verwandelt sich in einen „Umschlagplatz" für Sprachthemen. Er ist geradezu marketinggerecht organisiert mit gewissen „Großlieferanten", den stilkritischen Vordenkern oder Meinungsmachern des aktuellen Sprachgebrauchs, und auf der anderen Seite einem weitverbreiteten „Einzelhandel", der diese Ideen in regionaler Verdünnung weiter umsetzt. Wichtiger noch für diesen Sprachmarkt erweist sich seine historische Dimension, die Berufung auf die „Großen" der Vergangenheit: Lichnowsky, Reiners, Jancke, Engel, Wustmann (diese chronologisch rückläufige Namenliste zeigt wieder einmal die Verflochtenheit von Sprachschriftstellerei, Stillehre, Sprachkritik und Sprachpflege). Die Autoritäten der stilkritischen Tradition dienen sowohl als „Krücke" der eigenen Ansicht wie auch ideenträchtige Themenspender.

Alles in einer Art Kettenreaktion: Folgen der Wandlung, die der moderne Sprachkritiker vom sprachrettenden, idealistischen Sprachliebhaber zum logophilen, sprachartistischen Unterhaltungskünstler vollzogen hat. Als erstes müssen Themen her; wenn es die gleichen sind wie bei den Mitkritikern, dann wenigstens der Versuch einer Neugestaltung mit Originalität: allenthalben also „Variationen über ein Thema von ...". Ein Zweites sind zugkräftige Titel und werbewirksame Begleittexte des Verlags (auf dem Einband oder als Klappentext, auch in anderen Büchern). Unübersehbar drittens die Anpassung an moderne Vermarktungsstrategien, zum Beispiel: Wer sich gut verkaufen will, der brüskiert seine potentiellen Leser nicht. Verglichen mit Schopenhauers sarkastisch polterndem Sprachgrobianismus oder der florettartig geschliffenen Wortakrobatik eines Karl Kraus, beide scharf und spitz in ihrem Tadel, hat die heutige Sprachkritik viel von ihrer Angriffigkeit verloren: Sie hat keinen „Biß" mehr, allenfalls ein bißchen. Die sprachstilistischen Kritikpunkte werden, wir wir gesehen haben, herunterstilisiert zu verzeihlichen „Sprachsünden", und die Sprachglossen geraten zur milden, in Liebenswürdigkeit verpackten verbalen „Software".

Kein Wunder, wenn diese Bücher enormen buchhändlerischen Erfolg haben. Mit zahlreichen Auflagen, Sonderausgaben, Neubearbeitungen, vor allem Taschenbuch-Editionen erreichen sie sechsstellige Verkaufszahlen: astronomisch im Vergleich etwa mit wissenschaftlichen Publikationen. Diese werden durchschnittlich in einigen hundert, wenn es hoch kommt, wenigen tausend Exemplaren gedruckt und erleben selten, mit Ausnahme ausgesprochener Lehrbücher, mehr als eine Auflage; zudem krebsen sie meist in den berüchtigten „roten Zahlen", sprich Druckkostenzuschüssen. Die folgenden Angaben, die lediglich exemplarischen Aussagewert beanspruchen können, bringen wieder einmal nur trockene Zahlen, Namen und Titel.

Eduard Engels ältere ›Deutsche Stilkunst‹, immerhin ein Werk von 550 dicht bedruckten, großformatigen Seiten – „nach heute üblichem Satzspiegel wären es wohl 1000", rechnet uns Theodor Ickler vor –, erreichte damals eine Stückzahl von rund 60000 in 31 Auflagen. Nächst den Reinersschen Werken waren die ›Prosaschulen‹ Broder Christiansens (Umarbeitungen seiner ›Kunst des Schreibens‹, 1918) die erfolg- und auch folgenreichsten Stillehren der früheren Nachkriegszeit, weil sie von bekannten Schuldidaktikern für den Aufsatzunterricht berücksichtigt wurden. Die ›Kleine Prosaschule‹ (1933) und die ›Prosaschule‹ (1949) erlebten in den fünfziger und sechziger Jahren viele Auflagen und allein der letztgenannte Reclam-Band eine Auflagenhöhe von 63000 Exemplaren (bis 1966). W. E. Süskinds ›Vom ABC zum Sprachkunstwerk‹ (1940), eine seinerzeit hochgelobte „Art deutscher Grammatik", hatte nach eigenen Angaben des Autors 1969 bereits die 100000er Marke erreicht!

Unstreitig die größte, auch wirkungsträchtigste Verbreitung fanden die beiden Stilbücher von Ludwig Reiners. Seine große ›Stilkunst‹ (1944, Überarbeitung 1949) verzeichnete schon 1950 und 1951 weitere Auflagen und so später alle zwei bis drei Jahre – dieser Rhythmus hat sich seit etwa 1970 ständig verlangsamt – mit hohen Auflagenziffern in einer Gesamtzahl von 140000, die mit dem Erscheinen der von Stephan Meyer und Jürgen Schiewe besorgten Neubearbeitung (1991) erreicht wurde. Das erfolgreichste deutsche Stilbuch überhaupt ist aber seine ›Stilfibel‹ (1951), die bis 1990 glatte 24 Auflagen erlebte mit immerhin 133000 Stück; hinzu kamen jedoch 1960 und 1962 Sonderausgaben von Buchgemeinschaften (jetzt 16. Auflage in einer Gesamthöhe von 150000) sowie 1963 eine dtv-Taschenbuchausgabe, deren Rekordauflage sich nach Auskunft des Verlags 1998 auf sage und schreibe 463000 Exemplare belief.

Wolf Schneiders Journalisten-Sprachlehre ›Deutsch für Profis‹, die schon im Erscheinungsjahr 1982 stolze vier Auflagen verbuchen konnte, erreichte bis zur 7. Auflage 1986 eine Stückzahl von 63000. Diese im Buchverlag des ›Stern‹ erschienene Originalausgabe ist seither vergriffen, an ihre Stelle trat 1988 ein Goldmann-Taschenbuch mit sechs Auflagen innerhalb eines Jahres (ohne Angabe der Auflagenhöhe). Schneiders leicht umdekoriertes 1987er ›Deutsch für Kenner‹, ebenfalls als „Sternbuch“ im Verlag Gruner und Jahr, kam binnen Jahresfrist auf drei Auflagen mit 30000 Exemplaren (7. Auflage 1994), und man darf sich fragen, wann das Taschenbuch erscheint. Gleich als rororo-Sachbuch herausgekommen ist sein ›Deutsch fürs Leben‹ (1994, 7. Auflage 1998 in einer Gesamtauflage von 50000 Stück) – das Lebenswerk?

Was die Sprachglossen betrifft, läuft die neuere Entwicklung ähnlich ab. Jene FAZ-Glossenbände der sechziger Jahre, vier Titel und nur die ersten beiden mit einer zweiten Auflage, wurden jeweils in 6000 bis 8000 Exemplaren gedruckt; laut Verlagsmitteilung habe es „leider nur einen begrenzten Interessentenkreis“ gegeben. Walter Heuers NZZ-Glossen wurden in einer Gesamtstückzahl von 17500 aufgelegt. Weitaus erfolgreicher waren da die ›Besserwisser‹-Bände Eike Christian Hirschs: ihr erster, eben ›Deutsch für Besserwisser‹, im Erscheinungsjahr 1976 gleich mit zwei Auflagen, weitere dann 1978, 1979 und 1984 mit einer Stückzahl von 45000; ähnliches darf für die Folgebände ›Mehr Deutsch für Besserwisser‹ (1979) und ›Den Leuten aufs Maul‹ (1982) gelten. Mittlerweile sind aber alle als hohe Auflagenziffern garantierende Taschenbücher auf dem Buchmarkt (zwischen dem 20. und 40. Tausend): dtv macht's möglich. Auch Rudolf Walter Leonhardts ›Auf gut deutsch gesagt‹ hat den Sprung ins griffige Taschenformat geschafft: 1986 und, wen wundert's, gleich in zweiter Auflage. Alfred Gleiss erreichte mit seinem ›Unwörterbuch‹ eine Auflagenhöhe von 20000 Exemplaren, und Hans Weigels ›Leiden der jungen Wörter‹ (zuerst 1974) kamen im Deutschen Taschenbuch Verlag sogar auf runde 10 Auflagen!

Offenbar wirken hier gut funktionierende Vermarktungsstrategien. Herrscht zur Zeit sogar ein verlegerischer Verwertungstrend für die doch vergleichsweise „zähflüssige“, weniger Absatz versprechende wissenschaftliche Buchproduktion, wie Uwe Pörksen feststellt, so müssen die „flott“ geschriebenen, sich bestens für ein breites Lesepublikum eignenden Populärbücher wahre Leckerbissen auch für große Verlage sein. Diese haben ihrerseits das notwendige Durchsetzungsvermögen auf dem Buchmarkt, das den Erfolg ihrer Druckwerke garantiert. Im Ablauf des Vermarktungsvorgangs ergibt sich folgendes Pauschalbild: Die erstveröffentlichenden Verlage absorbieren, meist mit einer gut ausgestatteten Buchausgabe, den primären Interessentenkreis. Später wechseln erfolgreiche Sprachglossen in Sammelbände und entsprechende Bücher wie Stillehren zum preisgünstigeren, darum noch umsatzträchtigeren Taschenbuch: dtv, Fischer, Goldmann, Piper usw.

Auch auf die Titelformulierungen kommt es offenbar beim Bucherfolg an. Wie das im Falle von Neubearbeitungen gern geschieht, werden nicht selten auch bei Verlagswechsel gleichzeitig Titel oder Untertitel verändert. Schon Ludwig Reiners hatte 1949 bei seiner Neufassung das Adjektiv „Deutsche" vor seiner ›Stilkunst‹ weggelassen – Kleinigkeit, aber warum? In seiner ›Stilfibel‹ wechseln Titel und Untertitel (S. 145). Ihr ›Gutes Deutsch in allen Lebenslagen‹ (1967) hat Edith Hallwass, aus welchen Gründen auch immer, 1976 umgetauft in ›Mehr Erfolg mit gutem Deutsch‹ (4. Auflage 1991): War nur der neue Verlag schuld? Ähnlich mutierte Walter Rosts seriöse ›Deutsche Stilschule‹ (1960) in Neubearbeitung und modernem „Outfit" zu ›Ausdruck: sehr gut‹ (6. Auflage 1989) – auf daß auch der Bucherfolg sehr gut werde.

Immer weiter rundete Wolf Schneiders ›Deutsch für Profis‹ seine Publikumskreise; zunächst geziert mit dem in der Tat etwas schnörkeligen Untertitel „Handbuch der Journalistensprache – wie sie ist und wie sie sein könnte" (1982), wurde daraus in der 7. Auflage „Ein Handbuch für alle, die schreiben" (1986), und als Goldmann-Taschenbuch verheißt es allerseits „Wege zu einem guten Stil" (1988). Nicht viel anders bei seinem ›Deutsch für Kenner‹, wo „Die neue Stilkunde" sich flugs in „Stilkunde, Fundgrube, vergnügliche Sprachlehre" wandelte (in der zweiten Auflage noch des gleichen Jahres 1987). Unstreitig die staunenswerteste Überschriftsmetamorphose jedoch hat Alfred Gleiss mit seinem Fischer-Taschenbuch des Titels ›Unwörterbuch. Sprachsünden und wie man sie vermeidet‹ (1981) vollzogen: dahinter vermutet wohl niemand so leicht sein altes ›Besseres Deutsch mit lebendigen Beispielen‹ (1976). Das biedere „bessere Deutsch", dem auch der wortspielerische Zusatz „Sprache auf dem rechten Gleis" nicht viel Glanz verleihen konnte, mußte einem knalligen Einworttitel weichen: ›Unwörterbuch‹. Wörterbücher und ähnlich trockene, langweilige Sprachlehren aller Art kauft und benutzt man allenfalls zu praktischen Zwecken und wenn es unbedingt notwendig ist – aber ein „Unwörterbuch"! Das macht nicht nur neugierig, sondern nähert sich auch dem Thema: Kurzweil der Sprache.

Bedeutet nun eine 100 000er Auflage auch 100 000 Leser? Siegfried Grosse hat vor Jahren (1976) das Argument der großen Zahlen für die Verbreitung und Wirksamkeit der Sprachglossen ins Feld geführt. Laut Umfrage veröffentlichten damals 51 Tageszeitungen der Bundesrepublik Deutschland mit einer Auflagenstärke von annähernd sieben Millionen Lesern periodisch solche Glossen: „Es dürfte kaum größere Multiplikatoren der Sprachpraxis und der Reflexion über Sprache geben, die in vergleichbarer Breite und Häufigkeit publiziert und einem sehr breit gestreuten Publikum zur Lektüre vorgelegt werden."

Hinzu kommen die eher noch auflagen- und wirkungsstärkeren Wochenzeitungen und Zeitschriften, Hörglossen im Radio und Glossensammlungen in Buchform. Zumal diese erscheinen nicht unwesentlich: Glossen in der Zeitung kann man überblättern, das Radio abschalten, aber wer sich ein Buch gekauft hat, wird es in der Regel auch lesen wollen. Das hat dann ebenso für die Stillehren zu gelten. Gerade sie werden zudem von vielen Bibliotheken angeschafft (auch Schulbibliotheken, wenngleich nach aller Erfahrung weniger als eigentliche Lehrbücher für den Unterricht, vielmehr als Hilfsmittel und Nachschlagemöglichkeit für die Lehrerschaft). Wenn also mehrere, in öffentlichen Bibliotheken sogar viele Leser solche Bücher benutzen, bedeutet das zweifellos einen zusätzlichen Kumulationseffekt. Folglich über die Jahre hin tatsächlich die angestrebten Leserzahlen in Millionenhöhe?

Eine stilkritisch-sprachwissenschaftliche Vernunftehe?

Ungeachtet mancher Bemühungen der letzten Zeit, Sprachkritiker und Stillehrer mit der Sprachwissenschaft in einen Dialog zu bringen (S. 82), scheint das beiderseitige Verhältnis nach wie vor gestört. Trotz des gleichen Themas Sprache unterschiedliche Interessen? Die Sprachwissenschaft, der es um linguistische Gesetze und Prinzipien geht, formuliere sozusagen die sprachlich-kommunikativen „Spielregeln", erläutert Gert Antos den grundlegenden Unterschied; hingegen suche die von ihm so genannte Laien-Linguistik praktische Lösungen für die „Spieler", das heißt Strategien und zweckrationale Empfehlungen, wie die sich in „Spielräumen" ergebenden Sprach- und Kommunikationsprobleme zu bewältigen seien. Aber könnten es nicht gerade diese tiefgreifenden Verschiedenheiten sein, die eine für beide Seiten nutzbringende Zusammenarbeit auf die Dauer erst recht erforderlich machen?

Positiver Ausgangspunkt sollte die allgemein geäußerte Ansicht sein, daß wir Sprachkritik brauchen. „Sprachkritik ist ein wichtiges Geschäft, und es ist schade, daß es gegenwärtig kaum Spezialisten dafür gibt", so stellvertretend für viele ein Sprachwissenschaftler, der ausdrücklich seriöse Sprachkritik meint. Geteilter Auffassung ist man darüber, wie diese aussehen und auf welche Art sie betrieben werden sollte. Da die Sprachkritik in Deutschland über eine lange Tradition verfügt, täte die Sprachwissenschaft gut daran, diese „traditionelle", hier als „frei" bezeichnete Sprachkritik, die strenggenommen eine Äußerungs- oder Stilkritik ist und sich vornehmlich in Sprachglossen artikuliert, im Gegensatz zur früheren Nichtbeachtung ernst zu nehmen: Weil sie eben nicht linguistisches Fachwissen reproduziert, sondern gleichsam das Sprachwissen in den Köpfen der Menschen abbildet und damit ein „öffentliches Sprachbewußtsein“ repräsentiert, stellt sie eine Art Seismographie des hierzulande herrschenden Sprachgebrauchs dar, wobei selbstverständlich, weil gleichgeartet, die ebenfalls „laien-linguistische“ Stillehre voll inbegriffen ist.

Sprachkritiker und Stillehrer erfüllen eine wichtige und sinnvolle Funktion als aufmerksame Sprachbeobachter, die mit geschultem Ohr und wachsamem Blick die gegenwärtige Sprache in Rede und Schrift kritisch mustern. Dies geschieht zwar intuitiv, doch mit einem hochsensiblen Sprachgefühl, das alle aktuellen Auffälligkeiten oder Anfälligkeiten unseres Sprachgebrauchs mit gleichsam seismographischer Zuverlässigkeit registriert. An der Erklärung und Bewertung derartiger „Sprach-Störungen“, wenn es denn solche sind, scheiden sich die Meinungen: Daß die Begriffe Kritik und Wertung zusammengehen und es zum Geschäft des Sprachkritikers gehört, Werturteile über die registrierten Spracherscheinungen abzugeben, wie zu dem des Stillehrers, auf dieser Grundlage Regeln zu formulieren, ist als Tatsache unbestritten. Die Kritik an Sprachkritik und Stillehre gilt stets der ebenso unbestreitbaren Tatsache, daß diese Beurteilungen und Regeln – weil sie meist ohne die erforderlichen sprachhistorischen und sprachsystematischen Kenntnisse zustande kommen – sehr oft nicht sachgemäß, das heißt sprachgerecht ausfallen. Daher der zweifellos berechtigte Rat, die Stilkritik solle sich stärker an wissenschaftlichen Methoden orientieren. Es stehe außer Zweifel, faßt Hans-Martin Gauger zusammen: „die Sprachkritik, die notwendig ist, wird um so verläßlicher, um so rationaler sein, je mehr sie durchschaut, was ist. Das Ideal wäre also eine durch die Sprachwissenschaft beratene Sprachkritik“, oder anders ausgedrückt: „Sprachwissenschaft als Fundament der Sprachkritik“.

Über das Sprachliche hinausgreifend, hätte es allerdings wenig Sinn, die Sprachglossen- und Stilbuch-Literatur mit der lässigen Klassifizierung als „Bildungsjournalismus“ abzutun; eher trifft da schon das Stichwort „Laien-Linguistik“. Das Phänomen hat jedenfalls einen weiten schreibsoziologischen und leserpsychologischen Hintergrund. So lassen sich etwa die Sprachglossen, in rein linguistischer Bestimmung, nicht als journalistisch-literarisch oszillierende Textart bestimmen. Vielmehr erklären sie sich zu einem nicht unbeträchtlichen Teil aus der Mentalität ihrer Verfasser, die sich in der Rolle moderner Meinungsmacher sehen, gesamtkulturell wie sprachlich – und das in deutlichem Einverständnis mit einer Großzahl unserer Sprach-Zeitgenossen, wie ihre enormen Bucherfolge zeigen. Da fühlt sich nicht nur eine kleine „geistige Elite“ angesprochen, sondern eine breite Leserschaft. Schon vor Jahren hat Helmut Seiffert es als eine alte Erfahrungstatsache bezeichnet, „daß sich für literarische und sprachliche Probleme gerade auch weite Leserkreise interessieren, die mit Sprachdingen nicht das mindeste zu tun haben". Die nicht zuletzt durch eine Verwissenschaftlichung unseres Alltagslebens bewirkte „Entzauberung der Welt", führt Gert Antos dazu aus, habe auch das alltagsweltliche Verständnis der Sprache nicht unberührt gelassen: Laien-Linguistik sei in diesem Sinne eine meist von Laien für Laien betriebene Sprachbetrachtung, die „eine weitgehend außer-wissenschaftlich geprägte Thematisierung von Sprache und Kommunikation" ins Werk setze, und das mit dem bekannten weiten Echo.

Dieser Erfolg beruht keineswegs auf Zufall: Die Sprachkritiker und auch Stillehrer liegen absolut auf der „richtigen Wellenlänge" des Publikumsgeschmacks, wie die Ergebnisse einer neueren Zeitungsumfrage in allen Einzelheiten bestätigen: von der negativen Einschätzung der allgemeinen Sprachentwicklung, vor allem bei Jugendlichen, also „Sprachverfall", und der fachsprachlichen Unverständlichkeit wissenschaftlichen Imponiergehabes, also „Wissenschaftsschelte", über Fragen wie exzessiver Fremdwortgebrauch, insbesondere natürlich Anglizismen, Kritik an der Mediensprache usw. bis zu vielen anderen Ingredienzien des stilkritischen Musterkatalogs. Das sollte zu denken geben, meint Gerhard Stickel, und „von der zünftigen Linguistik zum Anlaß für ein intensiveres Bemühen um Wissensvermittlung über die Fachgrenzen hinaus und für eine verstärkte Beteiligung an Sprachdiskussionen in der Öffentlichkeit genommen werden".

Sprachkritische Fragen finden neuerdings tatsächlich zunehmend Beachtung in den sprachwissenschaftlichen Fachkreisen, so daß die frühere lethargische oder überhebliche Zurückhaltung ausgeschlossen werden kann. So zeichnen sich zwei Möglichkeiten ab, die – wenn auch anders verstanden – mit den Sternbergerschen Begriffen als „kritische Sprachwissenschaft" und „wissenschaftliche Sprachkritik" zu umschreiben wären: Die Sprachwissenschaft könnte erstens in natürlich immer verspäteter Reaktion stilkritische Fehlinformationen aufgrund ihrer sachlichen Kompetenz richtigstellen, das heißt ihrerseits „Kritik der Sprachkritik" betreiben. Die Erfolgsaussichten eines solchen Verfahrens wären gleich Null anzusetzen, da diese Kritik außer bei den sowieso informierten Fachgenossen keine Resonanz fände und somit die eigentlich Angesprochenen, das große und eben fehlinformierte Lesepublikum des populären Schrifttums, überhaupt nicht erreichte. Zudem bestünde die Gefahr kleinkarierter „Gegenkrittelei". Die Sprachwissenschaft könnte zweitens eine eigene Sprachkritik entwickeln, sich also selbst und von vornherein, nicht erst nachträglich, in Aktion setzen. Das Ergebnis würde sich allerdings wohl nur wenig von dem der ersten Möglichkeit unterscheiden: Das Fachinteresse hielte sich vermutlich in Grenzen, und mit einer Ausstrahlung in größere Bevölkerungskreise zu rechnen, gliche einer Utopie.

Empfiehlt es sich in dieser Lage nicht, den Gedanken einer von der Sprachwissenschaft beratenen, also linguistisch fundierten Sprachkritik aufzugreifen und sozusagen in umgekehrter Richtung weiterzudenken? Eine solche Sprachkritik und ebensolche Stillehre könnte die Wissenschaft ihrerseits als Sprachrohr nutzen, um ihre Kenntnisse und Forschungsergebnisse weiteren Kreisen des gebildeten, sprachinteressierten Publikums zugänglich zu machen. „Interdisziplinäre Kooperation" wird in unseren Tagen größer denn je geschrieben. Man übersetze es, um aller Fremdwortempfindlichkeit zuvorzukommen, in „Bereitschaft zu sach- und fachübergreifender Zusammenarbeit" und füge noch hinzu: ohne die alten Vorurteile, in voller gegenseitiger Respektierung und Unterstützung, mit dem gemeinsamen Ziel, unseren gegenwärtigen und künftigen Sprachgebrauch intakt zu halten. Könnte das nicht, auch wenn es sich noch wie eine Zukunftsperspektive oder gar Vision liest, als Grundlage einer stilkritisch-sprachwissenschaftlichen Vernunftehe dienen? Die Stilkritik braucht sprachwissenschaftliche Solidität; umgekehrt braucht die Sprachwissenschaft eine öffentlichkeitswirksame Vermittlung dessen, was Sprachwissen schafft.

Allerdings bedarf es dazu auch einer neuen Art von Sprachkritik, und wieder ist die Stillehre gleichermaßen betroffen. Die Sprachwissenschaft wird nicht von einer Grundposition topischer Sprachverfallsklagen ausgehen und sich ebensowenig auf antiquierte Normvorstellungen zurückziehen. Sie wird auch nicht – mit einem hübschen Ausdruck Theodor Fontanes – die längst „abgedudelten Phrasen" der Sprachglossographie zum hundertsten Mal wiederholen wollen: ob man beispielsweise das angeblich falsch gebildete, unschöne, oft sinnwidrig verwendete Paar *ersterer – letzterer* gebrauchen solle, von dem schon Schopenhauer nichts wissen wollte: „Die Deutschen verrennen sich in ihr Ersteres und Letzteres bisweilen dermaßen, daß man nicht mehr weiß, was hinten und was vorne ist." Für diesen Fall gilt wie für die Kritik anderer Einzelheiten Harald Weinrichs Festellung: „eine Frage für Linguisten, Liebhaber oder Tüftler. Ein belangvolles Sprachproblem ist es nicht."

Vor allem wird die Sprachwissenschaft nicht die Sprache außerhalb ihrer Gebrauchszusammenhänge sehen, also pragmatische und nicht jene von Walter Benjamin „mythisch" genannte Sprachkritik betreiben, die den Primat der Sprache vor der Sache vertritt. Warum wohl ist das Wort *Menschenmaterial* (S. 64) eben nicht nur häßlich, sondern unmenschlich? Die sprachkritische Beziehung von Sprache und Sache findet sich nirgendwo prägnanter fomuliert als in dem Kernsatz des bekannten Kraus-Forschers Hellmut Arntzen: „Das Kritische der Sprache entdeckt das Problematische der Sache."

Aufgaben moderner Sprachkritik

Sprachkritik könne sich nicht damit begnügen, „im Namen einer vergangenen Norm an irgendwelchen Wörtern und Wendungen herumzunörgeln", meint auch Dieter E. Zimmer. Er hat die Aufgaben einer Sprachkritik modernen Gepräges folgendermaßen umrissen: „Sie muß das Bewußtsein dafür zu schärfen suchen, welchen Gedanken – treffenden oder abwegigen – eine bestimmte Sprache Vorschub leistet und welche sie auf der anderen Seite diffamiert; welche Denkweisen Konjunktur haben, wenn bestimmte Sprechweisen aufkommen; was die Sprache verrät und was sie verbirgt und was sie verdreht und was sie verfälscht; wo sie Illusionen und Vorurteile verfestigt."

Was im einzelnen damit gemeint sein kann, mag die alte rhetorische Figur des Euphemismus verdeutlichen (wörtlich übersetzt 'Wohlrede'), der in irgendeiner Hinsicht beschönigende Ausdruck. „Euphemismen haben was Liebenswertes – solange sich keiner mit ihrer Hilfe für dumm verkaufen läßt", resümiert Rudolf Walter Leonhardt die ganze Problematik dieses schillernden Sprachmusters. Es umfaßt diverse Formen der Höflichkeit, von nicht ganz ernst gemeinten Komplimenten bis zu menschenfreundlichen Abschwächungen solcher Dinge, die uns unangenehm, peinlich oder anstößig erscheinen. Etwa *vollschlank* als Umschreibung für „dick" oder *dritte Zähne* anstatt „Gebiß", nicht von ungefähr beides Erfindungen der Werbesprache, die auch *preiswert* oder *preisgünstig* an Stelle von „billig" propagiert. Oder Verharmlosungen für sogenannte Tabus wie *im Evaskostüm* als wohlklingender Ersatz für „nackt", „30 Jahre *jung*" zur Vermeidung von „alt", *in Frieden entschlafen* und eine Vielzahl anderer Ausdrücke für „sterben", so wie es in früherer Zeit namentlich Umschreibungen für Tod und Teufel waren. Oder Aufwertungen wie fremdwörtlich „verfremdendes" *transpirieren* statt „schwitzen", *Floristin* an Stelle von „Blumenverkäuferin", *Hairstylist* für den biederen „Friseur" usw. – alles eigentlich recht harmlos und so wohlgemeint: „Verschönerung der Welt durch sprachliche Verfahren" nennt Zimmer solche moderne Begriffsaufwertung. Der Euphemismus kann jedoch auch in bewußt verhüllender, verschleiernder, verfälschender Form auftreten, vor allem in politischer, propagandistischer, demagogischer und damit manipulierender Verwendung: *Schadstoffe* für Gift, *Kostenunterdeckung* statt „Defizit, Schulden", *Minuswachstum* an Stelle wirtschaftlicher Rezession, *Freisetzung von Arbeitskräften* als Verharmlosung von Massenentlassungen, *Vorwärtsverteidigung* als zynische Umschreibung des Angriffskriegs oder seinerzeit die makabre „Endlösung der Judenfrage" für rassistischen Völkermord. Und der Beispiele mehr – bis in unsere Tage, jeder kennt sie.

Jeder kennt sie, wirklich? Und alle unsere Mitmenschen durchschauen die Finessen der Werbung, des öffentlichen Sprachgebrauchs in den Massenmedien, insbesondere der Sprache im politischen Bereich? Diesen Fragen geht die aktuelle linguistische Sprachkritik nach, programmatisch wie in exemplarischen Analysen. So hat schon Anfang der siebziger Jahre Werner Betz aus gegebenem Anlaß die politische Semantik der Begriffe 'Gruppe' und 'Bande' durchleuchtet sowie die Sprache im damals Aufsehen erregenden Brühne-Prozeß untersucht: ›Sprachkritik – Das Wort zwischen Kommunikation und Manipulation‹ sein vielsagender Titel. Rainer Wimmer, Verfasser mehrerer Aufsätze zu den Zielen und Aufgaben heutiger Sprachkritik, reflektiert bestimmte Sprachpraktiken im „Fall Traube" (Abhörskandal um den Atomphysiker Dr. K. Traube, 1977). Peter von Polenz hat, wie andere, das von ihm so genannte „Jenninger-Syndrom" einer subtilen sprachkritischen Analyse unterzogen, die ihn im Ergebnis zu der Titelformulierung führt: ›Verdünnte Sprachkultur‹, usw.

Es gibt sie also, die linguistische Sprachkritik, nach der zu Anfang gefragt wurde. Aber Wimmer stellt sich doch die Frage, da Sprachkritik viele Gesichter und Erscheinungsformen habe (er unterscheidet, sich zugleich davon abgrenzend, eine erkenntniskritisch-philosophische, eine logisch-normative und unsere journalistisch-unterhaltende Sprachkritik): „Warum jetzt auch noch eine linguistische oder – wie ich lieber sagen würde – linguistisch begründete Sprachkritik?" Diese konzentriere sich, indem sie zu einem „reflektierten Sprachgebrauch" anzuleiten sucht, „in ihren sprachkritischen Bemühungen auf die wissenschaftliche Analyse und Bewertung gesellschaftlich relevant gewordener Kommunikationsschwierigkeiten und -konflikte". Solche Sprachkritik verspricht, als Teilgebiet der angewandten Linguistik, einen „Beitrag zur Kultivierung des Sprachlebens besonders im öffentlich-politischen Bereich".

Den öffentlichen, speziell politischen Sprachgebrauch in dieser Weise linguistisch auf Kimme und Korn genommen zu haben, ist zweifellos ein Verdienst von Hans Jürgen Heringers Band ›Holzfeuer im hölzernen Ofen‹ (1982). Er sollte gezielt als „ein exemplarisches Buch" zeigen, „wie man Sprachkritik macht, und wie man sie nicht macht; ... und hoffentlich auch, welche Form der Sprachkritik sich lohnt". Sein aspektreicher Einführungsbeitrag beantwortet die letzte Frage, insofern er Sprachkritik als „Fortsetzung der Politik mit besseren Mitteln" charakterisiert. Mittlerweile liegen erste, in diese Richtung gehende Untersuchungen zur „politischen Semantik“ vor; als Beispiel das „Lexikon zum öffentlichen Sprachgebrauch“: ›Brisante Wörter von Agitation bis Zeitgeist‹ (1989) – ein *brisantes Wörterbuch*? Mit Erhard Epplers ›Kavalleriepferden beim Hornsignal‹ (1992) kann sich auch die Politik selbst eines nicht nur nennens-, sondern auch lesenswerten Beitrags zur Sprachkritik rühmen.

Letztlich geht es in diesen Zusammenhängen – und wir kehren damit zum Anfang zurück – immer um sprachliche „Moral“. Die Moral einer Sprachäußerung liegt stets in ihrer Glaubwürdigkeit, ihrer „Wahrheit und Wahrhaftigkeit“, so Hans-Martin Gauger. Aber Wahrheit ist wie ihr Gegenstück, die Lüge, nicht an die Form der Sprache gebunden; beide werden vielmehr vom Inhaltlichen der Äußerung getragen. Ja, die Lüge wird eher in gekonnter Sprache gelingen als in einer unbeholfenen Sprachstümperei, die deutlich ihre kurzen Beine durchscheinen läßt. Apropos kurze Beine – Heringer hat die Verleihung des Konrad-Duden-Preises 1990, der ihm für sein sprachkritisches Engagement zuerkannt wurde, zu einer witzig-polemischen „Politkritikasterei“ genutzt, die den vieldeutigen Titel trägt: ›Über die Mannigfaltigkeit der Lügenbeine‹. Es geht dabei, versteht sich, um jene der Politiker, die keineswegs nur kurz (wie das Sprichwort behauptet), sondern lang, holz- und vielbeinig, O- oder X-beinig, gespreizt, hinkend, glatt, elegant usw. sind – eine pseudologische Taxonomie des „politolügischen“ Sprachmißbrauchs.

Nun haben wir es hier mit einem Vortrag, in den anderen Fällen mit wissenschaftlichen Artikeln zu tun. Frage also: Wie sähe eine Sprachglosse dieser Art aus? Ein Musterfall scheint mir, wie immer man sich inhaltlich dazu stellen will, die Kolumne ›Analphabeten an die Front!‹ des Schriftstellers und Starpublizisten Hans Habe (1973). Sie handelt von der Kleinschreibung im Deutschen, wie sie damals die Orthographiereformer vorgeschlagen hatten – eine Rechtschreibung, die er ideologisch als „Linksschreibung“ attackiert. Von der geradezu alarmierenden Überschrift bis zur geschliffenen, polemischen Argumentation im einzelnen eine Glosse, wie sie im Buche steht, und erst recht was die Schlußpointe angeht: „Die Freunde der Kleinschreibung leisten damit, bewußt oder unbewußt, einem Ideologisierungsprozeß Vorschub. Dabei darf man ihnen glauben, daß sie gewisse Ausnahmen gelten lassen wollen. Unfug, jedenfalls, wird bei ihnen großgeschrieben.“

Hier ist nicht der Ort, die vielbehandelte Sprache der Politik im allgemeinen zum Thema zu machen. Gleichwohl kann als sicher gelten, daß im öffentlichkeitswirksamen politischen Bereich Unaufrichtigkeiten und krasse Lügen, leichtfertige Versprechungen und entstellte Tatsachen, simplifizierende, emotionalisierende und polarisierende Pseudoargumentationen, Diffamierungen Andersdenkender usw. zu den gebräuchlichsten Sprachpraktiken zählen. Man sollte Möglichkeiten und Macht des gesprochenen oder geschriebenen Wortes nicht unterschätzen; oft genug kommt es nur auf die Formulierung an, wie ein Beispiel Claus Peter Müller-Thuraus aus dem alten Morgenland veranschaulicht: Der Kalif Harun al-Raschid soll einen Traumdeuter ins Gefängnis geworfen haben, der ihm einen mysteriösen Traum folgendermaßen auslegte: „Ehrwürdigster Herrscher, ich muß dir großes Unheil verkünden – du wirst alle deine Angehörigen verlieren." Ein zweiter Traumdeuter interpretierte denselben Traum so: „Ehrwürdiger Herrscher, ich habe dir großes Heil zu verkünden – du wirst alle deine Angehörigen überleben", und er wurde mit tausend Goldstücken belohnt. Nun ist ohne weiteres einsichtig, daß der psychoanalytische Sachverhalt in beiden Deutungen der gleiche und nur seine Formulierungsweise anders war – Sophistik?

Aber zurück in die Gegenwart. Mit welch einfachen Sprachtricks sich „eine Vernebelung der Realität" erreichen läßt, hat Werner Betz an einer Geschichte aus der Zeit der früheren Ost-West-Rivalität demonstriert: Da findet in Moskau ein Wettlauf zwischen dem damaligen amerikanischen Außenminister Henry Kissinger und Leonid Breschnew, Partei- und Staatsoberhaupt der Sowjetunion, rund um den Kreml statt, den der Amerikaner gewinnt. „Am nächsten Tag steht in der Prawda folgender Bericht: bei einem Wettlauf um die Kremlmauer errang der Genosse Breschnew einen hervorragenden zweiten Platz, während es Kissinger nur gelang, Vorletzter zu werden." So witzig dies scheinen mag: Sprachmanipulation welcher Art auch immer bedarf dringlich der Aufdeckung und Enttarnung, jedenfalls allgemeiner Deutlichmachung auch für die weitere, nicht so gewitzte Öffentlichkeit.

Also gibt es sie letzten Endes doch nicht, die wirklich „freie" Sprachkritik? Daß sie realiter existiert, belegen die unzähligen Sprachglossen, die täglich neu geschrieben werden, die älteren und druckfrischen Sprachglossen-Bände, Stillehren im Sprachglossen-Stil und so fort. Was ihnen fehlt, ist einzig und allein die fachliche Legitimation, der „Segen von oben", den die Sprachwissenschaft nach wie vor nicht auszusprechen gewillt ist. Walter Dieckmann, einer unserer prominentesten Erforscher der politischen Sprache, hat unlängst in einem Vortrag darauf hingewiesen, daß es auch – und so schon seit dem 19. Jahrhundert – eine „Auseinandersetzung mit Sprache aus eigenem Recht" gebe. Wenn das weithin zu beobachtende Einverständnis zwischen nicht-akademischen Sprachkritikern und den normalen Sprechern des Deutschen auf der gemeinsamen Grundlage alltagsweltlicher Sprachtheorien beruhe, dann reicht nach Dieckmanns Ansicht der an die Sprachkritik gerichtete Vorwurf nicht aus, sie stehe auf wissenschaftlich überholten Grundlagen: „Ist die öffentliche Sprachkritik nicht vielleicht immer noch und wieder eine Auseinandersetzung mit Sprache aus eigenem Recht?“

Vielleicht hilft in dieser Frage die gerade anlaufende Auseinandersetzung mit dem Phänomen der Laien-Linguistik weiter. Was also die Beziehung von Sprachwissenschaft und allgemeiner Stilkritik, vor allem aber die Diskussion ihres problematischen Verhältnisses angeht, so bleibt ein Rest, der nicht Schweigen sein sollte.

3. Stilkritische Wirkung: Donquichotterie?

Bekanntlich läßt der spanische Dichter Miguel de Cervantes seinen weltberühmten Helden Don Quichotte gegen Windmühlen kämpfen, und der Erfolg war denn auch danach. Seitdem spricht man von „Donquichotterie“, wenn es um weltfremden, zum Scheitern verurteilten Idealismus geht. Dieses Stichwort nun fällt auch in unserem Zusammenhang, sowohl als resignierendes Selbstgeständnis der Stilkritiker wie auch als achselzuckende Quittierung ihrer Erfolglosigkeit von wissenschaftlicher Seite. Die Kritik der Sprache sei so notwendig wie wohl vergeblich, wird festgestellt: „Diesen pessimistischen Satz bekommt man immer wieder zu hören oder zu lesen.“ Was die Wirkung oder Wirkungen von Sprachkritik und populärer Stillehre auf den allgemeinen Sprachgebrauch betrifft, scheint in der Tat Bescheidenheit angebracht. Nachdem in den ersten vier Kapiteln jeweils mögliche Kriterien stilkritischer Bewertung getestet worden sind, hier nun die abschließende „Nagelprobe“ der Wirkungsfrage: Was kommt, unter dem Strich, dabei heraus?

Gegen die Windmühlenflügel des Stilwandels

In Kerstin Meyers umsichtiger Abhandlung über Gustav Wustmanns ›Sprachdummheiten‹ (S. 18f.) ist als einführendes Zitat zu lesen: „Von Zeit zu Zeit treten in Deutschland Männer auf, welche sich berufen fühlen, zu lehren, wie gesprochen und wie geschrieben werden solle“; und am Schluß als weiteres Zitat, das man sozusagen als die Antwort verstehen könnte: „Von einzelnen läßt sich die Sprache nicht schulmeistern.“ Nicht daß damit über Sprachkritik und Stillehre alles gesagt wäre, aber Wustmann kann uns tatsächlich als aufschlußreicher Präzedenzfall dienen: vielgelobt als der „unsterbliche Wustmann“, doch auch hart geschmäht als Verfasser „der hochtrabend ›Sprachdummheiten‹ geschimpften Abweichungen vom Geschmack des einen einzig Makellosen und Unfehlbaren".

Indes geht es hier nicht um den persönlichen Geschmack Wustmanns und damit die Subjektivität seiner Sprachverbesserungen, sondern um Erfolg und Wirkung eines Werks, das immerhin länger als ein halbes Jahrhundert das sprachkritische Standardbuch der Deutschen bildete. Wirkung ist dabei keineswegs gleichzusetzen mit äußerem Bucherfolg. Die ›Sprachdummheiten‹ (1891, in 16 Auflagen bis 1966) waren verlegerisch höchst erfolgreich. Ihr breites Lesepublikum führt ein zeitgenössisches Urteil auf „die schmucke Form und die sichere, muntere Sprache" zurück, mit der alles sprachlich „Zweifelhafte, Falsche und Häßliche" spöttisch, sarkastisch, ja grobianisch kritisiert werde. Oder ein anderer Zeitgenosse: „Schon die frische, fröhliche Grobheit, mit der darin den Sprachverderbern zu Leibe gegangen wird, macht gewiß manchem Freude, der sich tagtäglich über die nachlässigen Sudeleien führender und nicht führender Schriftsteller ärgert." Auch Otto Gildemeister, namhafter Übersetzer und Schriftsteller der Zeit, war voll des Lobes: *Jetztzeit, Inbetriebsetzung, vereinnahmen, sich beziffern, unentwegt, neuerdings,* um nur weniges aus seiner Beispielliste anzuführen, „und eine Menge ähnlicher Ausgeburten der Sprachroheit hinken, stolpern und stelzen an uns vorüber unter den lustigen Peitschenhieben des Doktors, daß es zugleich ein Jammer und eine Freude ist".

Doch wieder zur Wirkung. „Wer das Buch durchblättert", schreibt Oskar Jancke, „wird leider bemerken, daß es bei seinen zahlreichen Auflagen von Anno 1891 ab doch keine große Wirkung getan hat." Vieles, was dort getadelt werde, sei mittlerweile in den normalen Sprachgebrauch eingegangen, und anderes scheine sich trotz aller Bemühungen nicht verdrängen zu lassen. Einige beliebig herausgegriffene, weil von Wustmann angegriffene „Sprachdummheiten", an denen heute niemand den geringsten Anstoß nehmen wird, belegen das schnell: Wörter wie *Anteilnahme*, als „häßliche Verbreiterung von *Teilnahme*", *offensichtlich*, „zusammengebraut aus *sichtlich* und *offenbar*", *begrüßen* als „Modewort" statt *willkommen heißen* usw. „Fast alles, was dieser Sprachkritiker Wustmann ... ablehnte, hat sich durchgesetzt", urteilt Werner Betz. Formuliert er damit das „tragische" Grundgesetz aller Stilkritik?

Aus stilkritischer Sicht muß es wahrhaftig entmutigend wirken, fortwährend – von Wustmann bis Weigel – die gleichen „Sprachsünden" angeprangert zu sehen, ganz augenscheinlich ohne Erfolg. Ja, nicht wenige der Sünden von damals gelten uns heute als durchaus gutes Deutsch. In der Tat dokumentieren viele Angriffspunkte der Sprachkritik und Stillehre einen vergeblichen Kampf: Etwa gegen längst vollzogene Sprachentwicklungen, vor allem in Form „lexikalisierter“, das heißt in neuem Sinne festgewordener Wörter und Wendungen; zum Beispiel pflegt man völlig korrekt vom „*runden* Tisch“ zu sprechen, an den man sich setzt, auch wenn dieser in den meisten Fällen eckig oder hufeisenförmig ist. Oder gegen sich ändernde Normvorstellungen, wenn etwa die Vorschläge der Rechtschreibreform zur gültigen Orthographie geworden sind: neue Schreibungen wie *behände*, *Flussschifffahrt*, *verbläuen* usw., die den Sprachkritikern vermutlich *Angst und Bange* machen? Oder gegen das Eindringen modischer Fremdwörter, meinetwegen des heute noch heftig kritisierten *Akzeptanz* – doch auch hier entscheiden nicht die Kritiker, sondern der Sprachgebrauch: „Bis zur allgemeinen *Akzeptanz* eines Wortes wie *Akzeptanz* braucht es Jahre. Aber wo immer es sich um eine sinnvolle Prägung handelt, ist sie unaufhaltsam.“ Folglich doch ein donquichottisches Anrennen gegen die Windmühlenflügel eines unbekümmert alle stilkritischen Bemühungen buchstäblich „in den Wind schlagenden“ Stilwandels?

Es hätte gar nicht dieser nachträglichen Feststellungen bedurft. Wustmann selbst verhehlt schon im Vorwort zur 3. Auflage (1903) seine Enttäuschung nicht: „Mein Buch hat zwar großen äußern Erfolg gehabt, aber doch eigentlich wenig genützt ... Im ganzen haben sich unsre Sprachzustände nicht gebessert, sondern verschlimmert. Fehler und Geschmacklosigkeiten, auf die ich vor zwölf Jahren als neu auftauchende hingewiesen habe, haben sich inzwischen festgesetzt und werden schwerlich zu beseitigen sein.“ Man kennt diese Klage – sogar ein Kurt Tucholsky mußte 1923 in einem Brief gestehen: „Ich habe Erfolg, aber keine Wirkung.“ In gleichem Sinne äußert sich jüngst Wolf Schneider: „Sicherlich haben meine Stilbücher höhere Auflagen erzielt als die anderer. Ich hätte auch gern gesehen, daß die notorischen Stil- und Grammatikfehler, ohne die auch die größten Zeitungen unseres Landes nicht auszukommen scheinen, abgenommen hätten in der Zeit meines Wirkens. Aber so ist es nicht.“ Er könne also nur damit zufrieden sein, daß er sich redlich geplagt habe: „Aber für meinen Mangel an Einfluß hafte ja nicht ich, sondern der liebe Gott.“

Entsprechend skeptisch, fast schon resignierend klingen vereinzelte selbstkritische Bemerkungen anderer Autoren. Nikolas Benckiser, mit den vier von ihm herausgegebenen Sprachglossen-Bänden der FAZ einer der aktivsten Sprachkritiker der sechziger Jahre, fühlt sich zu der Feststellung genötigt, wie herzlich wenig Sprachkritik praktisch zu bewirken vermöge: „In diesen und in früheren Glossen ist eine ganze Reihe von Wendungen kritisiert worden, ohne daß allem Anschein nach ihre fröhliche Ausbreitung damit im geringsten eingeschränkt worden wäre." Immerhin, „vielleicht helfen die Sprachglossen und Sprachbücher doch ein wenig", scheint Alfred Gleiss sich (in aller Selbstbescheidenheit und Demut, versteht sich) Mut zuzusprechen: „Selbst wenn sie nur bremsen, ist schon was gewonnen."

Aber bleibt nicht auch dieser sprachkritische Bremseffekt letztlich eine fromme Wunschvorstellung? Wie selbst als modisch angesehene Fremdwörter gelegentlich durchaus ihr Gutes haben können, zeigt das in solchem Sinne kritisierte *Effizienz*; verdanken wir ihm doch die folgende, ins Philosophieren geratende Allgemeinbetrachtung Hans Sommers: „Es gibt Leute, die an der Eff... will sagen an der Wirksamkeit sprachlicher Glossen in Zeitschriften, Zeitungen und am Radio zweifeln. Gewiß zum Teil mit Recht. Denn Sprachschnitzer und Sprachdummheiten haben ein zähes Leben, und die eigentlichen, die großen Sünder kümmern sich einen Deut um Fragen der Sprachreinheit ... Aber man soll die Hoffnung nicht aufgeben; vielleicht wird doch gelegentlich ein Saulus zum Paulus" – das Prinzip Hoffnung.

Doch in der Tiefe bohrt ein Sprachgewissenswurm

Überwiegt im großen und ganzen die Hoffnungslosigkeit, sprich Skepsis, so fehlt es dennoch nicht ganz an optimistischeren Äußerungen. Nahezu alle Sprachglossen-Verfasser berichten von großer brieflicher Resonanz, Sprachinteresse bekundenden Leserzuschriften also; stellvertretend Walter Heuer: „Hoch erfreulich ist jedenfalls, daß heute noch weite Kreise sich um unsere Sprache Sorgen machen, wie es deutlich genug aus dem lebhaften Echo auf diese Glossen herauszulesen ist." Aber heißt Sprachinteresse, Glossenlektüre, Briefreaktion auch schon allgemeine Befolgung sprachkritischer Ratschläge, die meist Verdikte sind, oder populärstilistischer „Regeln"?

Während sich die Wirkung eigentlicher Sprachlehre, hauptsächlich also Rechtschreibung und Grammatik, in der korrekten Beherrschung und Anwendung orthographischer und grammatischer Regeln überprüfbar äußert, vor allem auch darin, daß Verstöße dagegen klar als „Fehler" identifiziert werden, läßt sich eine entsprechende Wirkung von Sprachkritik und Stillehre nicht strikt nachweisen. Man sagt zwar: Wenn ein Text stilistisch gut und das heißt zugleich sprachkritisch einwandfrei formuliert sei, erreiche er seinen Zweck besser. Aber das hat allenfalls den Wert eines kaum exakt belegbaren Gemeinplatzes. Es sei auch nicht verschwiegen, daß manche Linguisten überhaupt jede Art von Sprachwirkung kategorisch abstreiten: „Beim näheren Hinsehen lösen sich alle Wirkungen in nichts auf“ – so kurz und bündig das Urteil von Ruth Römer, die es als Expertin für die wohl wirkungsträchtigste Form der Sprachverwendung, die Werbesprache, besonders gut wissen müßte.

Auch die stilkritische Sprachbelehrung unterliegt dieser Aussage (es sei denn, sie erfolge etwa in schulischem Zusammenhang oder unter anderen Sach*zwängen*, was jedoch im Normalfall ausgeschlossen werden kann). Weil sie keinerlei Verbindlichkeit hat und ihre Nichtbeachtung weder Sanktionen als „Fehler“ noch andere nachteilige Folgen zeitigt, darum bleibt Stilkritik ohne jede erkennbare direkte Wirkung. Nachdruck verschaffen kann man ihr lediglich mit dem Versuch indirekter, suggestiver Einwirkung, nämlich mit Hilfe des Vehikels einer attraktiven, eben „wirkungsvollen“ Textgestaltung. Diese dient zugleich als Lese- und Kaufanreiz: Unterhaltungs- und Marktwert der Sprache stehen also auf demselben Blatt.

Auf einem ganz anderen Blatt steht hingegen die Frage möglicher Wirkung. Ein Argument, das man guten Gewissens ins Feld führen kann, wäre der enorme Bucherfolg der Sprachglossen und Stillehren, ihre riesigen Leserzahlen: Aber wiederum muß zweifelhaft bleiben, ob wirklich jeder Leser auch ein lernwilliger Sprachliebhaber ist, der sich wenigstens einen Teil dieser sehr persönlichen, oft widersprüchlichen, nicht einmal immer richtigen Belehrungen zu eigen macht. „Wirken Sprachglossen, wirken Diskussionen über Sprachprobleme auf den Sprachgebrauch ein?“ so stellt Nikolas Benckiser genau unsere Frage. „Vielleicht irgendwie untergründig und langfristig; und die Leute, die sich unverdrossen mit der Sprache beschäftigen, brauchen wohl die Hoffnung oder Illusion, daß dem so sei.“ Zuversichtlicher Karl Korn: „Sprachkritik kann etwas ausrichten, das entscheidend ist: die Weckung des kritischen Sprachbewußtseins. Es geht ja nicht um Stil und nicht um Schönheit oder Vornehmheit, sondern um Wahrheit des Sprechens und der Sprache.“

Wirkungen der Stilkritik haben – als ein zusätzliches Handikap – die Form, daß erfolgreich von ihr bekämpfte Sprachmängel nicht mehr auftreten. Mit anderen Worten, der Erfolg besteht in ihrem Verschwinden, womit gleichzeitig aber auch die äußere Sichtbarkeit eben dieses Erfolgs zunichte wird. Ein solcher Fall scheint mir der in älteren Texten sehr geläufige, von Wustmann, Engel, Jancke usw., epigonal auch noch Reiners heftig attackierte „Satzdreh nach *und*“ zu sein (S. 20). Verhalf diese nach heutigem Dafürhalten falsche Verbstellung in einer Hauptsatzreihung noch 1936 Oskar Janckes Sprachglossen-Band ›... und bitten wir Sie ...‹ zum Titel, so stellte schon Hans Reimann unter wörtlichem Bezug darauf fest, daß diese Sprachentgleisung nicht mehr vorkomme. Trotz ausdrücklicher Erwähnung von „Wustmann und seinen Trabanten“ ist letztlich aber nicht streng erweisbar, ob das Faktum des Verschwindens sich tatsächlich als Folge der anhaltenden Kritik erklärt. Wenn schon keine offen zutage tretende Wirkung, so bleibt doch immerhin die vorsichtige Annahme einer „irgendwie" un- bis unterbewußten Wirksamkeit.

Sprachkritische und populärstilistische Texte haben Wirkung, behaupte ich, wenn auch in zweifach eingeschränktem Sinn. Erstens, sie werden überwiegend von selbst schreibenden, jedenfalls sprach- und schreibinteressierten Menschen gelesen. Nur auf diese, nicht auf die ungleich größere Zahl der Nichtleser oder Konsumenten allenfalls der Boulevardpresse, können jene Texte überhaupt wirken. Zweitens kommen ihre Auswirkungen auf den allgemeinen Sprachgebrauch nicht in der vordergründigen Weise zustande, daß die Meinungen, Ratschläge oder Verdikte von Sprachkritik und Stillehre im Regelsinne beachtet würden, wohl aber tun sie „unterschwellig" ihre Wirkung.

Wenn man bereit ist, dieser sich im Unterbewußtsein regenden Wirksamkeit einen gewissen Grad an Plausibilität zuzugestehen: wie hat man sich diese Wirkung dann konkret vorzustellen? Wer Sprachglossen oder entsprechende Stilvorschriften gelesen hat, ist nicht mehr im Stande der sprachlichen Unschuld, um es in diesem biblischen Bilde auszudrücken. Ihn plagt ein tief, tief sitzender Sprachgewissenswurm (vermutlich derjenige aus dem Apfel vom „Baum der sprachlichen Erkenntnis", S. 109). Jedesmal, wenn uns eine der kritisierten Ausdrucksweisen vor die Feder kommt, zuckt es in unserem Sprachgewissen, und die Feder sträubt sich instinktiv. Die Frage ist nur, ob Sie nach dieser Schrecksekunde und einem kurzen inneren Ruck trotzdem weiterschreiben wie vorgehabt. Oder ob Sie auf *unverzichtbar* verzichten, nachdem Sie *im Wissen um* dessen Fragwürdigkeit seine *Akzeptanz* kritisch *hinterfragt* haben, ja vielleicht sogar, sollte sich die *selten günstige* Gelegenheit bieten, zwischen *Wörtern* bzw. *Worten* richtig unterscheiden usw.: „Daran erkenn' ich den gelehrten Herrn" – sagt Mephisto, dem man die respektlose Nichtbeachtung der Damen nachsehen wird.

4. Auf die Beinhaltung kommt es an

„Gegen das 'beinhalten' sind wohl mehr Attacken geritten, insonderheit Glossen geschrieben worden, als über irgendein anderes Geschwür unserer Sprache", urteilt Alfred Gleiss. Er hat maßlos untertrieben: kein Sprachkritiker, kein Stillehrer, der sich nicht bemüßigt gefühlt hätte, und sei es auch nur in einer beiläufigen Klammer – „beinhalten (das an gehaltene Beine denken läßt)" – oder in einer Art Nebensatz: „Beinhalten –

sprich: bainhalten – ist doch ein schreckliches Wort", sich zu diesem eben „schrecklichen" Wort zu äußern. Darum kann die folgende Blütenlese auch nur unvollständig ausfallen, und ebensowenig wird es möglich sein, wie sonst bei diesen Musterstücken praktiziert, alle Autoren in längeren Ausführungen zu Wort kommen zu lassen.

Warum ist es so schrecklich, dieses *beinhalten*? Nach stilkritischer Ansicht weist das relativ junge, seit dem Ende des 19. Jahrhunderts bezeugte Tätigkeitswort (und verstärkt noch die zugehörige Verbalableitung *Beinhaltung*) gleich mehrere Geburtsfehler auf: Erstens zählt es zu den umstrittenen Präfixbildungen mit *be-* an Stelle einfacher Verben (als Ersatzwort wird meist das auch nicht „einfache" *enthalten* genannt); zweitens könnte es Schwierigkeiten in der Formenbildung bewirken, etwa der Art, ob es richtig „beinhaltet, -haltete" oder vielleicht „beinhält, -hielt" heiße (ein Streit um des Kaisers Bart: die Ableitung vom Substantiv *Inhalt* läßt nur die erste Möglichkeit zu); und drittens, zweifellos der schwerwiegendste Einwand, ist eine Verwechslung nicht ausgeschlossen, statt *be-inhalten* auf dem Papier *bein-halten* zu lesen. Schlimmer noch die Mehrdeutigkeit von *Beinhaltung*, der Sie hoffentlich nicht schon in der Überschrift dieses Abschnitts zum Opfer gefallen sind.

Der Stillehrer Ludwig Reiners hat sich dazu den mehr hinter- als tiefsinnigen Beispielsatz ausgedacht: „Das Vorbringen des Angeklagten machte einen sehr schlechten Eindruck, denn seine Beinhaltung stand im Widerspruch zu seiner sonstigen Haltung" – natürlich *Be-inhaltung*! Wer Reiners kennt, wird ihm sicher die witzige Exemplifizierung zutrauen, weniger die Entdeckung des Problemfalles selbst. Tatsächlich bietet Oskar Jancke schon eine Glosse ›Beinhalten‹, das er „ein häßliches Wort" nennt; allein schon das Schriftbild genüge, um zum Widerspruch zu reizen. Etwas farbiger malt dies Rudolf Ibel aus, der mit Jancke befreundet war: Zu *beinhalten* sei nichts „anderes zu sagen, als daß es eben häßlich ist", schlimmer jedoch die *Beinhaltung*, die man „als Bein-haltung erkennen und sich dementsprechend in eine Turn- oder Gymnastikstunde versetzt fühlen" werde; jedenfalls warnt er: „Allzuleicht sind hier p(b)einliche Verwechslungen möglich." Und seither zieht sich das Thema in immer neuen oder auch nicht mehr ganz neuen Variationen durch die Sprachglossen-Literatur: „'Beinhalten' ist ein viel ungeschickteres Wort als 'enthalten' und enthält (beinhaltet) zudem die Gefahr, daß das Bein selbständig wird" usw. Überlassen wir Walter Kirkam das beispielhaft abrundende Schlußwort: „*Das Theaterstück beinhaltet die ganze Tragik eines Lebens*. Und diese Scheußlichkeit, das 'Bein-halten', 'beinhaltet' die ganze Tragik unserer Redeweise."

Gleich dreimal wird *beinhalten* in FAZ-Glossen der Jahre 1959, 1961 und 1967 von Friedrich Sieburg und Nikolas Benckiser behandelt. Diese wiederholte, offenbar erfolglose Traktierung bietet im zusammenfassenden Wiederabdruck 1969 Anlaß zu einer pessimistischen Betrachtung darüber, wie „wenig Kritik an Mode- oder Verwaltungswörtern oder an sonstigen fragwürdigen Erscheinungen des Sprachgebrauchs auszurichten" vermöge: „Dreimal Beinhalten oder Über die Vergeblichkeit ...: die alltägliche Sprachpraxis beinhaltet unverändert das Beinhalten." Interessant vielleicht noch, daß alle drei Glossen durch Leserzuschriften ausgelöst wurden: „Dieses Wort, in Kanzlei und Schwulstdeutsch gleich beliebt, entfesselt bei einigen unserer Leser einen solchen Furor teutonicus, daß sie in dem Gefühl, zur Tat schreiten zu müssen, zur Feder greifen: 'Sie sollten einmal in einer Sprachglosse ...'" Noch tatkräftiger schreibt NZZ-Glossist Walter Heuer: „Wenn ich so etwas wie einen allgemeingültigen 'Index verborum prohibitorum' aufzustellen hätte, so würde ich das läppische *beinhalten* an die Spitze dieser Liste setzen."

Trotzdem, das Wort hat auch Befürworter gefunden. In seiner Glosse ›Was 'beinhalten' beinhaltet‹ untersucht Klaus Mampell ausführlich die „völlig legitime Wortbildung" mit der Vorsilbe *be-*, die hier wie bei vielen deutschen Wörtern vor ein Substantiv gesetzt werde, um daraus ein Verb zu machen (was stimmt); es erlaube eine Kürzung – so auch Edith Hallwass – der etwas umständlichen Wendung *zum Inhalt haben* und sei keinesfalls gleichbedeutend mit *enthalten*, sondern umfassender in seinem Verständnis (was ebenfalls stimmt): *Beinhalten* sei vielleicht nicht schön, aber auch nicht häßlicher als andere *be*-Verben: „Doch ist das Wort nun einmal da, und es wird wohl auch nicht mehr verschwinden. Schön oder unschön, man wird sich daran gewöhnen."

Durchweg jedoch wird *beinhalten* unter negativem Vorzeichen behandelt, unter den – und so noch relativ harmlos – „Spreizverben" und „deutschen Mißbildungen", unter „Schludereien und Marotten"; Wolf Schneider nennt es ein „Bürokratenklischee". In den Wörterbüchern, die das Verb verbuchen, gilt es entsprechend als „Kanzleideutsch". In seinem ›Unwörterbuch‹ erscheint es Alfred Gleiss gar wichtig genug, schon in der Einleitung erwähnt zu werden: „Die Mißgeburt 'beinhalten', statt 'enthalten', greift von der Schreibe, wo man immer etwas vom Bein sieht, in die Rede über, in der man immerhin beinhalten ... aussprechen kann." Recht hat er, der Rechtswissenschaftler Gleiss, ohne freilich die Schuldfrage zu stellen. „Von den Juristen, die es aus dem Hauptwort 'Inhalt' angeblich logisch gefolgert haben, ist das hinreißende Wort 'beinhalten' schon in den Sprachschatz des Volkes eingegangen – und vielleicht bin ich der letzte (sagt Theophil Schnurz), der dabei immer an eine bestimmte Hundepose denken muß." In der Tat ist die Herkunft von und Hauptvorkommensweise in der

Schrift das eigentliche Ärgernis an *beinhalten*: Als „Augenwort“ bietet es sich nun einmal in zwei möglichen Lesungen als *be-in-* und *bein-* an, ist also mehrdeutig, was in manchen Formulierungen zu einem Mißverständnis führen kann. Daß dies die Stilkritik in erfindungsreichen Beispielen maßlos übertreibt, gehört zu ihrem Geschäft.

Im Mittelpunkt dieses letzten Kapitels stand die Frage der Wirksamkeit von Sprachkritik. Man sollte meinen, die massive und nahezu einhellige Ablehnung des Wortes *beinhalten,* verbrämt mit abschreckenden stilistischen Exempeln, könne ihre Wirkung auf das lesende Publikum nicht verfehlen. Unterschwellig, versteht sich. Als, wie mir scheint, aufschlußreiches Beispiel dafür ein Zufallsfund, und zwar aus einer studentischen Seminararbeit, deren formale, das heißt ausdrucksmäßige „Schlamperei“ – so wörtlich mit Ausrufezeichen – der Dozent schon auf dem Deckblatt moniert hat. In dieser Arbeit liest man auf der zweiten Seite: „Die kulturell-ideelle Struktur beinhaltet den Komplex gemeinsamer Wertvorstellungen“ usw., und prompt wird „beinhaltet den“ gestrichen und verbessert in „besteht aus dem“. Einige Zeilen später formuliert der Verfasser: „Die soziale Struktur dagegen beinhaltet“ usw. – und an dieser Stelle erscheint *bein* eingekreist mit dem kommentierenden Vermerk: „Beinhaltung ist ein Begriff der Tanzkunst.“ Kaum vorstellbar, daß solch pointierte Kritik ohne Kenntnis der sprachkritischen Diskussionen des Wortes zustande gekommen sein könnte.

Am Ende des Buches angelangt, wäre jetzt eigentlich ein gekonnter, wirkungsvoller, attraktiv formulierter Schlußsatz unverzichtbar. Aber es kommt nicht nur auf die Form an, sondern auch auf die Beinhaltung. Anscheinend das wichtigste Ergebnis ist das scheinbar Einfachste, nämlich eine künftige, beiderseits sinnvolle Zusammenarbeit zwischen Stilkritik und Sprachwissenschaft: zum Besten eines besseren guten Deutschs!

Anmerkungen

Vorweg gilt es, herzlichen Dank zu sagen: für die Manuskripterstellung Frau Barbara Kohler, für Hilfeleistungen verschiedener Art meinen Mitarbeitern PD Dr. Stanislaw Szlek und Dr. Jürg Niederhauser sowie Frau Barbara Huber (Korrekturlesen). Frau Petra Glockner von der Wissenschaftlichen Buchgesellschaft hat mit charmanter Souveränität die Drucklegung besorgt – ein postumes „Vergelt's Gott!" auch Wilhelm Busch, der mit Zeichenstift und Feder dem Äußeren des Buches Konturen verleiht.

Die bibliographischen Angaben im Anmerkungsteil, der sich ausdrücklich auf den Nachweis von Zitaten beschränkt, folgen den Seitenzahlen des Textes. Im Falle der vergleichweise zahlreichen Sprachglossen und Stillehren mit häufiger Nennung wird in Kurzform zitiert: „Name (Jahr), Seiten"; die Aufschlüsselung erfolgt nach dem Literaturverzeichnis I. Das weniger frequente Schrifttum zur Sprach- und Stilkritik ist, einschließlich anderer vereinzelt herangezogener Werke, beim ersten Vorkommen vollständig bibliographiert, worauf sich die späteren Seitenverweise „(wie S. ...)" zurückbeziehen.

S. IX G. Büchmann: Geflügelte Worte, Berlin [31]1964, 558; B. Engelmann (1984), 113; Chr. Morgenstern: Alle Galgenlieder, (Insel-Taschenbuch) Frankfurt a.M. 1973, 263; G. Ueding: Rhetorik der Schreibens, Frankfurt a.M. [2]1986, 87; H.-M. Gauger: Wort und Sprache. Sprachwissenschaftliche Grundfragen, Tübingen 1970, VIII; A. Einstein, Princeton N.J. 1948 (Motto der Albert-Einstein-Gesellschaft).

S. 1 H. J. Heringer (Hrsg.): Holzfeuer im hölzernen Ofen, Tübingen 1982, 3. – H.-M. Gauger: Brauchen wir Sprachkritik?, in: Henning-Kaufmann-Stiftung zur Pflege der Reinheit der deutschen Sprache. Jahrbuch 1984, Marburg 1985, 31–63, das Zitat 42.

S. 2 H. Heine, nach: G. Fieguth (Hrsg.): Deutsche Aphorismen, Stuttgart 1978, Heinrich Heine [6]. – E. Hallwass (1979), 125: *Sprachler.*

S. 3 J. Grimm: Über das Pedantische in der deutschen Sprache (1847), in: W. Neumann/H. Schmidt (Hrsg.): Jacob Grimm. Reden in der Akademie, Berlin 1984, 41–63, das Zitat 42.

S. 4 H. Bausinger, in: Die Zeit Nr. 28 (1992); H. Weinrich, Wege der Sprachkultur, München 1985 ([2]1988), 39; U. Abraham: StilGestalten. Geschichte und Systematik der Rede vom Stil in der Deutschdidaktik, Tübingen 1996, 1.

S. 7 H. Arntzen: Sprachkritik und Sprache in der Wissenschaft, in: F. Handt (Hrsg.): Deutsch – gefrorene Sprache in einem gefrorenen Land?, Berlin 1964, 89–101, das Zitat 92. – H. Weigel (1974), 154; E. Chr. Hirsch

(1976), 115f.: Das gleiche ist scheinbar dasselbe; in vielen weiteren Sprachglossen und auch wissenschaftlich schon traktiert von R. Harweg: „Derselbe“ oder „der gleiche“?, in: Linguistische Berichte 7 (1970), 1–12.

S. 8 A. Schopenhauer: Ueber Schriftstellerei und Stil, in: Parerga und Paralipomena II. Werke in fünf Bänden (hrsg. von L. Lütkehaus) V, Zürich 1988, 445–479 (das Zitat fehlt); Sämtliche Werke (hrsg. von A. Hübscher) VI, Wiesbaden [3]1972, 563; Ueber die, seit einigen Jahren, methodisch betriebene Verhunzung der deutschen Sprache (hrsg. von L. Lütkehaus), Freiburg i.B. 1997, 111.

S. 9 F. Nietzsche: Unzeitgemäße Betrachtungen I, 11 und 12, in: Sämtliche Werke. Kritische Studienausgabe (hrsg. von G. Cotti/M. Montinari) I, München usw. 1980, 222, 227f. – Dazu A. Behrmann: Was ist Stil? Zehn Unterhaltungen über Kunst und Konvention, Stuttgart/Weimar 1992, 87–107: Schopenhauer und Nietzsche über den Lumpen-Jargon. – K. Kraus: Beim Wort genommen. Werke (hrsg. von H. Fischer), München [2]1965, 377, 212, 110, 163; E. Straßner: Deutsche Sprachkultur, Tübingen 1995, 356. – H. Weinrich (wie S. 4), 16; K. Korn, in: Sprachnorm, Sprachpflege, Sprachkritik. Jahrbuch 1966/67 des Instituts für deutsche Sprache, Düsseldorf 1968, 139. – F. Kürnberger: Feuilletons (hrsg. von K. Riha), Frankfurt a.M. 1967; M. Lichnowsky (1964), 12.

S. 10 G. Wustmann: Allerhand Sprachdummheiten. Kleine deutsche Grammatik des Zweifelhaften, des Falschen und des Häßlichen, Leipzig 1891, 17, 30; dazu K. Meyer: Wustmanns ›Sprachdummheiten‹. Untersuchungen zu einem Sprachratgeber des 19. Jahrhunderts, in: Sprachwissenschaft 18 (1993), 223–315, besonders 255ff. – Allgemein D. Fischer: Von Börne bis Kraus: Auseinandersetzungen um die Zeitung und ihre Sprache, in: Publizistik 28 (1983), 525–546; E. Straßner (wie S. 9), 241ff. – K. Tucholsky: Zeitungsdeutsch und Briefstil, in: Gesammelte Werke I–III (hrsg. von M. Gerold-Tucholsky/F. J. Raddatz), Reinbek 1960, hier III, 274–276; anschließend II, 281. Vgl. K. Tucholsky (1989), 30. – L. Reiners (1991), 152; auch schon E. Engel (1922), 494ff. („Zeitungsstil“); vgl. H. Weigel (1974), 8f.; W. Schneider (1982) und (1987), 42ff.

S. 11 H. Rupp, in: Sprachnormen in der Diskussion. Beiträge vorgelegt von Sprachfreunden, Berlin/New York 1986, 115; fast wörtlich übereinstimmend G. Reus, in: J. Mittelstraß (Hrsg.): Wohin geht die Sprache?, Essen 1989, 268; G. Müller: Zeitungsdeutsch – schlechtes Deutsch? Bemerkungen zur Sprache der Presse, in: Muttersprache 101 (1991), 218–242. – J. van Dam, in: Sprachnorm, Sprachpflege, Sprachkritik (wie S. 9), 85; H. Weinrich (wie S. 4), 19–26; G. Pflug, in: Der Sprachdienst 3–4/94 (1994), 77; H. Reimann (1951), 58.

S. 12 H. Eggers: Deutsche Sprache im 20. Jahrhundert, München 1973 ([3]1978), 16; W. Sanders (1996), 72ff. – I. Aichinger: Die größere Hoffnung (1948), nach P. Braun: Tendenzen in der deutschen Gegenwartssprache. Sprachvarietäten, Stuttgart usw. [3]1993, 221; zur Sprachkritik nach 1945 dort: Sprachwissenschaft versus Sprachkritik, 228–238; W. Beutin: Sprachkritik

– Stilkritik, Stuttgart usw. 1976, 34–71; H. J. Heringer (wie S. 1), Einführung 3–34; H. Schwinn: Linguistische Sprachkritik, Heidelberg 1997; bibliographisch W. Dieckmann: Sprachkritik. Studienbibliographie, Heidelberg 1992. – Jetzt als Ullstein-Sachbuch: D. Sternberger/G. Storz/W. E. Süskind: Aus dem Wörterbuch des Unmenschen, Frankfurt a. M./Berlin 1986, mit einem Anhang: Zeugnisse des Streites über die Sprachkritik. – G. Steiner/J. McCormick/H. Habe (1960/61), referiert in dem Sammelband von F. Handt (wie S. 7), 1964. – L. Weisgerber: Verschiebungen in der sprachlichen Einschätzung von Menschen und Sachen, Köln/Opladen 1958; weite Resonanz fand damals auch das sprachkritische Buch von K. Korn: Sprache in der verwalteten Welt, Frankfurt a. M. 1958 ([2]1959, [3]1962).

S. 13 W. Betz, im Anhang von D. Sternberger/G. Storz/W. E. Süskind (wie S. 12), 337; ebenso folgend P. von Polenz: Sprachkritik und Sprachwissenschaft, 289–310 (auch im Sammelband von F. Handt, 102–113, das Zitat jeweils ziemlich am Schluß). – H.-M. Gauger (Hrsg.): Sprach-Störungen. Beiträge zur Sprachkritik, München/Wien 1986. Die hier der Sprachwissenschaft als generelle Auffassung zugeschriebene Meinungswiedergabe stammt von P. von Polenz, in: H. J. Heringer: Der Streit um die Sprachkritik. Dialog mit P. von Polenz im Februar 1981 (wie S. 1), 161–175, das Zitat 161.

S. 14 O. Nüssler: Mündige Leute (1985), 42; Nur die Wörter (1985), 36. – L. Wittgenstein: Tractatus logico-philosophicus (1921), Zitat 4.0031, und: Philosophische Untersuchungen, in: Schriften I, Frankfurt a. M. [4]1980. – Vgl. E. Holenstein: Von der Hintergehbarkeit der Sprache, Frankfurt a. M. 1980, 10–52; A. Graeser: Die sogenannte Linguistische Wende. Zum Verhältnis von Philosophie und Sprache im 20. Jahrhundert, in: U. Dürrmüller/M. Svilar (Hrsg.): Sprache und Wissenschaft, Bern 1984, 33–44. – Vgl. H. Arntzen: Sprachdenken und Sprachkritik um die Jahrhundertwende, in: Zur Sprache kommen, Münster 1983, 94–106; F. Mauthner: Beiträge zu einer Kritik der Sprache I–III (1901/2), Leipzig [3]1923 (Nachdruck Hildesheim 1969); J. Schiewe: Sprache und Öffentlichkeit. C. G. Jochmann und die politische Sprachkritik der Spätaufklärung, Berlin 1989; W. Weiss: Zur Thematisierung der Sprache in der Literatur der Gegenwart, in: Festschrift für H. Eggers (hrsg. von H. Backes), Tübingen 1972, 669–693; G. Saße: Sprache und Kritik. Untersuchungen zur Sprachkritik der Moderne, Göttingen 1977; W. Dieckmann (wie S. 12), 9 ff. und 13ff; H. J. Heringer (wie S. 1), 3.

S. 15 Die begriffliche Unterscheidung in Anlehnung an C.F.P. Stutterheim: Vrije en dienstbare etymologie (Rede voor de Koninklijke Nederlandse Akademie van Wetenschappen), Amsterdam 1960. – 'Textarten' bei H.-M. Gauger: Über Sprache und Stil, München 1995, 125; Th. Stemmler (1994), 15. – Vgl. W. Betz: Sprachkritik, Zürich 1975, 10; P. von Polenz, wie auf S. 13 zitiert; zur Differenzierung Sprachkritik – Stilkritik auch W. Beutin (wie S. 12), 11 ff.

S. 16 H.-M. Gauger (wie S. 1), 62.

S. 17 G. van den Bergh (1972), 5. – Goethe in ›Maximen und Reflexionen‹, als Motto bei K. Kraus (1937), 5; vgl. P. von Polenz: Wie man über Sprache spricht, Mannheim usw. 1980, 8. – H. J. Heringer (wie S. 1), 31; H. Ludwig (1983), 73; K. Korn (wie S. 9), 138.

S. 18 H. Belke: Literarische Gebrauchsformen, Düsseldorf 1973, 111 f.; M. Lichnowsky (1964), 80; R. Camen: Die Glosse in der deutschen Tagespresse, Bochum 1984; E. Rohmer: Die literarische Glosse. Untersuchungen zu Begriffsgeschichte, Funktion und Literarizität einer Textsorte, Erlangen 1988. – Im einzelnen W. Sanders: Sprachglossen. Zur Metamorphose eines alten Fachbegriffs, in: *Verborum amor*. Studien zur Geschichte und Kunst der deutschen Sprache. Festschrift für St. Sonderegger (hrsg. von H. Burger/A. M. Haas/P. von Matt), Berlin/New York 1992, 47–70. – Zu Wustmann und Sprachratgebern A. Greule/E. Ahlvers-Liebel: Germanistische Sprachpflege, Darmstadt 1986, 21, 33; K. Meyer (wie S. 10), 227 ff. und 272 f.

S. 19 K. Kraus (1937), 15 ff., 120 ff., 230 ff., 265 ff.; vgl. F. Deubzer: Methoden der Sprachkritik, München 1980, 55; E. Rohmer (wie S. 18), 197 ff. – M. Lichnowsky (1964), 18 f., 181 f. („Glosse“ 80, 98). – K. Tucholsky: Gesammelte Werke (wie S. 10) I, 315 ff. und II, 400 ff.; auch (1989), 14 ff., 19 ff.

S. 20 Vgl. D. E. Zimmer (1986), 7–42: Neudeutsch. Trends und Triften; R. Ibel (1962), 115 ff., 126 f.: Neudeutsch(es); K. Mampell (1985), 127–170: Aktuelles Neudeutsch; E. Röhl (1986), Untertitel: Neudeutscher Mindestwortschatz, usw. Wo das Wort charakterisierend verwendet wird, hat es meist einen negativen Beiklang; R.W. Leonhardt (1983), 134, 137 steigert zum „Neuesthochdeutschen“. – O. von Greyerz (1938), 7. – O. Jancke (1936, 1938, 1949, 1954, postum 1969), das folgende Zitat aus dem Vorwort (1938), 6; O. Nüssler: Mündige Leute (1985), 9 f.

S. 21 O. Jancke (1936), 6 f., das folgende Beispiel (1938), 119–126; O. Nüssler: Mündige Leute (1985), 24; H. Belke (wie S. 18), 111 f.; R. Camen (wie S. 18), 45, 240: Glosse, was?!

S. 22 Vgl. auch H. Reimanns „Sprachplaudereien“ 1931 in der ›Berliner Illustrierten‹, in: H. Reimann (1951), 144; R. Ibel (1962) und (1965) in der ›Welt am Sonntag‹; P. Stichel (1973) in der Sprachecke der ›Zürichsee-Zeitung‹; H. U. Rentsch (1982) und (1989) in verschiedenen Schweizer Tageszeitungen; O. Nüssler (1983 ff.) im ›Darmstädter Echo‹; P. Boschung (1987) in den ›Freiburger Nachrichten‹, usw. – N. Benckiser (1969), 13; R. Ibel (1962), 10.

S. 23 H. Seiffert: Stil heute, München 1977, 111. In gleicher Art W. E. Süskind (1969), A. Gleiss (1976/1981), U. von Wiese (1984). – J. Stave (1964), 12.

S. 24 H. Weigel (1974), 7; M. Lichnowsky (1964), 9; K. Erbe: Randbemerkungen zu Dr. Wustmanns Allerhand Sprachdummheiten, Stuttgart 1892, 50; B. Engelmann (1984), 45. – Vgl. H.-M. Gauger und W. Oesterreicher/H. Henne/M. Geier/W. Müller: Sprachgefühl?, Heidelberg 1982 (Antworten auf die Preisfrage der Deutschen Akademie für Sprache und Dichtung 1980).

S. 25 N. Benckiser (1960), 6f., (1961), 11 und (1964), 9, 11f.; H.-M. Gauger (wie S. 13), 9; O. Jancke (1936), Titelerläuterung auf dem Einbanddeckel. – Vgl. W. E. Süskind (1969), 11; L. Reiners (1991), 145; R. M. G. Nickisch: Gutes Deutsch?, Göttingen 1975, 69; U. Püschel: Praktische Stilistiken – Ratgeber für gutes Deutsch?, in: E. Neuland/H. Bleckwenn (Hrsg.): Stil – Stilistik – Stilisierung, Frankfurt a. M. usw. 1991, 56–68, das Zitat 59.

S. 26 L. Reiners (1991), 46; H. Seiffert (wie S. 23), 16. – Sprachwissenschaftler: namentlich H.-M. Gauger (wie S. 1), 48ff.; W. Betz (wie S. 15), 11ff.; auch F. Deubzer (wie S. 19), 14ff.; W. Beutin (wie S. 12), 69f.; ferner H. Steger/R. Wimmer, in: Sprachkultur. Jahrbuch 1984 des Instituts für deutsche Sprache, Düsseldorf 1985, 231; zuletzt H.-M. Gauger (wie S. 15), 58ff.

S. 27 Nach H. Weis: Spiel mit Worten. Deutsche Sprachspielereien, München/Düsseldorf [3]1954, 166. – H. Minkowski (Hrsg.): Das größte Insekt ist der Elefant. Professor Galettis sämtliche Kathederblüten, München [3]1966, die Zitate 109f.

S. 28 H. Reimann (1951), 122 und (1964), 353; E. Hallwass (1979), 20 und weitere Beispiele in der Sprachglossen-Literatur; J.G.A. Galetti (wie S. 27), 95.

S. 29 Vgl. B. Sandig: Stilblüten als Mittel der Erforschung „stilistischer Kompetenz“, in: Jahrbuch für Internationale Germanistik 13, H. 1 (1981), 22–39; H. Weber: Die Stilblüte: Fehler oder Witz?, in: Linguistik Parisette. Akten des 22. Linguistischen Kolloquiums Paris 1987, Tübingen 1988, 237–252. – E. Chr. Hirsch (1976), 155f. – H. Weigel (1974), 20; U. von Wiese (1984), 95f.; H. Lobentanzer (1986), 50.

S. 30 E. Jünger, nach H. Sommer (1967), 149f. – W. Finck: Finckenschläge. Gesammeltes aus 25 Lenzen, Berlin-Grunewald 1953, 88. – Zum Nichtmalenkönnen: W. Schneider (1987), 211 nennt als Autor den bekannten Journalisten S. Kracauer; M. M. Rohner: Die treffende Pointe, Thun [2]1975, 166: H. Krailsheimer. – H. Lobentanzer (1986), 77f.; schon W. Kirkam (1961), 113f.: Mindern und steigern; A. Gleiss (1976), 99f.: Vom Null- zum Minuswachstum; W. Schneider (1987), 144ff., das Heine-Zitat 146.

S. 31 H. Lobentanzer (1986), 15ff.; H. Sommer (1973), 63. – G. Chr. Lichtenberg: Aphorismen (hrsg. von M. Rychener), Zürich 1958, 444; *Walfisch* schon bei L. Bloomfield: Language, New York/London 1933, 139; J. G. A. Galetti (wie S. 27), 100; H. Weigel (1974), 17f.; W. Schneider (1982), 114; B. Carstensen (1986), 33, 50; schon O. Jancke (1938), 129ff.: Un-artige Wörter; W. Schneider (1976), 46, übernommen von E. Chr. Hirsch (1982), 71f. – E. Hallwass (1979), 523; O. Jancke (1936), 51f.; ähnlich (1954), 59f.

S. 32 Vgl. C. Knobloch: Sprache als Technik der Rede, Frankfurt a. M. usw. 1988, 45; folgend H. Lobentanzer (1986), 16, übernommen bei W. Schneider (1987), 20; H. Sommer (1994), 168; das Ringelnatz-Zitat nach M. M. Rohner (wie S. 30), 64. – E. Wasserzieher: Leben und Weben der Sprache, Hannover usw. [7]1953, 45; E. Henscheid (1993), 36f.

S. 33 L. Wittgenstein: Philosophische Untersuchungen (wie S. 14), 311 und 341; B. Russell, in Übersetzung nach St. Ullmann: Sprache und Stil, Tübingen 1972, 28 (Anm. 26); M. Kaléko, abgedruckt bei E. Hallwass (1979), 523. – W. Schneider (1976), 317.

S. 34 O. Jancke (1938), 83f.: Vorspiegelung falscher Tatsachen; G. Storz (1984), 113. – W. Heuer (1972), 69f.: ... unter Vorspiegelung falscher Tatsachen.

S. 35 H. Reimann (1964), 338; W. Seibicke (1969), 149. – H. Lobentanzer (1986), 9.

S. 37 K. Tucholsky: Gesammelte Werke (wie S. 10) II, 1022. – W. Schneider (Hrsg.): Meister des Stils über Sprach- und Stillehre, Leipzig/Berlin 1923, 2. – E. Hallwass (1979), 238.

S. 38 Vgl. R.M.G. Nickisch (wie S. 25), 91; H. Weinrich (wie S. 4), 215; W. Schneider (1994), 10.

S. 39 Ausführlicher W. Sanders: Die Faszination schwarzweißer Unkompliziertheit. Zur Tradition deutscher Stillehre im 20. Jahrhundert, in: Wirkendes Wort 38 (1988), 376–394. – Th. Ickler: Arthur Schopenhauer als Meister und Muster in Eduard Engels ›Deutscher Stilkunst‹, in: Muttersprache 98 (1988), 297–313. – Duden. Stilwörterbuch der deutschen Sprache (bearb. von P. Grebe/G. Streitberg u. a.), Mannheim ^{4}1956, 9–25, unverändert ^{5}1963, 7–22; seit der 6. Aufl. 1971 kommentarlos entfallen.

S. 40 K.Ph. Moritz: Werke (hrsg. von H. Günther) III, Frankfurt a. M. 1981, 653; W. Betz, in: F. Handt (wie S. 7), 41. – Das Beispiel nach H. Lobentanzer (1986), 47.

S. 41 R.M.G. Nickisch (wie S. 25), Anhang 187–196: Verzeichnis deutscher Stillehren und verwandter Werke des 20. Jahrhunderts. – Beispielsweise R. Flesch: Besser schreiben, sprechen, denken, Düsseldorf/Wien 1973; das Busch-Zitat nach H. Balzer (Hrsg.): Du weißt Bescheid. Ich weiß Bescheid, Gütersloh o. J., 58.

S. 42 B. Christiansen (1966), „Zum Geleit"; E. Engel (1922), 5; L. Reiners (1991), 99; auch H. Ludwig (1983), 169. – W. Heuer: Richtiges Deutsch. Eine Sprachschule für jedermann, Zürich 1971, 11 (jetzt in 23. Aufl. 1997); vorher als separate Ausgabe: Sprachschule für Schriftsetzer und Korrektoren, Zürich 1960. – H. Weinrich, in: Deutsche Akademie für Sprache und Dichtung (Hrsg.): Schulen für einen guten Sprachgebrauch. Der öffentliche Sprachgebrauch III, Stuttgart 1982, 7–14, das Zitat 13; verändert übernommen in: H. Weinrich (wie S. 4), 27–32.

S. 43 G. Möller: Praktische Stillehre, Leipzig 1968 (bearb. von U. Fix ^{3}1980, ^{5}1985); ferner u. a.: Guter Stil im Alltag, Leipzig 1958 (^{3}1965); Deutsch von heute, Leipzig 1961 (^{3}1965); Warum formuliert man so?, Leipzig 1983 (^{2}1985), sowie: Stil und Pflege der Gebrauchssprache, in: Die Deutsche Sprache. Kleine Enzyklopädie II, Leipzig 1970, 1125–1144. – H. Lobentanzer: Jeder sein eigener Deutschlehrer, München 1979 (^{7}1988); H. Boehnke/J. Humburg (1980), 9. – H. Ludwig (1983), 7.

S. 44 E. Kästner: Gesammelte Schriften für Erwachsene I, München/Zürich

1969, 135; die weiterführende Bemerkung nach R. Gruenter (Hrsg.), in: Oscar Wilde. Werke in zwei Bänden II, München 1970, 606. – E. Engel (1922), 5; L. Reiners (1991), 202; Goethe zu Eckermann (1825), so als Motto bei W. Schneider (1982), 29; wiederholt (1987), 43 und neuerdings (1994), 19, mit dem Zitat. – R. Ibel (1965), Innendeckel; L. Mackensen (1979), 5: An den Leser; H. Lobentanzer (1986), 7.

S. 45 Vgl. W. Sanders (1996), 124 f.; B. U. Biere: Textverstehen und Textverständlichkeit. Studienbibliographie, Heidelberg 1991; namentlich I. Langer/F. Schulz von Thun/R. Tausch: Sich verständlich ausdrücken, München/Basel ³1987; Th. Stemmler (1994), 24. – H. Heckmann: Irgendwie?, in: H.-M. Gauger (wie S. 13), 67–71, hier 69; H. Lobentanzer (1986), 7. – I. Langer/F. Schulz von Thun/R. Tausch (wie oben), 14 ff.; W. Früh: Lesen, Verstehen, Urteilen, Freiburg/München 1980, 18; W. Schneider (1994), 12; R. Thieberger (1988), 103.

S. 46 E. Engel (1922), 409; L. Reiners (1991), Vorwort und 202; W. Schneider (1987), 39, 253 und (1994), 11 f.

S. 47 E. Engel (1922), 409; H. Gipper: Sprachstil und Individualstil, in: W. Kühlwein/A. Raasch (Hrsg.): Stil: Komponenten – Wirkungen. Kongreßberichte der Jahrestagung der Gesellschaft für Angewandte Linguistik Mainz 1981, I, Tübingen 1982, 9–24, das Zitat 10. – R. Thieberger, in: Jahrbuch für Internationale Germanistik 10, H. 2 (1978), 8; W. Schneider (1994), 11. – L. Reiners (1951), 59 f.; W. Schneider (1982), 30, 35 und (1987), 66, 90, 196.

S. 48 K. Kraus (wie S. 9), 152. – Zu *gekonnt*: W. Schneider (1982), 211. – A. Einstein: Über die spezielle und die allgemeine Relativitätstheorie (Gemeinverständlich), Braunschweig 1917 (²³1988, Nachdruck 1992), V; W. Schneider (1994), 14.

S. 49 L. Reiners (1991), 119–124; E. Engel (1922), 145–157; W. Schneider (1982), 37–43 und (1987), 48–60. – W. E. Süskind (1940), 41; L. Reiners (1951), 117 f.; W. Schneider (1994), 31 f.

S. 50 E. Engel (1922), 148; B. von Münchhausen, nach L. Reiners (1944), 157, fehlt in der Neuausgabe. – Zum modernen Adjektiv vgl. J. Erben: Deutsche Grammatik, München ¹¹1972, 166 ff.; G. Möller (1985), 196 ff. – Vgl. R. Bergmann: Verregnete Feriengefahr und Deutsche Sprachwissenschaft, in: Sprachwissenschaft 5 (1980), 234–265; W. Fleischer/G. Michel/G. Starke (1993), 142 f.

S. 51 E. Hallwass (1979), 227; W. Schneider (1987), 49 f.; E. Chr. Hirsch (1979), 51 f.

S. 52 E. Chr. Hirsch (1976), 179 f. – Vgl. I. Langer/F. Schulz von Thun/R. Tausch (wie S. 45), 147; B. Sandig: Stilistik der deutschen Sprache, Berlin/New York 1986, 228 ff. über „Attraktivmacher“. – L. Reiners (1991), 50 f.

S. 53 E. Engel (1922), 75; L. Reiners (1991), 148 und 389 f.; eine Blütenlese variierender Umformulierungen bei W. Sanders (1996), 163.

S. 54 H. Lobentanzer (1986), 69. – Th. Fontane: Werke in drei Bänden (hrsg.

von K. Schreinert) I, München 1986, 664; R. Schickele, in: K. Daniels (Hrsg.): Über die Sprache. Erfahrungen und Erkenntnisse deutscher Dichter und Schriftsteller des 20. Jahrhunderts, Bremen 1966, 110f. – I. Langer/F. Schulz von Thun/R. Tausch (wie S. 45), 119; L. Reiners (1991), 197; W. Schneider (1994), 151ff.

S. 55 R. W. Leonhardt (1983), 127; H. Reimann (1951), 59; K. Kraus (1937), 246. – E. Engel (1922), 52ff.: Sprachschulmeisterei; vgl. im einzelnen W. Sanders (wie S. 39), 377ff.; L. Reiners (1951), 194f.; E. Engel (1922), 357f., 308, 393; L. Reiners (1991), 113. – Th. Stemmler (1994), 15; A. Schopenhauer: Verhunzung (wie S. 8), 115f.

S. 56 Stillschweigender Wegfall des Reinersschen Einleitungsessays im Duden-Stilwörterbuch ([6]1971), kritisiert von W. Schneider (1987), 276; R. M. G. Nickisch: Das gute Deutsch des Ludwig Reiners, in: Gutes Deutsch? (wie S. 25), 32–71, besonders 68ff.; I. Langer/F. Schulz von Thun/R. Tausch (wie S. 45), 134; B. Sandig (wie S. 52), 263ff. – E. Teucher, in: Sprachspiegel 37 (1981), 65; A. Gleiss (1976), 200; W. Schneider (1987), 13ff.; H. Seiffert (wie S. 23), 13. – W. Schneider (1987), 283; „Wort-Dreimaster" bei A. Schopenhauer: Werke (wie S. 8) IV, 165; E. Engel (1922), 140; L. Reiners (1951), 57; W. Schneider (1987), 80 und (1994), 41.

S. 57 E. Engel (1922), 467; L. Reiners (1991), 176; A. Schopenhauer: Verhunzung (wie S. 8), 48.

S. 58 G. Hoster (1990), 79; L. Reiners (1991), 111; H. Henne, in: J. Mittelstraß (wie S. 11), 344. – W. Schneider (1982), 72; K. Kraus (wie S. 9), 118, 212 und (1937), 151; L. Reiners (1944), 113, in der Neubearbeitung gestrichen; A. Gleiss (1976), 26; O. Nüssler (1983), 57; W. Schneider (1987), 54; G. Wustmann ([5]1911), 206: Der grobe Unfugparagraph (Abschnittsüberschrift); auch W. Kirkam (1961), 48.

S. 59 R.W. Leonhardt (1983), 26; D. Sternberger: Die öffentliche Schnödigkeit, in: H.-M. Gauger (wie S. 13), 30–37, das Zitat 31. – Zwischentitel nach H. Reimann (1951), 71. – M. Twain: Die schreckliche deutsche Sprache, in: Mark Twain bummelt durch Europa. Aus den Reiseberichten, München 1967, 236–255, hier 241.

S. 60 H. Reimann (1964), 276f. – W. Schneider: Ehrfurcht vor dem deutschen Wort, Freiburg 1938, 259; wiederholt von L. Reiners (1951), 68; E. Hallwass (1979), 92. – K. Tucholsky (1989), 33.

S. 61 S. von Radecki, in: K. Daniels (wie S. 54), 573. – „Phrasendreschmaschine" als Ausdruck schon bei H. Weis (wie S. 27), 75; K. Tucholsky: Werke (wie S. 10) II, 928f.; K. Birkenhauer: Phrasen-Dreschmaschine '90 für Durchblicker, Straelen 1990. – Vgl. H.-M. Gauger: Sprachbewußtsein in Fontanes ›Stechlin‹, in: Der Autor und sein Stil, Stuttgart 1988, 111–128, das Zitat 120. – O. Nüssler: Modewörter, in: Der Sprachdienst 18 (1974), 129–131; ferner J. Stave (1964), 44–51: Modewörter – Lieblinge oder Stiefkinder der Sprache?, auch (1968), 178–231; H. Bausinger: Sprachmoden und ihre gesellschaftliche Funktion, in: Gesprochene Sprache. Jahrbuch 1972 des Instituts für deutsche Sprache, Düsseldorf 1974, 245–266; P. Braun (wie S. 12), 207–213: Schlagwörter – Modewörter.

S. 62 O. Jancke (1936), 77. – G. Wustmann ([5]1911), 365–392: Modewörter; K. Tucholsky (1989), 13.

S. 63 Th. Fontane: Werke (wie S. 54) I, 837; G. Chr. Lichtenberg (wie S. 31), 140. – M. Lichnowsky (1964), 133; L. Reiners (1991), 169.

S. 64 R. Thieberger (1988), 117. – P. von Polenz, in: Sprachnorm, Sprachpflege, Sprachkritik (wie S. 9), 160. – O. Jancke (1938), 5 und 9f. als Titelglosse, ebenso (1936), 41f. und (1949), 207f.: Das häßlichste Wort; L. Reiners (1951), 40; A. Trabold, in: H. Bickes/A. Trabold (Hrsg.): Förderung der sprachlichen Kultur in der Bundesrepublik Deutschland, Stuttgart 1994, 78.

S. 65 Zu *Frust* N. Benckiser (1969), 46f.; H. Weigel (1974), 59; E. Chr. Hirsch (1976), 24; H. Seiffert (wie S. 23), 116f.; A. Gleiss (1976), 6f.; R.W. Leonhardt (1983), 12, 37f.; G. Storz (1984), 49; K. Mampell (1985), 145–147; B. Carstensen (1986), 37f.; usw. – H.-M. Gauger (wie S. 1), 51; Th. Stemmler (1994), 27f. – W. Schneider (wie S. 60), 281.

S. 66 E. Engel (1922), 441; N. Benckiser (1960), 50: Schönheit kommt von selbst. – Th. Stemmler (1994), 54. – H. Villiger: „Sauber Wasser, sauber Wort". Analyse einer Sprachecke (in der bekannten schweizerischen Wochenschrift ›Nebelspalter‹), in: Muttersprache 86 (1976), 7–19. – H. Ruelius, in: N. Benckiser (1964), 77; auch H. Sommer (1979), 85ff.

S. 67 H.-M. Gauger (wie S. 1), 51.

S. 68 R. Thieberger (1988), 12f. – O. Jancke (1936), 76; L. Reiners (1991), 184f., dort auch die „Schneiderelle"; E. Engel (1922), 8, 85f.; W. Schneider (1987), 189. – K. Daniels (wie S. 54), XIII; L.T. Milic, in: S. Chatman (Ed.): Literary Style: A Symposium, London/New York 1971, 87.

S. 69 Luther-Übersetzung von Mt. 16, 26; R.W. Leonhardt (1983), 99f. – W. Betz (wie S. 15), 16. – K. Tucholsky (1989), 14f.

S. 70 H. Weigel (1974), 154f.; die Verse von B. Engelmann (1984), 23. – O. Jancke (1936), 65f. und (1969), 101f.; K. Hirschbold (1956), 18; E. Wasserzieher: Schlechtes Deutsch, Bonn [9]1961, 50f.; R. Ibel (1962), 98f.; auch B. Christiansen (1966), 33; W. Rost (1974), 178; usw. Die Zitate O. Jancke (1969), 13; J. Stave (1968), 166; E. Hallwass (1986), 18f., ähnlich auch (1979), 221.

S. 71 G. Wustmann ([5]1911), 20f.: Worte oder Wörter?; Duden. Rechtschreibung der deutschen Sprache, Mannheim usw. [21]1996, 836; H. Weigel (1974), 154. – H. Sommer (1967), 7ff.: Ein Wortebuch?; O. Schroeder: Vom papiernen Stil, Berlin 1889, 73–93: Wörter und Worte, das Zitat 75; J. Stave (1968), 210; M. von Ebner-Eschenbach, in: U. Eichelberger: Zitatenlexikon, Leipzig 1981, 725. – H. Reimann (1951), 88.

S. 72 U. von Wiese (1984), 103; R. Ibel (1961), 98f. – E. Chr. Hirsch (1976), 115f.

S. 73 J. G. Schottel: Ausführliche Arbeit Von der Teutschen HaubtSprache, 1663 (hrsg. von W. Hecht), Tübingen 1967, 297; J. Chr. Gottsched: Beobachtungen über den Gebrauch und Misbrauch vieler deutschen Wörter und Redensarten, 1758 (hrsg. von J. M. Slangen), Heerlen 1955, 234.

S. 75 H. Sitta in: Deutsche Gegenwartssprache – Tendenzen und Perspektiven. Jahrbuch 1989 des Instituts für deutsche Sprache, Berlin/New York 1990, 233. – Vgl. P. Sieber (Hrsg.): Sprachfähigkeiten – Besser als ihr Ruf und nötiger denn je! Ergebnisse und Folgerungen aus einem Forschungsprojekt, Aarau usw. 1994, 15–31: Klagen über den Wandel der Sprache; H. Sitta, in: Sprachnormen in der Diskussion (wie S. 11), 146. – Über W. Schneider vgl. H. Steger/R. Wimmer, in: Sprachkultur (wie S. 26), 231; H. Rupp, in: Sprachnormen in der Diskussion (wie oben), 114; auch W. Schneider (1987), 15.

S. 76 D. E. Zimmer (1986), 10; H. Villiger, in: Muttersprache 86 (1976), 11; R. Hoberg, in: Muttersprache 100 (1990), 240; E. Engel (1922), 9.

S. 77 H. Weigel, in: F. Handt (wie S. 7), 38. – Vgl. A. Borst: Der Turmbau von Babel. Geschichte der Meinungen über Ursprung und Vielfalt der Sprachen und Völker I–IV, Stuttgart 1957–63. – A. Schopenhauer: Ueber Sprache und Worte, in: Sämtliche Werke (wie S. 8) VI, 599–614, das Zitat 599; die Grimm-Zitate nach W. Sanders: Jacob Grimm und die Sprachtheorie, in: Theorie der Sprachwissenschaft. Festschrift für R. Engler (hrsg. von R. Liver/I. Werlen/P. Wunderli), Tübingen 1990, 242–259. – Vgl. F. Tschirch: Wachstum oder Verfall der Sprache?, in: P. Braun (Hrsg.): Deutsche Gegenwartssprache, München 1979, 17–48; F. Debus: Zur deutschen Sprache in unserer Zeit – Verfall oder Fortschritt?, in: Die deutsche Sprache der Gegenwart, Göttingen 1984, 9–28; W. Klein (Hrsg.): Sprachverfall?, in: LiLi. Zeitschrift für Literaturwissenschaft und Linguistik 16, H. 62 (1986); St. Kolb: Verfällt die Sprache? Metaphern für die Deutung von sprachlichen Symptomen des kulturellen Wandels, in: Osnabrücker Beiträge zur Sprachtheorie 40 (1989), 177–185; G. Drosdowski: Ist unsere Sprache noch zu retten?, in: Sprache und Literatur in Wissenschaft und Unterricht 23, H. 65 (1990), 2–10; R. Hoberg: Sprachverfall? Wie steht es mit den sprachlichen Fähigkeiten der Deutschen?, in: Muttersprache 100 (1990), 233–243; usw.

S. 78 H. Weigel (1974), 7. – F. Nietzsche: Menschliches, Allzumenschliches II. Der Wanderer und sein Schatten, Aphorismus 95, in: Sämtliche Werke (wie S. 9) II, 595; E. Engel (1922), 11 ff.; L. Reiners (1991), 28 ff.; W. Schneider (1987), 10 ff. – W. Schneider (1976) als Motto und (1982), 13; das sprachtheoretisch nicht weniger dubiose Zitat von C. K. Ogden/I. A. Richards: Die Bedeutung der Bedeutung (engl. 1923), Frankfurt a. M. 1974, 35.

S. 79 W. Porzig: Das Wunder der Sprache, Bern 1950 (^{8}1986), 7 f.; vgl. K. Bühler: Sprachtheorie (1934), Stuttgart ^{3}1978. – E. Engel (1922), 7.

S. 80 H.-M. Gauger (wie S. 1), 40; Th. Stemmler (1994), 23. – J. Grimm: Über das Pedantische in der deutschen Sprache (wie S. 3), 42.

S. 81 L. Spitzer: Stilstudien II, München ^{2}1961, 517; D. E. Zimmer (1986), 42. – H.-M. Gauger (wie S. 1), 59 ff. und: Über Sprache und Stil (wie S. 15), 34 f.

S. 82 R. Ibel (1962), 113. – G. Chr. Lichtenberg (wie S. 31), 339; H. Heißenbüttel, in: H.-M. Gauger (wie S. 13), 63; E. Henscheid: Dummdeutsch, Stuttgart 1993. – Unter gleichem Titel ›Sprachwissenschaft und Sprachkritik‹ bereits früher eine von W. Höllerer geleitete Diskussion; vgl. in: Sprachnorm, Sprachpflege, Sprachkritik (wie S. 9), 185–188. – Die 1975er Beiträge zusammen mit einem Bericht von S. Grosse in: Muttersprache 86 (1976), 2–47; vgl. auch K. Daniels: Sprachwissenschaft und Sprachkritik, in: Deutsche Sprache 3 (1975), 368–371; A. Greule/E. Ahlvers-Liebel (wie S. 18), 66 ff.; H. Steger/R. Wimmer: Kurzbericht über die Podiumsdiskussion ›Sprachglossen in Zeitungen und Zeitschriften‹, in: Sprachkultur (wie S. 26), 230–232.

S. 83 H. Reimann (1951), 158, auch die Abschnittsüberschrift; E. Engel (1922), 17.

S. 84 L. Reiners (1991), 29, 36, 115 (um „wie undeutsch" gekürzt). – W. Schneider (1987), 11 ff. – H. Weigel (1974), 9 ff.; A. Gleiss (1976), 201 f.; R.W. Leonhardt (1983), 45.

S. 85 H. Lobentanzer (1986), 7, 114; W. Schneider (1987), 26 ff. – A. Behrmann (wie S. 9), 108–129, das Zitat 114.

S. 86 U. von Wiese (1984), 48. – W. Schneider (1987), 27; R.W. Leonhardt (1983), 41. – Th. Stemmler (1994), 16; H. Lobentanzer (1986), 110, 147 ff.; W. Schneider (1987), 35, 29; H. Seiffert (wie S. 23), 48 ff.

S. 87 L. Reiners (1991), 33; E. Engel (1922), 13; Th. Stemmler (1994), 16; W. Schneider (1987), 215.

S. 88 E. Engel (1922), 233. – H. Sommer (1986), 119.

S. 89 O. Jancke (1936), 111 f.; H. Weigel (1974), 176. – E. Engel (1922), 136; W. Seibicke (1969), 126 f.; H. Lobentanzer (1986), 114. – W. Schneider (1987), 32, 37 f.: Vom Kauderwelsch, wo es am welschesten ist; auch K. Birkenhauer (1972), 19.

S. 90 W. Früh (wie S. 45), 93; G. Wustmann ([5]1911), 440, wiederholt bei R.W. Leonhardt (1983), 41 f.; H. Weigel (1974), 99. – W. Schneider (1987), 26 ff., die Zitate 31; U. Pörksen, in: Wirkendes Wort 24 (1974), 237.

S. 91 H. Weinrich (wie S. 4), 23. – M. Lichnowsky (1964), 40; F. Senn, in: NZZ-Folio ›Sprache‹ 10 (1994), 7–12, das Zitat 10; R.W. Leonhardt (1983), 50; Th. Stemmler (1994), 143.

S. 92 W. Schneider (1987), 30, 33. – W. Betz, in: F. Handt (wie S. 7), 41; H. Hörmann: Meinen und Verstehen, Frankfurt a. M. 1976, 8. – Th. Fontane: Werke (wie S. 54) II, 673.

S. 93 H. Eggers (wie S. 12), 47; G. Storz (1984), 126 f. – H. Weigel (1974), 7 ff., die Zitate 12, 8; W. Schneider (1987), 27, 33, 132 f. – H. Weinrich (wie S. 4), 39, 51.

S. 94 A. Schopenhauer: Werke (wie S. 8) V, 59. – E. Engel (1922), 450 und in: Deutsche Sprachschöpfer, Leipzig 1919, 17; O. Jancke (1938), 133.

S. 95 W. Sanders (1996), 163; N. Benckiser: Lanze für Fremdwörter, in: N. Benckiser (1960), 70 f.

S. 96 R.W. Leonhardt (1983), 44 ff.; W. Schneider (1987), 101 ff.; K. Tucholsky

(1989), 82. – A. Gleiss (1976), 140; W. Heuer (1976), 80; vor ihm schon W. Kirkam (1961), 97; E. Chr. Hirsch (1979),15, übernommen von W. Schneider (1982), 217; H. Sommer (1994), 87. – Th. Fontane: Werke (wie S. 54) III, 463; U. Förster: Das Fremdwort als Stilträger, in: Der Sprachdienst 28 (1984), 97–107; R. Ibel (1962), 145f. – Vgl. G. Fieguth (wie S. 2), Goethe Nr. [107].

S. 97 L. Reiners (1991), 376f.; W. Schneider (1982), 61 und (1987), 84; R.W. Leonhardt (1983), 41; H. Reimann (1951), 85; A. Gleiss (1976), 169. – Vgl. P. Stichel (1973), 16. – Th. Stemmler (1994), 148.

S. 98 St. J. Lec: Das große Buch der unfrisierten Gedanken (hrsg. von K. Dedecius), München 1971, 69; D. E. Zimmer (1986), 23. – Th. W. Adorno: Wörter aus der Fremde, in: P. Braun (Hrsg.): Fremdwort-Diskussion, München 1979, 198–211, das Zitat 199. – H. Lobentanzer (1986), 43; W. Raveling: Die Geschichte der Ostfriesenwitze, Leer 1993.

S. 99 W. Schneider (1987), 118; G. Drosdowski, in: H.-M. Gauger (wie S. 13), 88.

S. 100 U. von Wiese (1984), 53; E. Engel (1922), 166. – G. Wustmann ([5]1911), 438ff., 1891 noch keine Anglizismen; E. Engel (wie S. 94), 50; vgl. E. Straßner (wie S. 9), 388f.; L. Reiners (1944), 542, 1991 entschärft zu „Flut".

S. 101 J. Grimm (wie S. 3), 42; K. Kraus (wie S. 9), 366; F. Kluge, nach E. Engel (1922), 239; J. und W. Grimm: Deutsches Wörterbuch I, Leipzig 1854, XXVI.

S. 102 O. Jancke (1936), 126; K. Tucholsky (1989), 113ff. – U. von Wiese (1984), 5, 52f.; W. Raith (1988), 113.

S. 103 Vgl. H.-M. Gauger (wie S. 1), 37ff., 49ff.; auch H. Weinrich (wie S. 4), 214ff.

S. 104 B. Carstensen (1986), 132, nach Th. von Randow; R.W. Leonhardt (1983), 69f.

S. 105 O. Jancke (1936), 111f.; U. von Wiese (1984), 89: Technologie; B. Carstensen (1986), 69f.: Technik und Technologie; H. von Hentig, in: H.-M. Gauger (wie S. 13), 51; W. Schneider (1987), 51, 64, 78, 106 und (1982), 219; W. Heuer (1972), 91–93. – R.W. Leonhardt (1983), 70; W. Schneider (1994), 64. – H. Weigel (1974), 138; vgl. P. Stichel (1973), 96f.: Technologie.

S. 106 B. Carstensen (1986), 82; E. Chr. Hirsch (1979), 181f.; W. Schneider (1987), 111.

S. 107 A. Gleiss (1976), 219; W. Schneider (1976), 87. – F. Sieburg: Die Denkung, in: N. Benckiser (1960), 60f. und H. Ruelius, dort (1964), 171; W. Heuer (1972), 107f.: Die Milch der frommen Denkungsart; ebenso H. U. Rentsch (1989), 58f.; usw.

S. 108 O. Nüssler: Mündige Leute (1985), 9f.

S. 109 H. Rupp: Über die Notwendigkeit von und das Unbehagen an Stilbüchern, in: Sprachnormen in der Diskussion (wie S. 11), 102–115, das Zitat 104. – J. Chr. Adelung: Ueber den Deutschen Styl II, Berlin 1785,

419. – Der „Baum der sprachlichen Erkenntnis“: O. Nüssler (1983), 33. – H. Reimann (1964), 360ff. und (1951), 123ff., das Thomas-Mann-Zitat als Motto, 5; K. Mampell (1985), 7ff., 10ff., 15ff.; auch sonst häufig.

S. 110 L. Reiners (1991), 226; R. Flesch (wie S. 41), 15.– A. Trabold: Sprachpolitik, Sprachkritik und Öffentlichkeit, Wiesbaden 1993, 155: Anmerkung zu W. Schneider (1976), 50.

S. 111 H. Weigel (1974), 38. – M. Lichnowsky (1964), 71; vgl. A. Behrmann (wie S. 9), 88ff.; H. Kolb: *gehen* und *stehen*. Eine Studie zur Geschichte des Neuhochdeutschen, in: Festschrift für H. Eggers (wie S. 14), 126–141. – M. Lichnowsky (1964), 33. – W. Schneider (1987), 44.

S. 112 R.W. Leonhardt (1983), 114; K. Tucholsky: Gesammelte Werke (wie S. 10) II, 1144. – L. Reiners (1991), 196ff.: Die lebendige Rede; W. Schneider (1994), 151ff.: Die richtigen Reize; A. Schopenhauer, nach E. Engel (1922), 374.

S. 113 Ph. Vandenberg: Das Geheimnis der Orakel. Archäologen entschlüsseln das Mysterium antiker Voraussagen, München 1979. – L. Reiners (1991), 521, dann 506; Th. Stemmler (1994), 227f.

S. 114 U. von Wiese (1984), 114: M. Lichnowsky, B. Christiansen und H. Weigel; W. Schneider (1987), 398f., auch (1994), 224; H. Weigel (1974), 159.

S. 115 W. Schneider (1987), 12f.; A. Gleiss (1976), 91.

S. 116 W. E. Süskind (1940), Vorwort 8, 11; über „gehüpft wie gesprungen“ O. Jancke (1969), 5f.

S. 117 F. Senn: Wir sind die Sprache, in: NZZ-Folio ›Sprache‹ (wie S. 91), 8.

S. 118 Der Große Duden, Bd. 2: Stilwörterbuch (bearb. von G. Drosdowski u. a.), Mannheim usw. ^{7}1988, vgl. 10f. – H. J. Heringer: Grammatik und Stil. Praktische Grammatik des Deutschen, Frankfurt a. M. 1989, 9; Th. Stemmler (1994), 22, 28.

S. 119 E. Roth: Ein Mensch, München 1952, 61: Erfolgloser Liebhaber; J. Ringelnatz, nach W. Schneider (1987), 14 als Motto. – W. Sanders (wie S. 39), 391.

S. 120 Vgl. A. Kleinfeld, in: Sprachkultur – warum, wozu?, Leipzig 1977, 139. – R.W. Leonhardt (1983), 83ff., das zweite Zitat 1988 als Überschrift in der ›Zeit‹ (nach H. Glück/W.W. Sauer: Gegenwartsdeutsch, Stuttgart 1990, 151); in heftiger Polemik W. Schneider (1982), 9ff.: Der Duden hat kapituliert, und (1987), 274ff.: Die große Hure Duden; „duldsamer“ K. Hirschbold (1986), 22ff.: Der duldsame Duden; usw.

S. 121 R. Musil, nach: H. Weigel (1974), 36. – L. Reiners (1991), 37f. – O. Behaghel: Sprachgebrauch und Sprachrichtigkeit, in: Wissenschaftliche Beihefte zur Zeitschrift des Allgemeinen Deutschen Sprachvereins 6 (1894), 16–30; vgl. P. von Polenz, in: F. Handt (wie S. 7), 111f. – H. Heckmann, in: H.-M. Gauger (wie S. 13), 69.

S. 122 Vgl. W. Sanders: Stil und Stilistik. Studienbibliographie, Heidelberg 1995. – P. Cassirer: Linguistik, Stilistik und Pragmatik, in: LiLi. Zeitschrift für Literaturwissenschaft und Linguistik 7, H. 27/28 (1977), 202–207, das Zitat gegen Schluß. – *Ich würde meinen*: F. Deubzer (wie S. 19), 15.

S. 123 R.W. Leonhardt (1983), 35; H. Weinrich (wie S. 4), 19f.

S. 124 H.-M. Gauger (wie S. 1), 48ff.; auch in: W. Erzgräber/H.-M. Gauger (Hrsg.): Stilfragen, Tübingen 1992, 9f.; W. Betz (wie S. 15), 111ff.; vgl. S. 26. – H.-M. Gauger (wie S. 1), 61. – J.L. Austin, in: G. Meggle (Hrsg.): Analytische Handlungstheorie I, Frankfurt a. M. 1977, 20. – Zu *unverzichtbar*: W. Heuer (1972), 165f.; M. Lichnowsky (1964), 18f.; A. Gleiss (1976), 137; R.W. Leonhardt (1983), 32f.; U. von Wiese (1984), 96; B. Carstensen (1986), 108ff.; usw.

S. 125 Das Milch-Beispiel nach D.E. Zimmer (1986), 15. – G.Chr. Lichtenberg, nach H. Sommer (1967), 113; W. Jens: Ungehaltene Worte über eine gehaltene Rede. Wie Philipp Jenninger hätte reden müssen, in: Die Zeit Nr. 47 (1988), 3.

S. 126 E. Hallwass (1979), 591f. – F. Kürnberger (wie S. 9), 143f.

S. 127 W. Beutin (wie S. 12), 64ff. – E. Wasserzieher (wie S. 32), 46.

S. 128 W. Betz (wie S. 15), 7–42: Maßstäbe der Sprachkritik. Informationsmenge und Funktionabilität, die Zitate 17, 19, 57f.; auch P. Braun (wie S. 12), 98f.; F. Deubzer (wie S. 19), 35.

S. 130 Zu den Beispielen O. Jancke (1938), 13f., 51f.; R.W. Leonhardt (1983), 90, 113, 116; H. Ludwig (1983), 110f.; B. Engelmann (1984), 104f., 124; B. Carstensen (1986), 55f.; H. Ruelius, in: N. Benckiser (1960), 83; schon G. Wustmann ([5]1911), 426ff.; E.Chr. Hirsch (1976), 75; usw. – H.-M. Gauger (wie S. 13) auf dem vorderen Einbanddeckel, entsprechend Gaugers Vorbemerkung 9.

S. 131 W.E. Süskind (1969), 62f.; L. Börne, in: W. Hönes (Hrsg.): Lob der Kritik. Aphorismen für Journalisten und Kritiker, Wiesbaden 1989, 50; M. Lichnowsky (1964), 114 Fußnote. – H. von Hentig: Zwölf Sprach-Ärgernisse in der Gegenwart, in: H.-M. Gauger (wie S. 13), 49–54, hier der Anfang.

S. 132 W. Schneider (1987), 83; E.Chr. Hirsch (1979), 39; W. Sanders (1996), 146f., 159f.; auch H. Seiffert (wie S. 23), 115.

S. 133 Th. Fontane: Werke (wie S. 54) II, 35. – A. Gleiss (1976), 104f. – E. Chr. Hirsch (1976), 99f. – B. Carstensen (1983), 37f.

S. 134 B. Engelmann (1984), 27ff. – H. Ruelius, in: N. Benckiser (1960), 86; K. Hirschbold (1956), 211; der verbesserte Goethe nach A. Gleiss (1976), 24f.

S. 135 E.Chr. Hirsch (1976), 101f. – O. Jancke (1938), 47f.; W. Kirkam (1961), 181ff.; M. Lichnowsky (1964), 176f.; J. Stave (1968), 145f.; H. Weigel (1974), 159, 256; E. Hallwass (1979), 170f., 221; E.Chr. Hirsch (1982), 73f.; D.E. Zimmer (1986), 109; W. Schneider (1987), 217; usw. – W. Busch, in: H. Balzer (wie S. 41), 77; H. Hofmannsthal, in: K. Daniels (wie S. 54), 116; vgl. H. Günther: Falsche Plurale?, in: Sprachreport 4/88 (1988), 12f.

S. 136 R. Römer: Die Sprache der Anzeigenwerbung, Düsseldorf [6]1980, 99; R. Ibel (1965), 73. – Vgl. G. Antos: Laien-Linguistik. Studien zu Sprach- und Kommunikationsproblemen im Alltag, Tübingen 1996, 147.

S. 137 L. Reiners (1991), 307 und (1951), 116; die „Umformulierung“ des ›Hamlet‹-Zitats, selbstverständlich anonym, nach O. Jancke (1936), 19f.; R.W. Leonhardt (1983), 2ff.: Ohne Grundsätze; E.Chr. Hirsch (1976), 149f. – H.-M. Gauger (wie S. 1), 52.

S. 139 O. Jancke (1938), 15f. und (1969), 99f.; H. Weigel (1974), 126; E. Chr. Hirsch (1976), 115f.; F. Sieburg, nach E. Straßner (wie S. 9), 341; H. Steger, in: F. Handt (wie S. 7), 65.

S. 140 H. Reimann (1951), 56f. und (1964), 260f. – B. Engelmann (1984), Vorwort 7; H. Reimann (1951), 175; U. von Wiese (1984), 14; R.W. Leonhardt (1983), 147; E. Hallwass (1979), 26.

S. 141 M. Lichnowsky (1964), 181; ähnlich H.U. Rentsch (1982), 68–70: Eine scheinbar sehr glückliche Ehe; W. Schneider (1987), 280. – H. Seiffert (wie S. 23), 67–69; W. Betz (wie S. 15), 24f.

S. 142 B. Engelmann (1984), 50.

S. 143 D. E. Zimmer (1986), 9. – Titel der akademischen Antrittsrede Schillers 1789 als Professor der Geschichte und Philosophie in Jena (statt „Stilkritik“ dort als Thema *Universalgeschichte*). – E. Röhl (1987), 126.

S. 144 Ausnahmsweise R. Thieberger: *Stilkunde* (1988); H.U. Rentsch: *Sprachglossen* (1982, 1989); P. Boschung (1987) nicht einschlägig, da mehr Mundartkunde.

S. 145 M. Twain (wie S. 59), 253.

S. 146 Der ›Spiegel‹, nach G. Wolff: Deutsche Sprachgeschichte, Frankfurt a.M. 1986, 267. – H. Ludwig (1983), 7.

S. 147 Horaz: O. Jancke (1938), Schlußseite; das Wortspiel nach B. Sandig (wie S. 52), 106. – Goethe in ›Maximen und Reflexionen‹; F. Nietzsche: Zur Lehre vom Stil, in: H.-M. Gauger (wie S. 15), 232f.; R. Ibel (1962), 9; R. W. Leonhardt (1983), 172.

S. 148 E. Chr. Hirsch (1982), 4f. und (1979), 123f. Vgl. U. Gaumann: „Weil die machen jetzt bald zu“. Angabe- und Junktivsatz in der deutschen Gegenwartssprache, Göppingen 1983; R. Keller: Das epistemische *weil*. Bedeutungswandel einer Konjunktion, in: Sprachgeschichte und Sprachkritik. Festschrift für P. von Polenz (hrsg. von H. J. Heringer/G. Stötzel), Berlin/New York 1993, 219–247. – W. Kirkam (1961), 101f.; vgl. G. Objartel: Das flektierte prädikative Adjektiv in Gegenwartssprache und Geschichte, in: Muttersprache 100 (1990), 152–166. – K. Tucholsky (1989), 18; R. W. Leonhardt (1983), 11–14. – R. W. Leonhardt (1983), 95; H. Seiffert (wie S. 23), 16.

S. 149 H. Weinrich (wie S. 4), 16. – Nach einem Vortrag J. Staves referiert von S. Grosse, in: Muttersprache 86 (1976), 3; W. Schadewaldt, in: Sprache und Politik. Festgabe für D. Sternberger, Heidelberg 1986, 68–77.

S. 150 H. Belke (wie S. 18), 111. – E. Engel (1922), 93ff., 337 (auch 60); L. Reiners (1991), 53, 111 und (1951), 21ff.

S. 151 W. Schneider (1987), 15, 180, 215. – R. Ibel (1962), 126; M. Lichnowsky (1964), 12, 34f., 178; W. Heuer (1972), 48; S. von Radecki, in: K. Daniels (wie S. 54), 31; D. Sternberger, in: H.-M. Gauger (wie S. 13), 31; W. Kirkam (1961), 48, 181; usw. – H. J. Heringer (wie S. 1), 126.

S. 152 N. Benckiser (1964), Vorwort; H. von Hentig, in: H.-M. Gauger (wie S. 13), 53; W. Kirkam (1961), 7, 48. – O. Jancke (1938), 73; auch K. Hirschbold (1986) und (1988). – O. Jancke (1938), 63 und (1936), Einbandtext vorne; Th. Stemmler (1994), 59.

S. 153 O. Jancke (1938), Vorwort 6; R. Ibel (1965), 9 f.; W. Kirkam (1961), 5, 115; O. Nüssler: Mündige Leute (1985), 45 f.; auch H. Ludwig (1983), 8. – W. Kirkam (1961) und H. Reimann (1951), jeweils Untertitel; J. Stave (1964), 12.

S. 154 Th. Stemmler (1994), 70; W. Schneider (1982), 61, mit der üblichen Tradition: E. Engel (1922), 182; L. Reiners (1991), 376; R.W. Leonhardt (1983), 25, in der Taschenbuchausgabe (1986) als Kernzitat auf dem hinteren Einbanddeckel; abschließend W.E. Süskind (1969), 178: die Anfangszeile, aber nur diese, reiner Schiller. – H. Sommer (1967), 5.

S. 155 D. E. Zimmer (1986), 111; H. Weinrich (wie S. 4), 16 f. – H. Glück/W. W. Sauer (wie S. 120), 150 ff.

S. 156 Vgl. D. E. Zimmer (1986), 111–126: Das wird Ärger machen.

S. 157 E. Chr. Hirsch (1979), 69 f.: Diesbezüglich entsprechend. – W. Schneider (1982), 72. – O. Nüssler (1983), 33 f.: Lesefrüchte.

S. 159 E. Engel (1922), „47. bis 57. Tausend" in der 30. Auflage, der bekanntlich noch eine 31. folgte; vgl. Th. Ickler, in: Muttersprache 98 (1988), 299. – W. E. Süskind (1969), 9.

S. 160 N. Benckiser (1960) und (1961), beide in 2. Auflage, erschienen im Societäts-Verlag, Frankfurt a. M.; W. Heuer (1972), 1975 in 3. Auflage, und (1976). – U. Pörksen, in: H.-M. Gauger (wie S. 13), 95 f.

S. 161 S. Grosse, in: Muttersprache 86 (1976), 3.

S. 162 G. Antos (wie S. 136), 200 ff.; H. Günther, in: Sprachreport 4/88 (1988), 13.

S. 163 H.-M. Gauger (wie S. 1), 61; A. Greule/E. Ahlvers-Liebel (wie S. 18), 82.

S. 164 H. Seiffert (wie S. 23), 14. – G. Antos: Warum gibt es normative Stilistiken?, in: Stilfragen. Jahrbuch 1994 des Instituts für deutsche Sprache, Berlin/New York 1995, 355–377, das Zitat 360. – Vgl. G. Stickel: Was halten Sie vom heutigen Deutsch? – Ergebnisse einer Zeitungsumfrage, in: Sprachtheorie – Der Sprachbegriff in Wissenschaft und Alltag. Jahrbuch 1986 des Instituts für deutsche Sprache, Düsseldorf 1987, 280–317, das Zitat 313. – D. Sternberger, in: D. Sternberger/G. Storz/W. E. Süskind (wie S. 12), 287.

S. 165 Th. Fontane: Werke (wie S. 54) II, 474; A. Schopenhauer: Werke (wie S. 8) V, 492; H. Weinrich (wie S. 4), 28 f.

S. 166 H. Arntzen, in: F. Handt (wie S. 7), 92. – D. E. Zimmer (1986), 10 f. – R.W. Leonhardt (1983), 157; vgl. U. Förster, in: Muttersprache 92/93 (1982–83), 325 ff.; W. Seibicke: Wortgeschichte und Sprachkritik. Ein Beitrag zur Diskussion über Euphemismen, in: Sprachgeschichte und Sprachkritik (wie S. 148), 311–324. – D. E. Zimmer (1986), 34–50: Wörter empor.

S. 167 Vgl. W. Betz (wie S. 15), 68–75 und 76–84; R. Wimmer, in: H. J. Heringer (wie S. 1), 304 ff.; P. von Polenz: Verdünnte Sprachkultur. Das Jenninger-

Syndrom in sprachkritischer Sicht, in: Deutsche Sprache 17 (1989), 289–316; zum gleichen Thema auch L. Hoffmann/J. Schwitalla: Äußerungskritik oder: Warum Philipp Jenninger zurücktreten mußte, in: Sprachreport 1/89 (1989), 5–9; H.-J. Bucher: Von der Last des reflektierten Sprachgebrauchs oder die Sprache des unbeholfenen Antifaschismus, und H.J. Heringer: Jenninger und die kommunikative Moral, in: Sprache und Literatur in Wissenschaft und Unterricht 21, H. 65 (1990), 27–39, 40–48; B.-N. Krebs: Sprachhandlung und Sprachwirkung. Untersuchungen zur Rhetorik, Sprachkritik und zum Fall Jenninger, Berlin usw. 1993, 105–137. – R. Wimmer, in: Sprache und Literatur 14, H. 51 (1983), 3, 6. – H. J. Heringer (wie S. 1), Vorwort V, ferner 3–34; dazu W. Holly: Können wir alle weise Sprachkritiker werden?, in: Sprache und Literatur 14, H. 51 (1983), 100–107.

S. 168 G. Strauss/U. Hass/G. Harras: Brisante Wörter von Agitation bis Zeitgeist. Ein Lexikon zum öffentlichen Sprachgebrauch, Berlin/New York 1989; J. Klein (Hrsg.): Politische Semantik. Bedeutungsanalytische und sprachkritische Beiträge zur politischen Sprachverwendung, Opladen 1989; mehrere Artikel in: Sprachreport 1/89 (1989): Sprachwissenschaft und Sprachkritik; Th. Ickler: Zur Semantik des politischen Schlagwortes (und anderer Wörter), in: Sprache und Literatur 21, H. 65 (1990), 11–26; H.J. Heringer: „Ich gebe Ihnen mein Ehrenwort". Politik, Sprache, Moral, München 1990 (abermals mit einem Jenninger-Kapitel). – H.-M. Gauger (wie S. 1), 52f.; H. J. Heringer: Über die Mannigfaltigkeit der Lügenbeine, Mannheim usw. 1990. – H. Habe: Leben für den Journalismus III, München/Zürich 1976, 64–67; auch bei G. Augst (Hrsg.): Deutsche Rechtschreibung mangelhaft?, Heidelberg 1974, 133f.

S. 169 Vgl. J. Klein: Wie sag ichs meinem Volke (nicht)?, in: Sprachreport 1/89 (1989), 14–21; C. P. Müller-Thurau (1984), 39; W. Betz: Auf's Maul geschaut. Deutsch – wie es wurde und wirkt, Zürich 1975, 33. – W. Dieckmann: Sprachwissenschaft und öffentliche Sprachdiskussion. Wurzeln ihres problematischen Verhältnisses, in: Das 19. Jahrhundert. Sprachgeschichtliche Wurzeln des heutigen Deutsch. Jahrbuch 1990 des Instituts für deutsche Sprache, Berlin/New York 1991, 355–373 (das letzte Zitat aus dem Handout zum Vortrag).

S. 170 C. P. Müller-Thurau (1984), 167. – K. Meyer (wie S. 10), 223, 306; R.W. Leonhardt (1983), 127, 131; auch E. Engel: Gutes Deutsch, Leipzig 1922, 329, auch (1922), 54f. unter „Sprachschulmeisterei".

S. 171 Th. Matthias: Sprachleben und Sprachschäden, Leipzig 1892, Vorwort V; K. Erbe (wie S. 24) 1892, 3; Dr. X: Allerhand Sprachverstand, Bonn 1892, auf dem Umschlag: „Kritische Keile auf Wustmannsche Klötze"; O. Gildemeister: Allerhand Nörgeleien. Essays, Berlin o.J., 158ff. – O. Jancke (1936), 135; die Beispiele G. Wustmann (^{5}1911), 408, 373, 376; W. Betz (wie S. 15), 7f.; vgl. H. Henne: Punktuelle und politische Sprachlenkung. Zu 13 Auflagen von Gustav Wustmanns Sprachdummheiten, in: Zeitschrift für deutsche Sprache 21 (1966), 75–84.

S. 172 Zu *Akzeptanz* H. Weigel (1974), 103; D. E. Zimmer (1986), 31. – G. Wustmann ([3]1903), VIII ff.; K. Tucholsky, in: K.-P. Schulz: Tucholsky, Hamburg 1959, 95; Interview mit W. Schneider, in: Süddeutsche Zeitung, Magazin 28 (1995), 38. – N. Benckiser (1964), 11 f.

S. 173 A. Gleiss (1976), 220. – H. Sommer: Mit Effizienz konfrontiert, in: Sprachspiegel 38 (1982), 172 f. – W. Heuer (1976), 7 f.

S. 174 R. Römer: Pragmatische Dimension und sprachliche Wirkungen, in: Linguistische Berichte 18 (1972), 19–32, das Zitat 25; auch W. Sanders: Stil und Spracheffizienz, in: Rhetorik 7 (1988), 63–77. – N. Benckiser (1969), 142 und K. Korn, dort 135. – G. Wustmann ([5]1911), 304 ff.: Die sogenannte Inversion nach *und*; E. Engel (1922), 68 f.; L. Reiners (1991), 145; O. Jancke (1936), 9 f. und (1949), 159 f.; M. Lichnowsky (1964), 52 ff.; H. Reimann (1951), 139 und (1964), 282 f.; ähnlich H. U. Rentsch (1982), 55 f.; usw.

S. 175 A. Gleiss (1976), 27 f.; D. E. Zimmer (1986), 36; R.W. Leonhardt (1983), 28.

S. 176 L. Reiners (1991), 148; O. Jancke (1936), 37 f., (1938), 15 f., (1949), 62 f. und (1954), 35 f.; R. Ibel (1962), 123 f.; E. Teucher, in: Sprachspiegel 39 (1983), 115; W. Kirkam (1961), 204.

S. 177 N. Benckiser (1969), 142–146 und (1961), 66 f.; W. Heuer (1972), 108 f. – K. Mampell (1985), 101–103; vgl. E. Hallwass (1979), 95; H. Ludwig (1983), 104. – L. Mackensen (1979), 29; Sprachspiegel 40 (1984), 72; W. Schneider (1982), 208, auch (1987), 67, 69; A. Gleiss (1976), 8, 203; Th. Schnurz (1973), 18.

S. 178 Zürcher Seminararbeit der Rechts- und Staatswissenschaftlichen Fakultät (Wintersemester 1988/89); das letzte Beispiel verdanke ich meinem damaligen Studenten V. Rast.

Zweimal Literatur

I. Sprachglossen und Stillehren

Benckiser, Nikolas (Hrsg.): Im Gespräch mit der Sprache. Glossen der FAZ über gutes und schlechtes Deutsch, Frankfurt a. M. 1960, ^{2}1962.

Benckiser, Nikolas (Hrsg.): Kritik aus dem Glashaus. Neue Glossen ..., Frankfurt a. M. 1961, ^{2}1962.

Benckiser, Nikolas (Hrsg.): Sprache, Spiegel der Zeit. Dritte Folge der Glossen ..., Frankfurt a. M. 1964.

Benckiser, Nikolas (Hrsg.): Modenschau der Sprache. Glossen und Aufsätze ..., Frankfurt a. M. 1969.

Bergh, Gerhard van den: Jenseits von Gut und Besser. Glossen zum heutigen Deutsch, Menziken 1972.

Birkenhauer, Klaus: Schreib Training. Klar und wirksam formulieren, Stuttgart 1972; (rororo-Sachbuch) Reinbek 1974.

Boehnke, Heiner/Humburg, Jürgen: Schreiben kann jeder. Handbuch zur Schreibpraxis für Vorschule, Schule, Universität, Beruf und Freizeit, (rororo-Sachbuch) Reinbek 1980.

Böttcher, Joachim: Gutes Deutsch kann jeder lernen. Leitfaden für Briefstil und gutes Deutsch (Aus Beiträgen Joachim Böttchers zusammengestellt von Alice Ohrenschall), Bad Wörishofen 1981, ^{2}1982, ^{3}1989.

Boschung, Peter: Sprachglossen, Freiburg i.Ü. 1986.

Bünting, Karl-Dieter: Auf gut deutsch. Was ist richtiges Deutsch? Grammatik. Was ist guter Stil? Perfekt in der Rechtschreibung. Richtiges Deutsch für Büro, Alltag, Beruf und Schule, Köln 1985.

Carstensen, Broder: Beim Wort genommen. Bemerkenswertes in der deutschen Gegenwartssprache, Tübingen 1986.

Christiansen, Broder: Die Kunst des Schreibens, München 1918, ab 1939 Leipzig (Reclam), ^{12}1942; Die kleine Prosaschule, München 1933, Bern ^{4}1944, ab 1952 Stuttgart (Reclam); Eine Prosaschule, Stuttgart 1949, Neubearbeitung 1956, zuletzt 1966.

Ehehalt, Ernst/Krempin, Axel M.: Deutsch auf fröhliche Art, Bad Homburg ^{65}1988 („vor vielen Jahren in der ersten Auflage“).

Engel, Eduard: Deutsche Stilkunst, Wien/Leipzig 1911, ^{31}1932, zitiert ^{30}1922.

Engelmann, Bernt: So deutsch wie möglich – möglichst deutsch. Hintergründliches in unserer Sprache, München 1969, (Neuauflage) 1984.

Gleiss, Alfred: Besseres Deutsch mit lebendigen Beispielen. Sprache auf dem rechten Gleis, Stuttgart 1976; Neuauflage als: Unwörterbuch. Sprachsünden und wie man sie vermeidet, (Fischer-Taschenbuch) Frankfurt a. M. 1981.

Greyerz, Otto von: Sprachpillen, Bern 1938.
Greyerz, Otto von: Sprachpillen. Neue Folge, (postum) Bern 1940.
Hallwass, Edith: Gutes Deutsch in allen Lebenslagen, Düsseldorf/Wien 1967; Neuauflage als: Mehr Erfolg mit gutem Deutsch, Düsseldorf/Wien 1976; zitiert Stuttgart/Wien/Zürich [3]1979, [4]1991 (auch München 1991).
Hallwass, Edith: Deutsch müßte man können. Ein Sprachquiz für jedermann, Zürich 1986; Bad Wörishofen 1986, [3]1989; auch mit dem Untertitel: Ein vergnüglicher Sprachkurs mit 444 Fragen und Anworten, Düsseldorf 1991; So testen Sie Ihr Sprachgefühl. Ein kurzweiliger Deutschkurs..., München 1992.
Hartwig, Heinz: Besseres Deutsch, größere Chancen, München 1984.
Henscheid, Eckhard: Dummdeutsch. Ein Wörterbuch. Unter Mitwirkung von Carl Lierow /Elsemarie Maletzke, (Neuausgabe) Stuttgart 1993.
Henscheid, Eckhard/Lierow, Carl/Maletzke, Elsemarie/Poth, Chlodwig: Dummdeutsch. Ein satirisch-polemisches Wörterbuch, Frankfurt a.M. 1985.
Heuer, Walter: Richtiges Deutsch. Eine Sprachschule für jedermann (gleichzeitig auch als: Sprachschule für Schriftsetzer und Korrektoren), Zürich 1960; (bearb. von Max Flückiger/Peter Gallmann) [23]1997.
Heuer, Walter: Deutsch unter der Lupe. Kritisch-vergnügliche Glossen zu unserer Gegenwartssprache, Zürich 1972, [3]1975.
Heuer, Walter: Darf man so sagen? Zweite Folge der kritisch-vergnüglichen Glossen zu unserer Gegenwartssprache, Zürich 1976.
Hirsch, Eike Christian: Deutsch für Besserwisser, Hamburg 1976, [5]1984; (dtv-Taschenbuch) München 1988, [5]1994.
Hirsch, Eike Christian: Mehr Deutsch für Besserwisser, Hamburg 1979; (dtv-Taschenbuch) München 1988, [5]1995.
Hirsch, Eike Christian: Den Leuten aufs Maul. Ein- und Ausfälle vom Besserwisser, Hamburg 1982; (dtv-Taschenbuch) München 1987, [3]1990.
Hirsch, Eike Christian: Wort und Totschlag. Peinliche Pointen, Hamburg 1991.
Hirschbold, Karl: Achtung! Sprachpolizei. Ein Lachkabinett für jedermann, Wien 1956.
Hirschbold, Karl: Pirschgänge im Sprachrevier, Düsseldorf 1986.
Hirschbold, Karl: Spiel und Spaß mit der Sprache, Wien 1988.
Hoster, Gertrud: Top-Training. Wirksam formulieren. Beispiele, Tips und Übungen aus der Praxis, Stuttgart 1986, [2]1990.
Ibel, Rudolf: Im Spiegel der Sprache. Kurzweilige und besinnliche Glossen zur deutschen Sprache, München 1962.
Ibel, Rudolf: Kurzweiliges Glossarium zur deutschen Sprache, München 1965.
Jancke, Oskar: ... und bitten wir Sie ... Ernsthafte und heitere Glossen zur deutschen Sprache, München 1936.
Jancke, Oskar: Restlos erledigt? Neue Glossen zur deutschen Sprache, München 1938.
Jancke, Oskar: Der widerrufliche Fußweg, Bad Wörishofen 1949.
Jancke, Oskar: Im Zerrspiegel, Esslingen 1954.
Jancke, Oskar: Deutsche Sprache – schwere Sprache, (postum) München 1969.
Kelle, Antje: Gutes Deutsch – der Schlüssel zum Erfolg, München 1986.

Kirkam, Walter: Das liebe Deutsch. Von einem Spötter heiter betrachtet. Plaudereien über modische Sprachtorheiten, Berlin 1961.
Kraus, Karl: Die Sprache (hrsg. von Philipp Berger), Wien 1937; (dtv-Taschenbuch) München 1969.
Leonhardt, Rudolf Walter: Auf gut deutsch gesagt. Ein Sprachbrevier für Fortgeschrittene, Berlin 1983; (Piper-Taschenbuch) München 1986, [2]1987.
Lichnowsky, Mechtilde: Worte über Wörter, Wien 1949; (rororo-Taschenbuch) Reinbek 1964.
Lierow, Carl/Maletzke, Elsemarie/Poth, Chlodwig: Dummdeutsch zwo. Ein satirisch-polemisches Wörterbuch, Frankfurt a.M. 1986.
Lobentanzer, Hans: Deutsch muß nicht schwer sein. Eine vergnügliche Sprach- und Stilkunde, (dtv-Taschenbuch) München 1986, [2]1986.
Ludwig, Helmut: Gepflegtes Deutsch. Unterhaltsame Sprach- und Stillektionen für die Alltagspraxis, Leipzig 1983, [3]1988.
Mackensen, Lutz (Hrsg.): Gutes Deutsch in Schrift und Rede, Gütersloh 1964; (Neuausgabe) Reinbek 1968, zitiert Neubearbeitung 1979; München 1988.
Mampell, Klaus: Heraus mit der Sprache. Sprachglossen, Memmingen 1985.
Möller, Georg: Praktische Stillehre, Leipzig 1968, (bearb. von Ulla Fix) [3]1980, [5]1985.
Müller-Thurau, Claus Peter: Über die Köpfe hinweg. Sprache und Sprüche der Etablierten, Düsseldorf/Wien 1984.
Nüssler, Otto: Semmeln und Knödel. Glossen, Wiesbaden 1983.
Nüssler, Otto: Mündige Leute. Glossen, Wiesbaden 1985.
Nüssler, Otto: Nur die Wörter sind harmlos. Glossen, Wiesbaden 1985.
Pecher, Roland: Vom Durchschnittsdeutsch zum guten Deutsch. Eine Stilfibel, Klagenfurt 1992.
Raith, Werner: Gut schreiben. Ein Leitfaden, Frankfurt a.M./New York 1988.
Rauter, Ernst A.: Vom Umgang mit Wörtern, München 1978.
Rauter, Ernst A.: Die neue Schule des Schreibens. Von der Gewalt der Wörter, Düsseldorf 1996.
Reimann, Hans: Vergnügliches Handbuch der deutschen Sprache A-Z, München 1931; Neuauflagen Düsseldorf/Wien 1964, Wiesbaden 1991.
Reimann, Hans: Hinter den Kulissen unserer Sprache. Eine Plauderei, München/Essen/Hamburg 1951.
Reiners, Ludwig: Deutsche Stilkunst. Ein Lehrbuch deutscher Prosa, München 1944; Neuauflage: Stilkunst [2]1949; [3]1950 usw., [16]1988; Neubearbeitung von Stephan Meyer/Jürgen Schiewe, München 1991.
Reiners, Ludwig: Der sichere Weg zum guten Deutsch. Eine Stilfibel, München 1951; ab [7]1959: Stilfibel, [16]1979; Lizenzausgaben 1960, 1962; (dtv-Taschenbuch) München 1963, [28]1996.
Rentsch, Hans U.: Sprachglossen, Bern 1982.
Rentsch, Hans U.: Sprachglossen. Neue Folge, Winterthur o.J. (1989).
Röhl, Ernst: Wörtliche Betäubung. Neudeutscher Mindestwortschatz, Berlin 1986, [3]1989.
Röhl, Ernst: Deutsch – Deutsch. Ein satirisches Wörterbuch, Berlin 1991, [5]1994.

Rost, Werner: Deutsche Stilschule. Ein praktisches Lehrbuch des guten Stils mit zahlreichen Übungen und Lösungsvorschlägen, Hamburg 1960, Wiesbaden [5]1974; Neuausgabe: Ausdruck sehr gut. Ein praktisches Lehrbuch ..., Reinbek [6]1989.

Rychener, Hans: Gutes Deutsch, guter Stil. Freude am Wort. Grammatisch-stilistisches Arbeitsbuch, Bern/Frankfurt a.M. 1982.

Sanders, Willy: Gutes Deutsch – besseres Deutsch. Praktische Stillehre der deutschen Gegenwartssprache, Darmstadt 1986, [3]1996.

Schairer, Erich: Fünf Minuten Deutsch. Ein sprachliches Sündenregister, Stuttgart 1951.

Schneider, Wolf: Wörter machen Leute. Magie und Macht der Sprache, München/Zürich 1976; (rororo-Sachbuch) Reinbek 1979; (Piper-Taschenbuch) München 1979, [6]1996.

Schneider, Wolf: Deutsch für Profis. Handbuch der Journalistensprache – wie sie ist und wie sie sein könnte, Hamburg 1982; Untertitel neu: Ein Handbuch für alle, die schreiben, [7]1986; (Goldmann-Taschenbuch mit dem Untertitel: Wege zum guten Stil), München 1988, [16]1998.

Schneider, Wolf: Deutsch für Kenner. Die neue Stilkunde, Hamburg 1987 (bearb. von M. Leier, neuer Untertitel: Stilkunde, Fundgrube, vergnügliche Sprachlehre) [2]1987, [7]1994; (Piper-Taschenbuch) München 1996.

Schneider, Wolf: Der vierstöckige Hausbesitzer. Plauderstunde Deutsch mit 33 Fragezeichen, Zürich 1994.

Schneider, Wolf: Deutsch fürs Leben. Was die Schule zu lehren vergaß, (rororo-Sachbuch) Reinbek 1994, [7]1998.

Schneider, Wolf: Dem Kaiser sein Bart. Deutschstunde mit 33 neuen Fragezeichen, Zürich 1998.

Schnurz, Theophil: Luft ablassen. Der (Stief-)muttersprache aufs „Maul" geschaut. Mit einem „troll"igen Geleit von Thaddäus Troll, Öffingen 1973.

Seibicke, Wilfried: Wie schreibt man gutes Deutsch? Eine Stilfibel, Mannheim/Wien/Zürich 1969.

Sommer, Hans: Wort und Wert. Ernstes und Heiteres aus dem Leben der Sprache, Bern/München 1967.

Sommer, Hans: Lebendiges Deutsch. Ernste und heitere Sprachbetrachtungen, Bern 1973.

Sommer, Hans: Treffend schreiben. Ein stilistisches ABC, Thun 1979.

Sommer, Hans: Lexikon des treffenden Schreibens. Rat in Zweifelsfällen von A–Z bei Ausdruck, Orthographie und Grammatik, Thun 1985; (Ullstein-Taschenbuch) Frankfurt a.M. 1994.

Sommer, Hans: Wort, Worte, Wörter. 61mal „Unser Deutsch". Sprachglossen aus dem ›Kleinen Bund‹, Bern 1986.

Stave, Joachim: Wie die Leute reden. Betrachtungen über 15 Jahre Deutsch in der Bundesrepublik, Lüneburg 1964.

Stave, Joachim: Wörter und Leute. Glossen und Betrachtungen über das Deutsch in der Bundesrepublik, Mannheim/Zürich 1968.

Stemmler, Theo: Stemmlers kleine Stil-Lehre. Vom richtigen und falschen Sprachgebrauch, Frankfurt a.M./Leipzig 1994.

Sternberger, Dolf/Storz, Gerhard/Süskind, W(ilhelm) E(manuel): Aus dem Wörterbuch des Unmenschen (1957). Neue erweiterte Ausgabe mit Zeugnissen des Streites über die Sprachkritik, Frankfurt a.M./Berlin 1986.

Stichel, Paul: Sticheleien. 124 Sprachecken, Stäfa 1973.

Storz, Gerhard: Laienbrevier über den Umgang mit der Sprache, Frankfurt a.M. 1937.

Storz, Gerhard: Deutsch als Aufgabe und Vergnügen, (postum) Stuttgart 1984.

Süskind, W.E.: Vom ABC zum Sprachkunstwerk. Eine deutsche Sprachlehre für Erwachsene, Stuttgart 1940; zahlreiche weitere Auflagen und Lizenzausgaben, hier zitiert 1955; (dtv-Taschenbuch) München o.J.

Süskind, W.E.: Dagegen hab' ich was. Sprachstolpereien, Stuttgart 1969.

Thierfelder, Franz: Wege zu besserem Stil, Mainz 1950; München ²1955.

Tucholsky, Kurt: Sprache ist eine Waffe. Sprachglossen (zusammengestellt von Wolfgang Hering), Reinbek 1989.

Villiger, Hermann: Gutes Deutsch. Grammatik und Stilistik der deutschen Gegenwartssprache, Frauenfeld/Stuttgart 1970, ³1974.

Weigel, Hans: Die Leiden der jungen Wörter. Ein Antiwörterbuch, Zürich/München 1974; (dtv-Taschenbuch) München 1976.

Wiese, Ursula von: Kleine Fibel für gutes Deutsch, Bern 1984.

Wustmann, Gustav: Allerhand Sprachdummheiten. Kleine deutsche Grammatik des Zweifelhaften, des Falschen und des Häßlichen. Ein Hilfsbuch für alle die sich öffentlich der deutschen Sprache bedienen, Leipzig 1891, zitiert Straßburg ⁵1911; Neubearbeitungen ¹⁰1935, ¹⁴1966.

Zimmer, Dieter E.: Redens Arten. Über Trends und Tollheiten im neudeutschen Sprachgebrauch, Zürich 1986.

II. Literatur zur Sprach- und Stilkritik

Abraham, Ulf: StilGestalten. Geschichte und Systematik der Rede vom Stil in der Deutschdidaktik, Tübingen 1996.

Antos, Gerd: Laien-Linguistik. Studien zu Sprach- und Kommunikationsproblemen im Alltag. Am Beispiel von Sprachratgebern und Kommunikationstrainings, Tübingen 1996.

Antos, Gerd: Warum gibt es normative Stilistiken?, in: G. Stickel (Hrsg.): Stilfragen, S. 355–377.

Arntzen, Hellmut: Sprachkritik und Sprache in der Wissenschaft, in: F. Handt (Hrsg.): Deutsch, S. 89–101.

Bayer, Klaus: Jugendsprache und Sprachnormplädoyer für eine linguistisch begründete Sprachkritik, in: Zeitschrift für germanistische Linguistik 10 (1982), S. 139–155, 341–347.

Behrmann, Alfred: Was ist Stil? Zehn Unterhaltungen über Kunst und Konvention, Stuttgart/Weimar 1992.

Betz, Werner: Sprachkritik – Das Wort zwischen Kommunikation und Manipulation, Zürich 1975.
Beutin, Wolfgang: Sprachkritik – Stilkritik. Eine Einführung, Stuttgart 1976.
Bickes, Hans/Trabold, Annette: Förderung der sprachlichen Kultur in der Bundesrepublik Deutschland. Positionsbestimmung und Bestandsaufnahme, Stuttgart 1994.
Braun, Peter: Tendenzen in der deutschen Gegenwartssprache. Sprachvarietäten, Stuttgart/Berlin/Köln/Mainz [3]1993, S. 228–238: Sprachwissenschaft versus Sprachkritik (und umgekehrt).
Bremerich-Vos, Albert: Populäre rhetorische Ratgeber. Historisch-systematische Untersuchungen, Tübingen 1991.
Camen, Rainer: Die Glosse in der deutschen Tagespresse. Zur Analyse 'journalistigen' Raisonnements, Bochum 1984.
Cherubim, Dieter: Sprachentwicklung und Sprachkritik im 19. Jahrhundert, in: Th. Cramer (Hrsg.): Literatur und Sprache im historischen Prozeß. Vorträge des Deutschen Germanistentages Aachen 1982, II, Tübingen 1983, S. 170–188.
Daniels, Karlheinz: Sprachwissenschaft und Sprachkritik. Tagung der „Kommission für Fragen der Sprachentwicklung"..., in: Deutsche Sprache 3 (1975), S. 368–371.
Deubzer, Franz: Methoden der Sprachkritik, München 1980.
Dieckmann, Walther: Sprachlenkung/Sprachkritik. In: H. P. Althaus/H.Henne/H. E.Wiegand (Hrsg.): Lexikon der germanistischen Linguistik, Tübingen [2]1980, S. 508–515.
Dieckmann, Walther: Sprachkritik (Studienbibliographien Sprachwissenschaft, 3), Heidelberg 1992.
Eppler, Erhard: Kavalleriepferde beim Hornsignal. Die Krise der Politik im Spiegel der Sprache, Frankfurt a. M. 1992.
Eppler, Erhard: Politische Sprachkritik – was kann sie leisten?, in: H. J. Heringer/G. Samson/M. Kauffmann/W. Bader (Hrsg.): Tendenzen der deutschen Gegenwartssprache. Tübingen 1994, S. 13–21.
Flader, Dieter/Gercke, Ernst-Otto/Müller, Hans-Harald/Pape, Martin/Stosch, Eberhard: Sprachkritik, Gesellschaftskritik, Sprachwissenschaft, in: U. Engel/O. Schwencke (Hrsg.): Gegenwartssprache und Gesellschaft. Beiträge zu aktuellen Fragen der Kommunikation, Düsseldorf 1972, S. 118–134.
Förster, Uwe: Praktische Sprachpflege. Ein Sprachberater gibt Auskunft, in: Der Sprachdienst 33 (1989), S. 105–115.
Gauger, Hans-Martin: Brauchen wir Sprachkritik?, in: Henning-Kaufmann-Stiftung zur Pflege der Reinheit der deutschen Sprache. Jahrbuch 1984, Marburg 1985, S. 31–63.
Gauger, Hans-Martin (Hrsg.): Sprach-Störungen. Beiträge zur Sprachkritik, München/Wien 1986.
Gauger, Hans-Martin: Richtungen der Sprachkritik, in: Sprach-Störungen, S. 13–35.
Gauger, Hans-Martin: Was ist und was soll Sprachkritik?, in: Über Sprache und Stil, München 1995, S. 29–61.

Greule, Albrecht: Sprachpflege, Sprachkultur, Sprachkritik, in: A. Agel/R. Hessky (Hrsg.): Offene Fragen – offene Antworten in der Sprachgermanistik, Tübingen 1992, S. 165–176.

Greule, Albrecht: Die „Buchsorte“ Sprachratgeber. Definition, Subsorten, Forschungsaufgaben, in: F. Simmler (Hrsg.): Textsorten und Textsortentraditionen, Bern/Berlin/Frankfurt a.M./New York/Paris/Wien 1997, S. 239–269.

Greule, Albrecht/Ahlvers-Liebel, Elisabeth: Germanistische Sprachpflege. Geschichte, Praxis und Zielsetzung, Darmstadt 1986.

Grosse, Siegfried: Sprachwissenschaft und Sprachkritik. Vorbemerkungen zu den Beiträgen von H. Glinz, G. Kolde und H. Villiger, in: Muttersprache 86 (1976), S. 2–4; sowie die genannten Beiträge, S. 5 f., 7–19, 20–47.

Handt, Friedrich (Hrsg.): Deutsch – gefrorene Sprache in einem gefrorenen Land? Polemik, Analysen, Aufsätze, Berlin 1964.

Heringer, Hans Jürgen (Hrsg.): Holzfeuer im hölzernen Ofen. Aufsätze zur politischen Sprachkritik, Tübingen 1982, ^{2}1988.

Heringer, Hans Jürgen: Sprachkritik – die Fortsetzung der Politik mit besseren Mitteln, in: Holzfeuer, S. 3–34.

Heringer, Hans Jürgen: Der Streit um die Sprachkritik: Dialog mit Peter von Polenz, in: Holzfeuer, S. 161–175.

Korn, Karl: Sprachkritik ohne Sprachwissenschaft?, in: H. Moser (Hrsg.): Sprachnorm, Sprachpflege, Sprachkritik, S. 135–158.

Kretzenbacher, Heinz L./Weinrich, Harald (Hrsg.): Linguistik der Wissenschaftssprache, Berlin/New York 1995.

Mittelstraß, Jürgen (Hrsg.): Wohin geht die Sprache? Wirklichkeit – Kommunikation – Kompetenz. Kongreß Junge Wissenschaft und Kultur, Hanns Martin Schleyer-Stiftung, Essen 1989.

Moser, Hugo (Hrsg.): Sprachnorm, Sprachpflege, Sprachkritik. Jahrbuch 1966/67 des Instituts für deutsche Sprache, Düsseldorf 1968.

Nickisch, Reinhard M.G.: Gutes Deutsch? Kritische Studien zu den maßgeblichen praktischen Stillehren der deutschen Gegenwartssprache, Göttingen 1975.

Polenz, Peter von: Sprachkritik und Sprachwissenschaft, in: D. Sternberger/G. Storz/W.E. Süskind: Wörterbuch des Unmenschen, S. 289–310; auch in: F. Handt (Hrsg.): Deutsch, S. 102–119.

Polenz, Peter von: Sprachkritik und wissenschaftliche Methodik, in: H. Moser (Hrsg.): Sprachnorm, Sprachpflege, Sprachkritik, S. 159–184.

Polenz, Peter von: Sprachkritik und Sprachnormenkritik, in: H. Nickel (Hrsg.): Angewandte Sprachwissenschaft und Deutschunterricht, München 1973, S. 118–167; auch in: H.J. Heringer (Hrsg.): Holzfeuer, S. 70–93.

Polenz, Peter von: Verdünnte Sprachkultur. Das Jenninger-Syndrom in sprachkritischer Sicht, in: Deutsche Sprache 17 (1989), S. 289–316.

Pörksen, Uwe: Plastikwörter. Die Sprache einer internationalen Diktatur, Stuttgart 1988, ^{2}1989.

Pörksen, Uwe: Wissenschaftssprache und Sprachkritik. Untersuchungen zu Geschichte und Gegenwart, Tübingen 1994.

Rohmer, Ernst: Die literarische Glosse. Untersuchungen zu Begriffsgeschichte, Funktion und Literarizität einer Textsorte, Erlangen 1988.

Rupp, Heinz: Über die Notwendigkeit von und das Unbehagen an Stilbüchern, in: Sprachnormen in der Diskussion. Beiträge vorgelegt von Sprachfreunden, Berlin/New York 1986, S. 102–115.

Sanders, Willy: Die Faszination schwarzweißer Unkompliziertheit. Zur Tradition deutscher Stillehre im 20. Jahrhundert, in: Wirkendes Wort 38 (1988), S. 376–394.

Sanders, Willy: Sprachglossen. Zur Metamorphose eines alten Fachbegriffs, in: *Verborum amor*. Studien zur Geschichte und Kunst der deutschen Sprache. Festschrift für St. Sonderegger (hrsg. von H. Burger/A.M. Haas/P. von Matt), Berlin/New York 1992, 47–70.

Sanders, Willy: Stil und Stilistik (Studienbibliographien Sprachwissenschaft, 13), Heidelberg 1995.

Saße, Günther: Sprache und Kritik. Untersuchungen zur Sprachkritik der Moderne, Göttingen 1977.

Schmich, Walter: Auswahlbibliographie zu Sprachkultur – Sprachpflege – Sprachkritik, in: Institut für deutsche Sprache (Hrsg.): Aspekte der Sprachkultur, Mannheim 1984, S. 122–136.

Schwinn, Horst: Linguistische Sprachkritik. Ihre Grenzen und Chancen, Heidelberg 1997.

Sprachkritik, in: Sprache und Literatur in Wissenschaft und Unterricht 21, Heft 65 (1990).

Sprachwissenschaft und Sprachkritik, in: Sprachreport 1/89 (1989).

Sternberger, Dolf/Storz, Gerhard/Süskind, W(ilhelm) E(manuel): Aus dem Wörterbuch des Unmenschen (1957). Neue erweiterte Ausgabe mit Zeugnissen des Streites über die Sprachkritik, Frankfurt a. M./Berlin 1986.

Sternberger, Dolf: Maßstäbe der Sprachkritik, in: Wörterbuch des Unmenschen, S. 269–288; auch in: H.J. Heringer (Hrsg.): Holzfeuer, S. 109–120.

Stickel, Gerhard: Was halten Sie vom heutigen Deutsch? – Ergebnisse einer Zeitungsumfrage, in: R. Wimmer (Hrsg.): Sprachtheorie – Der Sprachbegriff in Wissenschaft und Alltag. Jahrbuch 1986 des Instituts für deutsche Sprache, Düsseldorf 1987, S. 280–317.

Stickel, Gerhard (Hrsg.): Stilfragen. Jahrbuch 1994 des Instituts für deutsche Sprache, New York/Berlin 1995.

Storz, Gerhard: Absichten und Grenzen der Sprachkritik, in: H.J. Heringer (Hrsg.): Holzfeuer, S. 121–129.

Straßner, Erich: Deutsche Sprachkultur. Von der Barbarensprache zur Weltsprache, Tübingen 1995.

Strecker, Bruno: Das Geschäft der Sprachkritik und die Verantwortung des Sprachwissenschaftlers, in: M. Geier/H. Woetzel (Hrsg.): Das Subjekt des Diskurses, Berlin 1983, 7–27.

Trabold, Annette: Sprachpolitik, Sprachkritik und Öffentlichkeit. Anforderungen an die Sprachfähigkeit des Bürgers, Wiesbaden 1993.

Weinrich, Harald: Wege der Sprachkultur, Stuttgart 1985, [2]1988.

Wimmer, Rainer: Überlegungen zu den Aufgaben und Methoden einer linguistisch begründeten Sprachkritik, in: H. J. Heringer (Hrsg.): Holzfeuer, S. 290–313.

Wimmer, Rainer: Sprachkritik und reflektierter Sprachgebrauch. In: Sprache und Literatur in Wissenschaft und Unterricht 14, H.51 (1983), S. 3–14.

Wimmer, Rainer (Hrsg.): Sprachkultur. Jahrbuch 1984 des Instituts für Deutsche Sprache, Düsseldorf 1985.

Wimmer, Rainer: Neue Ziele und Aufgaben der Sprachkritik, in: Akten des 7. Internationalen Germanistenkongresses Göttingen 1985 (hrsg. von P. von Polenz/J. Erben/J. Goossens) IV, Tübingen 1986, S. 146–158.

Wimmer, Rainer: Sprachkritik und Sprachkultur, in: H. J. Heringer/G. Samson/M. Kauffmann/W. Bader (Hrsg.): Tendenzen der deutschen Gegenwartssprache, Tübingen 1994, S. 253–264.

Register

Bestehend aus NAMENREGISTER (Verzeichnis der zitierten, nicht lediglich erwähnten Personen), Sachregister (Liste einschlägiger Sachbegriffe) und *Wortregister* (Auswahl sprachkritischer Stichwörter).